Peter Antes
Khalid Durán
Tilman Nagel
Wiebke Walther

Der Islam

Religion – Ethik – Politik

Verlag W. Kohlhammer
Stuttgart Berlin Köln

Die Deutsche Bibliothek – CIP-Einheitsaufnahme

Der **Islam** : Religion, Ethik, Politik / Peter Antes ... -
Stuttgart : Berlin : Köln : Kohlhammer, 1991
ISBN 3-17-011737-8
NE: Antes, Peter

Umschlagbild: Morgenländischer und
abendländischer Philosoph im Gespräch, 13. Jh.

Stuttgart Berlin Köln
Verlagsort: Stuttgart
Gesamtherstellung:
W. Kohlhammer Druckerei GmbH + Co. Stuttgart
Printed in Germany

Inhalt

Vorwort

Kurz bevor das UNO-Ultimatum gegen den Irak ablief und die multinationalen Streitkräfte am 17. Jan. 1991 militärisch gegen die widerrechtliche Besetzung Kuweits durch den Irak vorgingen, überraschte der irakische Präsident Saddam Hussein die Weltöffentlichkeit dadurch, daß er die bevorstehende „Mutter der Schlachten" als *ǧihād* bezeichnete. Dadurch wollte der bis dahin eher als nichtreligiös eingestufte Staatschef den Kampf gegen die multinationalen Streitkräfte als Kampf der Muslime gegen die Ungläubigen erklären und damit zur Pflicht eines jeden Muslim machen.

Überraschend war in jedem Falle die Reaktion, die diese Ausrufung des *ǧihād* in vielen Kreisen der islamischen Welt zur Folge gehabt hatte. Große Volksmassen jubelten und nahmen diese Kampfansage ernst, obwohl auch auf seiten der multinationalen Streitkräfte zahlreiche Staaten mit islamischer Bevölkerungsmehrheit (z. B. Saudi-Arabien, Ägypten oder Syrien) zum Einsatz bereitstanden und es von daher klar gewesen sein sollte, daß es sich bei diesem Krieg nicht um einen Krieg des Islam gegen eine ihm gegenüber feindlich gesinnte Umwelt handeln konnte. Derart rationale Überlegungen aber schienen weite Kreise des Volkes in den Ländern mit islamischer Mehrheit von Marokko bis Indien nicht anzustellen, wenn sie sich – allen voran die Palästinenser – für diese *ǧihād*-Idee begeisterten. Saddam Hussein hat damit offenbar wohl an ein Herzstück der islamischen Seele gerührt, das bei islamischen Fundamentalisten freudige Zustimmung bewirkte und als Merkmal den Islam in den heute zur Sowjetunion und zur VR China gehörenden Räumen Zentralasiens geprägt hat.

Von deutschen Journalisten wurde der *ǧihād*-Aufruf Saddam Husseins als unzulässig eingestuft, weil nach einer immer wieder in den Massenmedien wiederholten Behauptung nur eine religiöse Autorität berechtigt wäre, den *ǧihād* auszurufen. In Wahrheit fällt diese Aufgabe des Kalifen, wenn mehrere unabhängige islamische Staaten existieren, jedoch dem Staatsoberhaupt zu, der dem Feind am nächsten gegenüber steht.

Dies ist nur ein Beispiel von vielen, die zeigen, daß solide Kenntnisse des Islam zur Beurteilung der anstehenden Probleme unerläßlich sind. Nicht nur die Religion als solche ist – wie Informationsveranstaltungen zeigen – gefragt. Was man wissen will, ist sehr viel präziser, ob man wirklich von *dem* Islam sprechen kann oder vielmehr von unterschiedlichen Richtigungen innerhalb des gegenwärtigen Islam ausgehen muß. Und ist diese Frage erst einmal zugunsten der zuletzt genannten Position entschieden, so schließen sich neue Fragen an, die die je nach Richtung unterschiedlichen Vorstellungen von Gott und Welt betreffen. Tilman Nagel hat die wichtigsten Strömungen zur „Theologie und Ideologie im modernen Islam" in einem Beitrag zusammengestellt, der in der großen Monographie der Reihe „Die Religionen der Menschheit" im Band 25.3: Der Islam III (1990) im Verlag Kohlhammer erschienen ist und hier mit Blick auf die aktuellen Fragestellungen noch einmal zugänglich gemacht wird.

Die Ausführungen über die „Theologie und Ideologie im modernen Islam" machen deutlich, daß die islamische Religion tagtäglich und gerade auch alltäglich das Leben der Muslime sehr stark prägt. Das von der Religion entworfene Ideal des richtigen Verhaltens, die Ethik also, ist der Maßstab des Handelns für nahezu eine Milliarde Menschen, die sich in der Welt von heute zum Islam bekennen, und ihre Zahl ist weiter im Steigen. Von daher hat die „Islamische Ethik" einen zentralen Stellenwert: ihre Kenntnis ist folglich eine unerläßliche Voraussetzung, um die Muslime in ihrem Denken und Handeln zu verstehen. Der Beitrag „Ethik und Politik im Islam", der bereits 1984 in dem bei Kohlhammer erschienenen Band „Ethik in nichtchristlichen Kulturen" erschienen ist, bringt dazu eine systematische Einführung, die bis heute nichts von ihrer Aktualität verloren hat und nach wie vor in all ihren Aussagen gültig ist.

Wie stets, wenn die Rede auf den Islam kommt, darf das Thema „Die Frau im Islam" nicht fehlen. Zwar wird darüber bereits kurz im vorhergehenden Beitrag gehandelt. Die Brisanz dieses Themas rechtfertigt aber eine ausführliche Darstellung, zumal von einer der kompetentesten Islamwissenschaftlerinnen auf diesem Gebiet, Wiebke Walther. Auch dieser Beitrag findet sich in „Der Islam III".

Mit dem Beitrag von Khalid Durán zum Verhältnis von Muslimen und Andersgläubigen, ebenfalls erstveröffentlicht in „Der Islam III" (dort unter dem Titel „Der Islam in der Mehrheit und in der Minderheit"), schließt sich der Bogen der in diesem Buch angesprochenen Fragen. Hier werden die Konsequenzen für das Staatswesen in Ländern mit islamischer Herrschaft ebenso bedacht wie Fragen, die sich für die Muslime dort ergeben, wo sie in der Minderheit sind und deshalb andere Wege zur Verwirklichung der gottgewollten Ordnung gefunden werden müssen.

Die in diesem Band enthaltenen Beiträge zeigen, wenn auch sicher nicht erschöpfend, wie der Islam als Religion die Vorstellungen der Muslime von Ethik und Politik prägt und wie unterschiedlich theologische Positionen bis in den Alltag von Ethik und Politik hinein wirksam werden. Dadurch wollen sie zur sachgerechten Information über den Islam beitragen. Wie immer man zu den Positionen im einzelnen auch stehen mag – jede hat ein Anrecht darauf, so zur Sprache zu kommen, wie es ihren Vertretern am Herzen liegt. Deshalb stehen hier die Glaubensüberzeugungen und Gedanken der Muslime im Vordergrund, eigene Vorstellungen und Empfindungen der Autoren werden dagegen nicht thematisiert. Auf diese Weise soll ein Grundwissen über den Islam vermittelt werden, von dem aus ein sachgerechter Dialog mit ihm geführt werden kann.

Hannover, im Februar 1991 *Peter Antes*

Tilman Nagel

Theologie und Ideologie im modernen Islam

1. Das Erbe

Im Laufe seiner Geschichte sah sich der islamische Glaube mehrfach von fremden Religionen oder Weltanschauungen radikal in Frage gestellt. Dies unterscheidet sein Schicksal von dem des europäischen Christentums, dessen Entwicklung vor allem von inneren Krisen vorangetrieben wurde, das sich aber kaum gegen Kräfte zur Wehr setzen mußte, die seine Heilsbotschaft grundsätzlich verneinten. Der Islam hatte sich in einem Gebiet zu behaupten, welches bei der Berufung des Propheten Mohammed schon von hochreligiösen Glaubensformen geprägt war: In Nordafrika und der Levante herrschte das Christentum, in unterschiedliche Bekenntnisse gespalten; nach Osten hin gab es christliche Gemeinden bis weit nach Innerasien hinein. Manichäismus und Mazdaismus überwogen im iranischen Raum; in Mittelasien blühte der Buddhismus. Das Christentum in Europa dagegen war seit dem frühen Mittelalter auf heidnischem Boden verbreitet worden; seine geistige Vormachtstellung wurde hier nie von anderen Universalreligionen angefochten.

Anders der Islam! Schon am Ende des 1. Jahrhunderts nach der Hiǧra finden sich Zeugnisse muslimischer Polemik gegen das Christentum und den iranischen Dualismus, und man kann ohne Übertreibung sagen, daß es dieser Zwang zur Abwehr fremder Kritik an der islamischen Heilsbotschaft war, dem die Muslime entscheidende Anstöße zur geistigen Durchdringung der Offenbarung des Propheten zu verdanken hatten. Diese Anregungen waren von der Muʿtazila, die um 800 n. Chr. aus mehreren theologischen Strömungen zusammenfloß, aufgegriffen und zu einem rationalen Lehrsystem verarbeitet worden. Dessen Ziel war nicht allein die Vereinigung widerstreitender islamischer Glaubensrichtungen auf der Grundlage von Verstandesschlüssen, sondern eben auch die Ausräumung von Zweifeln, die von fremder Seite an der Stichhaltigkeit der islamischen Glaubenssätze geäußert worden waren. Wie etwa stand es mit dem Verhältnis von Gut und Böse? Für die Dualisten waren beides gottähnliche Mächte, deren Ringen den Gang der Weltgeschichte bestimmt. Deutete man die vom Koran verkündete göttliche Allmacht so, daß auch das Böse sein Werk sei, konnte man in gefährliche Nähe zu den Dualisten geraten, denn Gut und Böse waren dann außerhalb des Menschen wirkende, seiner Bestimmung entzogene Kräfte. Die Muʿtaziliten hoben deshalb hervor, daß der eine Gott stets das tue, was für seine Schöpfung das Beste sei; alles Böse gehe dagegen vom Menschen aus.

Im frühen 10. Jahrhundert mehrten sich die Stimmen, die meinten, das muʿtazilitische System sei zur Verteidigung des Islams weniger geeignet, als man gehofft hatte. Schließlich beruhte es auf der Voraussetzung, daß der Mensch über genügend Seinsmächtigkeit verfüge, um in eigener Verantwortung das göttliche Gesetz erfüllen zu können. Diese These war aber nicht mit der koranischen Aussage zu vereinbaren, daß Gott der alleinige Ursprung alles Geschaffenen sei. Im Lichte des radikalen Eingottglaubens der islamischen Offenbarung schien die muʿtazilitische These, der Mensch wirke das Böse, nun ihrerseits wie ein – unbeabsichtigtes – Zugeständnis an den Dualismus; denn sie mußte doch so aufgefaßt werden, als gebe es neben dem guten Prinzip, von Gott verkörpert, ein von diesem unabhängiges böses Prinzip, dessen Sachwalter der Mensch sei.

Das theologische Denken des Sunnitentums im 10. und 11. Jahrhundert n. Chr., vor allem vertreten durch al-Ašʿarī (gest. 935) und seine Schüler, setzte sich das Ziel, die vermeintlichen Schwächen der Muʿtazila im Kampf mit den anderen Religionen ein für allemal zu beheben. Es entstand eine Glaubenslehre, die der gesamten Schöpfung, also auch dem Menschen, jegliche eigene Seinsmächtigkeit und Kontinuität absprach; alles Geschaffene und alles Geschehen sollten in jedem Augenblick unmittelbar von Gott abhängen. Gut und Böse wurden zu bloßen Kategorien menschlichen Urteilens herabgestuft, die über die Bewertung eines Sachverhaltes durch Gott nichts aussagen konnten. Die Kausalverbindung zwischen menschlichem Handeln und göttlichem Richterspruch wurde aufgelöst. Um das offenbarte Gesetz zu retten, mutmaßte man, im gesetzestreuen Verhalten des Gläubigen zeige sich womöglich dessen Erwählung zum Paradies. Man befolge die Scharia nicht, damit man das Heil gewinne – dies war die Vorstellung der Muʿtazila gewesen –, sondern weil man schon vor aller Zeit begnadet worden sei, erfülle man sie skrupelhaft.

Während im 10. und 11. Jahrhundert n. Chr. die sunnitische Theologie aschʿaritischer Prägung heranreifte und, sofern die Sunniten überhaupt rationale Gottesgelehrsamkeit betreiben wollten, die Oberhand errang, schufen Denker wie al-Fārābī (gest. 950) und Avicenna (gest. 1037) die islamische Philosophie, eine Umdeutung aristotelischer Lehren unter Zugrundelegung neuplatonischer Vorstellungen. Die islamischen Philosophen entkleideten den koranischen Gottesbegriff seiner personalen Züge; aus dem Einen, der nach undurchschaubarem Ratschluß schafft und vernichtet, wurde das impersonale Eine, das notwendig Seiende, aus welchem von Ewigkeit her das potentiell Seiende, die Welt, emaniert. Wieder schienen die Grundsätze der islamischen Botschaft in Zweifel gezogen zu werden; wieder galt es, eine fremde Lehre abzuwehren, auch wenn sie diesmal dem Scheine nach mit der Offenbarung im Einklang stand. Denn daß es den einen Gott gebe, wurde von den Philosophen ja nicht bestritten. Das geistige Rüstzeug, das sich die Aschʿariten in der Auseinandersetzung mit der Muʿtazila geschaffen hatten, erwies sich nun auch als tauglich, um vom Standpunkt eines gläubigen Sunniten aus die Unvereinbarkeit dieser Philosophie mit dem Islam aufzuzeigen. Al-Ġazālī (gest. 1111) übernahm diese Aufgabe. Allerdings griff er die philosophische Weltanschauung nicht unmittelbar an, um sie mit rationalen Argumenten zu erschüttern, sondern er versuchte zu verdeutlichen, daß die islamischen Philosophen nicht in der Lage seien, den Beweis für die Richtigkeit ihrer Lehren anzutreten. Vielmehr hätten sie sich in unauflösbare Widersprüche verwickelt. Drei Lehren seien es, mit denen sich die Philosophen zudem außerhalb des Islams stellten, meint al-Ġazālī: die Verwerfung der Auferweckung des Leibes vor dem Beginn des Gerichts; die Behauptung, die Welt sei ewig; die Auffassung, Gott wisse nur die Gattungsbegriffe des Seienden, habe aber vom Einzelnen einer jeden Gattung keine Kenntnis[1]. Die von al-Ġazālī zurückgewiesenen Anschauungen der islamischen Philosophen beruhen auf einer Metaphysik, die allem Seienden eine Kontinuität zugesteht und in dieser Hinsicht der muʿtazilitischen vergleichbar ist.

Die Grundlage und Propädeutik dieser philosophischen Spekulation bilden die Naturlehre, die Mathematik und die Logik. Al-Ġazālī aber weist den Gedanken barsch zurück, Mathematik könne etwas mit der Gotteserkenntnis zu tun haben. Es genüge das Wissen, daß diese Welt von einem wissenden, lebendigen, über Kraft verfügenden Baumeister willentlich geschaffen worden sei; welche Form sie habe, in welchem Verhältnis die Sphären zueinander stünden und in welche Richtung sie sich bewegten, alles dies sei für den Gläubigen höchst zweitrangig[2]. Für al-Ġazālī ist es allein wichtig, sich des heilswichtigen Wissens zu versichern, das in der Offenbarung verbürgt ist. Dieses Wissen ist nicht durch Spekulationen und analytisches Denken zu erwerben; Gott gibt es denjenigen ein, die er hiermit begnadet[3]. Mit dieser Lehre ist al-Ġazālī letzten Endes nicht nur der Zerstörer der islamischen Philosophie, sondern auch der rationalen Theologie, mit deren Waffen er so erfolgreich gefochten hatte. Es liegt im übrigen auf der Hand, daß die Naturlehre, durch al-Ġazālī ausdrücklich ihrer religiösen Dignität beraubt, in einer so sehr auf eine Offenbarung gegründeten Kultur wie der islamischen verkümmern mußte.

Ibn Ḫaldūn (gest. 1406), der große Deuter der islamischen Geschichte, hat den stark apologetischen Charakter des theologischen Denkens der Muslime klar erfaßt. Rationale Argumente seien ersonnen worden, um die Artikel des Glaubens zu verteidigen. Es habe eine der Offenbarung wahlverwandte Metaphysik gefunden werden müssen, die auf der Lehre fußte, daß das ganze geschaffene Universum aus Atomen bestehe, deren Zusammenhang in jedem Augenblick von Gott festgelegt werde[4].

> Die spekulativen Theologen benutzen die Verstandesargumente, von denen sie reden, nicht wie die Philosophen, die mit ihrer Hilfe die Wahrheit der Glaubenssätze erforschen, die Wahrheit von Dingen beweisen, die vorher

unbekannt waren, und diese kundgeben. Vielmehr haben (die Theologen) nur den Wunsch, über rationale Argumente zu verfügen, mit denen sie die Glaubenssätze und die Ansichten der frühen Muslime über diese aufrechterhalten und die Zweifel von Neuerern widerlegen können, die der Ansicht sind, ihre Auffassungen seien rational. (Verstandesargumente wurden also erst eingesetzt) nachdem die Richtigkeit der Dogmen, wie sie die alten Muslime empfangen und geglaubt hatten, durch das Zeugnis der Überlieferung erwiesen worden war[5].

Da die rationale Theologie in erster Linie aufgebaut wurde, um gegnerische Meinungen abzuwehren, weniger um den religiösen Gehalt der prophetischen Botschaft freizulegen und zu durchdenken, bleibt das Verhältnis von Offenbarung und Ratio im Islam sehr spannungsreich – trotz aller Beteuerungen des Gegenteils. Der Rationalismus gilt als ein Hilfswerkzeug, das nur eingesetzt werden darf, wenn es nichts fruchtet, sich unmittelbar auf die Offenbarung zu berufen. Den islamischen Philosophen wird angelastet, daß sie diese Spielregel durchbrochen haben. Aber wohnt nicht dem Verstand die unbezähmbare Neigung inne, sich über starre Grenzen hinwegzusetzen?

Schon al-Ġazālī hatte mit aller Entschiedenheit gefordert, den „Ungebildeten" die Möglichkeit zu verweigern, sich mit der rationalen Theologie zu beschäftigen. Es sei unbedingte Pflicht, Gott zu heiligen, indem man sich ihn frei von jeglicher Körperlichkeit denke, aber ebenso sei man gehalten, alle koranischen Aussagen über ihn als wahr anzuerkennen. Man müsse eingestehen, daß man außerstande sei, die wirkliche Bedeutung dieser Aussagen zu begreifen. Deshalb solle man in seinem Inneren jede diesbezügliche Frage unterdrücken; man mache sich am besten die schweigende Hinnahme des Offenbarten zur Gewohnheit! Freilich dürfe der Gläubige nicht meinen, dem Propheten oder anderen Gott nahestehenden Menschen sei der Sinn der Glaubenslehre ebenfalls verborgen. Dies, so versichert al-Ġazālī, sei keineswegs der Fall, und die Gelehrten jener frühen Epoche hätten natürlich über die Religion bestens Bescheid gewußt. Daß sich manche Muslime im Kampf gegen Abweichler in den eigenen Reihen und gegen Andersgläubige auf rationales Argumentieren verlegt hätten, ist in al-Ġazālīs Augen eine bedauerliche Mißachtung der Verfahrensweise der Altvorderen. Diese hätten die Lehren des Korans verkündet, und wenn das keinen Erfolg gehabt habe, hätten sie zu Schwert und Peitsche gegriffen, „und das überzeugt die meisten, allerdings nicht eine Minderheit". Man könne beispielsweise erleben, daß gefangene Ungläubige in der Sklaverei unter der Androhung des Todes den Islam annähmen und nach langer Gewöhnung diesen Glauben schließlich auch innerlich bejahten, obwohl er ihnen anfangs zuwider gewesen sei. Der ständige Umgang mit frommen Gläubigen fördere die Wandlung zum Muslim. Auf diese Weise habe man schon zu Lebzeiten des Propheten Anhänger gewonnen, und der habe doch am ehesten gewußt, was dem Islam dienlich sei – und er habe sich eben nicht auf Verstandesbeweise verlassen[6].

Dieses düstere Bild von Zwang und Gewalt wird kaum aufgehellt, wenn man sich erinnert, daß der späte al-Ġazālī den Rationalismus ablehnt, weil er eine unerschütterlich sichere Erkenntnis sucht, die, einem Lichtstrahl gleich, dem beharrlich Fragenden das Herz erleuchtet – so Gott will. Die islamische Gesellschaft war seit dem hohen Mittelalter aller geistigen Tätigkeit abhold, die dem Wirken der Verstandeskräfte ihren Lauf ließ – und dies nicht nur auf dem Feld der Theologie, sondern ganz allgemein. Die Staatsautorität wurde aufgefordert, gegen Männer einzuschreiten, die sich mit Philosophie beschäftigten[7]. Gelehrte wie Averroes (gest. 1198) oder Ibn Ḫaldūn sind Ausnahmen; ihre Bestrebungen wurden nicht selten mißverstanden[8].

Wer wollte sich deshalb wundern, daß das geistige Leben in der islamischen Welt jene Schwungkraft, die es einst beflügelt hatte, mehr und mehr verlor, sich auf das Überkommene beschränkte, das keinen Anstoß erregen konnte, weil es ganz auf die Offenbarung zurückzuführen war?[9] Seit der Debatte um die Unvereinbarkeit von islamischer Philosophie und koranischem Glauben, die unter dem osmanischen Sultan Mehmed dem Eroberer im 15. Jahrhundert ein Nachspiel hatte[10], war dem Islam in der von ihm beherrschten Weltgegend kein ernstzunehmender geistiger Gegner mehr erwachsen. Es entstand eine Art sunnitischer – in Iran schiitischer – Rechtgläubigkeit, die nicht mehr herausgefordert wurde. Sie beruhte auf dem Inhalt des Korans und der Überlieferungen vom Propheten bzw. von den Imāmen. Wer wollte, konnte sich gewiß Zugang zu den Werken der Verstandestheologie verschaffen, um sie zu studieren, aber deren Inhalt war veraltet, weil er eine Wirklichkeit widerspiegelte, die es nicht mehr gab.

2. Erneuerung – von unten oder von oben?

Im frühen 19. Jahrhundert verfaßte der jemenitische Gelehrte aš-Šawkānī (gest. 1839) einen beherzten Aufruf gegen die Unsitte, Lehrmeinungen der Altvorderen ohne eigene Überlegung zu übernehmen[11], und setzte sich dafür ein, das „Tor zur selbständigen Suche“, das bedauerlicherweise vor langer Zeit verschlossen worden sei, wieder aufzustoßen. Voller Zorn greift aš-Šawkānī die zeitgenössischen islamischen Gelehrten an, die behaupten, blinde Nachahmung längst verblichener Autoritäten sei Pflicht, und die die Hohlheit ihres Scheinwissens durch eine peinliche Zurschaustellung angemaßter Würde zu überspielen hoffen. Es gelte, sich ein eigenes Urteil zu bilden, Fragen in eigener Verantwortung zu lösen. Aš-Šawkānī denkt vor allem an eine Wiederbelebung der islamischen Rechtswissenschaft, die, wie auch andere Autoren des 19. Jahrhunderts beklagen, in formalisierter Routine erstarrt war. Was aber ist selbständige Suche, die nach aš-Šawkānī nun, in der späten Zeit, viel leichter ist als in der fernen Vergangenheit, als der Koran noch nicht abschließend kommentiert und die Sunna noch nicht zu normativen Sammlungen vereinigt worden war? Es ist für ihn nichts weiter als die von Gelehrten eigenständig zu vollziehende Rückführung jeder Rechtsfrage auf Koran und Überlieferung[12], keineswegs eine schöpferische Revision des islamischen Rechts unter Berücksichtigung ganz neuer Zeitumstände!

Wie aš-Šawkānī dachten auch andere Muslime jener Zeit. Unter ihnen kommt Sayyid Muḥammad b. ʿAlī as-Sanūsī besondere Bedeutung zu. Geboren um 1800 bei Mostaganem/Algerien in einer Familie, die ihren Stammbaum über Ḥasan b. ʿAlī und dessen Mutter Fāṭima auf den Propheten zurückführte, durchlief er schon in frühester Jugend eine gründliche Ausbildung in den herkömmlichen islamischen Wissenschaften. Zugleich wuchs er in die Gelehrtenwelt der Sufi-Orden hinein, der er zeit seines Lebens verbunden blieb. 1830 faßte er den Entschluß, in Mekka seine Ausbildung zu vervollkommnen. Er reiste zunächst nach Kairo, wo er an der al-Azhar-Hochschule einen Studienaufenthalt zu verbringen hoffte. Aber er erlebte eine schwere Enttäuschung, und schon nach kurzer Zeit reiste er weiter. Ein Fetwa aus jenen Tagen zeigt, daß man gegen as-Sanūsī und seine Anhängerschar tiefes Mißtrauen hegte. War dieser Fremde, der auf die Studenten so anziehend wirkte, ein „religiöser Neuerer" oder gar ein Opponent gegen Mehmed ʿAlī, den Gewaltherrscher von Ägypten? „Die Behauptung, es sei Brauch der Sufis, sich abzusondern und zu bestimmten Tageszeiten und nach wiederholten Bemühungen um eine Zuhörerschaft Besucher zu empfangen, ist falsch", heißt es. Man dürfe sich auf keinen Fall vom öffentlichen Gebet ausschließen. Offenbar fühlten sich die al-Azhar-Gelehrten durch as-Sanūsīs Verhalten herausgefordert, wenn nicht gar bedroht. Weitere Einzelheiten des Fetwas verraten, daß as-Sanūsī großen Zulauf hatte und sich nicht scheute, die Autorität der ererbten islamischen Wissenschaften in Zweifel zu ziehen. Er lehnte es ab, sich einer der vier Rechtsschulen unterzuordnen. Dies hätte für ihn bedeutet, die von ihr erarbeitete Auslegung von Koran und Sunna zu übernehmen, und gegen eine solche „Nachahmung" wandte er sich wie aš-Šawkānī. Das genannte Fetwa tadelt scharf alle, die sich unterstehen, mit eigenem Denken zu neuen Einsichten zu gelangen; solche Leute sollte man meiden, und die Regierung sei aufgefordert, derartige Unruhestifter des Landes zu verweisen[13].

As-Sanūsī zog nach Mekka und gelangte nach manchen Umwegen 1843 nach al-Bayḍāʾ in der Cyrenaika, wo er eine Zāwiya gründete. Dreizehn Jahre später errichtete er eine ähnliche Institution in Yaġbūb, die sich zum Mittelpunkt der Gelehrsamkeit der Ordensgemeinschaft der Sanūsīya entwickelte, dessen Ausstrahlung bis weit in die Länder der südlichen Sahara hineinreichte. Muḥammad b. ʿAlī as-Sanūsī starb 1859. Die Führerschaft über den Orden verblieb in den Händen seiner Familie. Idrīs, der 1969 gestürzte greise König von Libyen, war sein Enkel.

In seiner Schrift *Die Aufweckung des Schlummernden* begründet as-Sanūsī näher seinen Wunsch nach Neueröffnung der Möglichkeit zu eigenem Suchen *(iǧtihād)*. Er wirft den Gelehrten vor, sich nicht klargemacht zu haben, daß Koran und

Sunna die einzigen Quellen des Rechts, der Theologie, der allumfassenden Lebensordnung der Gläubigen seien. Jeder Muslim hat also das Recht, in allen Fragen unmittelbar auf die Quellen zurückzugehen, und es wäre deshalb falsch, wollte man die in den Rechtsschulen entstandenen Interpretationen für verbindlich erklären. Denn daß seit vielen Jahrhunderten niemand versucht habe, den Islam neu zu deuten, dürfe keinesfalls so aufgefaßt werden, als sei eine endgültige, unveränderliche, unübertreffbare Lösung aller Fragen erreicht worden. Viel eher verrate dies eine geistige Erstarrung, an der nach as-Sanūsī der politische Verfall der islamischen Welt die Schuld trägt. Diese Einsicht mag ihm spätestens in Ägypten gekommen sein, wo er erfahren mußte, daß die Verknöcherung der Gelehrsamkeit und die Tyrannei einander bedingten. Mehmed ʿAlī gab sich als entschiedener Freund europäischer Technik, vor allem, wenn sie seine Macht stärkte. Geistige Grabesstille kam ihm dabei gut zustatten. Die Gelehrten, ihrerseits seit Jahrhunderten von der Staatsautorität auf Gedeih und Verderb abhängig[14], schenkten sie ihm schon aus Eigennutz, und sie konnten dies guten Gewissens tun. Denn wußten sie nicht seit al-Ġazālī, daß Algebra und Geometrie, Philosophie und Naturerkenntnis, ja daß jede auf der Ratio aufbauende Durchdringung des Glaubens für sie, die in der Sunna verwurzelt waren, gar keine Herausforderung darstellen konnten?

As-Sanūsīs Denken und Handeln zielte auf eine tiefgreifende Erneuerung der islamischen Welt. Diese Erneuerung sollte von innen her erfolgen, sollte aus einer Neubestimmung auf die Quellen des islamischen Lebens erwachsen. Die bestehenden islamischen Staaten spielten dabei keine Rolle. Der osmanische Sultan, der sich seit dem ausgehenden 18. Jahrhundert mit dem Kalifentitel schmückte[15] und gewissermaßen durch Reformen von oben sein Reich zum gleichwertigen Teilhaber an der Weltpolitik machen wollte, hat in as-Sanūsīs Erwägungen keinen Platz. Dessen Nachfolger wahrten diesen Abstand. Als sich der Sultan ʿAbd al-Ḥamīd II. bemühte, den Orden seinen panislamischen Bestrebungen nutzbar zu machen, wich Sayyid al-Mahdī, das damalige Oberhaupt, zurück und verlegte das Zentrum von Yaġbūb weiter nach Süden, nach Kufra[16].

Aš-Šawkānī und as-Sanūsī forderten energisch, der Islam müsse wieder zum Gegenstand intellektueller Anstrengungen der Gläubigen werden. Dieser Mahnruf wird nicht allein dadurch verständlich, daß man sich die damaligen Verhältnisse vor Augen führt. Es ist ein kurzer Rückblick in die islamische Geschichte notwendig, der uns zunächst zu Muḥammad b. ʿAbd al-Wahhāb (gest. 1791) führt. Ibn ʿAbd al-Wahhāb aus al-ʿUyayna in der zentralarabischen Landschaft al-ʿĀriḍ hatte schon in jungen Jahren durch seinen Kampf gegen die Laxheit in Dingen des Glaubens Aufsehen erregt. Im Jahre 1744 hatte ihn Ibn Saʿūd, der Emir des Stammes der ʿAneze, bei sich aufgenommen. Ibn ʿAbd al-Wahhāb errang in dem kleinen Emirat eine Stellung, die der eines geistlichen Führers vergleichbar war. Seinen Eifer für einen gereinigten Islam pflanzte er seiner neuen Umgebung ein; es bildete sich die religiös-politische Bewegung der Wahhabiten, die unter militärischer Führung der Banū Saʿūd um 1800 Teile der Arabischen Halbinsel unter ihre Herrschaft brachte.

Auch die Wahhabiten traten für eine Erneuerung des Islams von innen her ein, die nicht von den herrschenden Schichten, sondern von der Masse der Gläubigen getragen werden sollte. Maß des alltäglichen Lebens war die vermeintliche Schlichtheit der Verhältnisse in der idealisierten Frühzeit des Islams, in der es keinen nennenswerten Unterschied zwischen den Anführern und Gefolgsleuten gegeben haben soll, sondern alle von dem Wunsch erfüllt gewesen seien, der Sache des Islams zu dienen. Wie es am Anfang gewesen war, so sollte es wieder sein. Die Beduinen der Arabischen Halbinsel, nur oberflächlich islamisiert und vielfach heidnischen Bräuchen anhängend, sollten zu guten Gläubigen gemacht werden. In ein ganz der Botschaft des Korans ergebenes, der Sunna verpflichtetes Gemeinwesen sollten sie eingegliedert werden.

Doch gingen Ibn ʿAbd al-Wahhābs Pläne über eine Umgestaltung Innerarabiens weit hinaus. In einem Glaubensbekenntnis[17], das den Gelehrten der 1768 eingenommenen Landschaft Qasīm übermittelt wurde, stellt er in gut sunnitischer Manier fest, daß nur der Teil der islamischen Gemeinde das Heil erlangen werde, der alle extremen Glaubensansichten meide. Nach Ibn Ġannām (gest. 1810), einem Vertrauten Ibn ʿAbd al-Wahhābs, ging es diesem offensichtlich darum, die Zwietracht der Muslime, die sich an religiösen Fragen zu entzünden pflegte, ein für allemal auszulöschen. Wieder stoßen wir hier auf den Gedanken, daß es verderblich sei, sich starr an den Lehren einer der vier Rechtsschulen festzuklammern. Nur die Sunna des Propheten und das, was durch die einhellige Meinung der Vier Rechtgeleiteten Kalifen geheiligt sei, dürfe als Richtschnur gelten[18]. Dem inneren Zusammenhalt der Muslime ist nach Ansicht Ibn ʿAbd al-Wahhābs auch die aschʿaritische Theologie abträglich, der Versuch also, die Lehren des Sunnitentums mit rationalen Argumenten abzusichern[19].

Ibn ʿAbd al-Wahhāb wandte sich persönlich an die Gelehrten von Qasīm, weil ihm zu Ohren gekommen war, daß man seine Ansichten mißdeutet habe, um seiner Bewegung zu schaden. Er beteuerte, er habe keinesfalls den vier Rechtsschulen die Daseinsberechtigung absprechen wollen, und es sei ganz und gar nicht sein Ziel, für sich selber die Möglichkeit eigenständiger Suche nach neuen Lösungen zu beanspruchen. Auch habe er sich nicht angemaßt, sich außerhalb der Tradition stellen zu dürfen, die von den Gelehrten vergangener Geschlechter hochgehalten worden sei. Er betrachte deren Meinungsverschiedenheiten keinesfalls als Strafe für die Muslime[20]. Dies hätte man aus seinem Bemühen um Einheit durchaus schließen können. – Es fällt schwer, diese Aussage für bare Münze zu nehmen, denn Ibn ʿAbd al-Wahhāb bestreitet auch, den volksreligiösen Gräberkult zu verdammen oder den pantheistischen Theosophen Ibn al-ʿArabī (gest. 1240) für ungläubig erklärt zu haben[21], obwohl doch beides ganz seinen Zielsetzungen entspricht und er sich oft mit Schärfe gegen die Verehrung von Grabstätten gewandt hat. Dürfen wir den umgekehrten Schluß hieraus ziehen, daß er, ähnlich wie nach ihm aš-Šawkānī und as-Sanūsī, doch mit der Idee geliebäugelt hat, er könne die Pforte der eigenen Entscheidungsfindung wieder aufstoßen?

Ibn Ġannām weist an einer Stelle darauf hin, daß Ibn Qayyim al-Ǧawziyya (gest. 1350), ein Schüler Ibn Taymiyyas (gest. 1328), dazu aufgerufen habe, die Argumente der Verfechter einer blinden Übernahme von Lehrmeinungen zu widerlegen; das Bemühen, zu selbständigen Entscheidungen zu gelangen, sei durchaus angebracht[22]. Der Hanbalit Ibn Taymiyya aber ist der große Gelehrte und Reformator, dessen Vorbild sich Ibn ʿAbd al-Wahhāb verbunden wußte. Ibn Taymiyya hatte sich wie er gegen eine allzu ungehemmt wuchernde Volksfrömmigkeit gewandt und den eigentlichen Inhalt der prophetischen Botschaft wieder zur Geltung bringen wollen: strenger Eingottglaube, ohne schmückendes Beiwerk auf die koranische Verkündigung gegründet. Auch Ibn Taymiyya stand vielen theologischen Strömungen der Vergangenheit skeptisch, wenn nicht ablehnend gegenüber, denn sie hatten die ursprüngliche Eintracht der Gemeinde gesprengt. Auch er hatte im alltäglichen Leben seiner Zeit eine skandalöse Vernachlässigung der prophetischen Normen zu entdecken geglaubt. Seine Kritik richtete sich aber nicht nur gegen die Masse jener Gläubigen, die es mit dem islamischen Gesetz nicht so genau nahmen, sondern vor allem gegen die Herrschenden, die Maßnahmen ohne Rücksicht auf die Scharia zu treffen pflegten. Ibn Taymiyya wollte die Muslime wieder ganz zu Koran und Sunna zurückführen. Alle „Neuerungen", die nach der Generation der Altvorderen *(as-salaf)* aufgekommen waren, erwiesen sich in seinen Augen als schädlich. Hierzu gehörte auch der theologische Rationalismus aschʿaritischer Prägung[23]. Sollte man wieder zu den Quellen gelangen, mußte man sich von der über Jahrhunderte aufgehäuften Gelehrsamkeit freimachen und selber Koran und Sunna auslegen. Darum verwundert es nicht, daß schon Ibn Taymiyyas Schüler das Recht hierzu bejaht, daß die Wahhabiten es aufgegriffen, daß aš-Šawkānī und as-Sanūsī angesichts des unübersehbaren Niedergangs, dessen Zeugen sie waren, es ebenfalls forderten. Aš-Šawkānī verweist ausdrücklich darauf, daß die Hanbaliten die selbständige Suche nicht untersagt hätten[24]. As-Sanūsī bezieht sich in seinen Schriften des öfteren auf Ibn Taymiyya[25], und es wird sich zeigen, daß, sei es durch die Wahhabitenbewegung vermittelt, sei es unmittelbar, dieser Mann für die Besinnung der Muslime auf ihre eigenen Wurzeln, die in der zweiten Hälfte des 19. Jahrhunderts beginnt, von nicht zu überschätzender Bedeutung ist.

Ibn Taymiyyas Name wurde zum Programm: Erneuerung des Islams von den Quellen her; Reform von unten, getragen vom neu entfachten Glaubenseifer der Vielen, nicht ausgerichtet an den Zielen und Zwecken der Herrschenden. In der Gestalt Ibn Taymiyyas und in ihrem noch völlig unzureichend erforschten Einfluß, der sich ungebrochen bis in die neueste Geschichte des Islams erstreckt, wird der zweite geschichtsmächtige Aspekt von al-Ġazālīs Verwerfung des Rationalismus sichtbar: im Vertrauen auf die Gewißheit der intuitiv gewonnenen

Einsicht in Gottes Offenbarung entsprechend dem Gesetz zu leben. Nicht umsonst hat Ibn Taymiyya al-Ġazālīs Abwendung von letzten Endes haltloser Klügelei als einen Akt der Bekehrung verstanden, den die Gläubigen nachvollziehen sollten[26].

Die schmachvolle Lage, in die die islamische Welt geraten war, erkannten natürlich nicht nur einige wenige im Glauben fest verwurzelte Männer, die die Mißstände als Folge einer Vernachlässigung der Religion deuteten. Auch die dünne politische Führungsschicht, allen voran die osmanischen Sultane, mußte seit dem ausgehenden 17. Jahrhundert zahlreiche Niederlagen gegen europäische Mächte hinnehmen und fragte sich besorgt, wie denn wohl das Blatt zu wenden sei. Es lag nahe, zunächst rein vordergründig in mangelhaften militärischen Fähigkeiten die Ursache des Übels zu suchen; doch gerieten denjenigen, die auf Abhilfe sannen, sogleich auch die Schwäche und Verderbtheit des ganzen Staatsgefüges in den Blick. Daß möglicherweise die dem Aufbau des Reiches zugrundeliegenden islamischen Ordnungsvorstellungen nicht unverändert beibehalten werden könnten, wenn man den Verfall abwenden wollte, wurde dagegen nicht erwogen. So sieht der osmanische Hofhistoriograph Naʿīmā (gest. 1716) die Gründe für die Mißerfolge der osmanischen Europapolitik seit der zweiten Belagerung Wiens vor allem in Hofintrigen. An und für sich sei die islamische Ordnung so kraftvoll, daß alle übrigen Gesetze im Vergleich zu ihr nichtiger als Spinnweben seien. Es müsse nur wieder eine Politik gemacht werden, die die Belange des Militärs angemessen berücksichtige, und das Reich werde seine alte Stärke wiedererlangen[27].

Erst unter Selīm III. (reg. 1789–1807) und Maḥmūd II. (reg. 1808–1839) setzte sich die Erkenntnis durch, daß die Institutionen des Reiches umgestaltet werden müßten, wenn es überleben sollte. Doch stand für die Sultane naturgemäß das Militärwesen weiter im Vordergrund; dies ist angesichts der vielen Schlappen, die die osmanische Armee im 18. Jahrhundert erlitt, verständlich. Aber man muß auch die innenpolitische Entwicklung des Reiches im Auge behalten. Das Sultanat hatte viel von seiner Durchsetzungskraft eingebüßt, und in manchen Provinzen lag die tatsächliche Macht völlig in der Hand örtlicher Notablen. Als Selīm III. eine neue Gattung von Streitkräften schuf *(niẓām-i cedīd)*, die an modernen Waffen nach europäischer Methode ausgebildet wurden[28], zerstörte er nicht nur den innenpolitischen Status quo, sondern erregte auch den Unwillen vieler islamischer Gelehrter. Nach deren Ansicht hatte er die islamische Ordnung angetastet, und in diesem Augenblick wurden sie sich bewußt, daß Reformen, die, oberflächlich betrachtet, rein technischer Natur sind, dennoch die Gefahr in sich bergen, die Stellung des Gelehrtenstandes zu untergraben. 1807 bereiteten die Janitscharen diesem Experiment ein blutiges Ende; auch Selīm III. wurde ermordet. Maḥmūd II. ging deshalb behutsamer vor.

Man konnte letzten Endes nicht die alten Verhältnisse unangetastet lassen und gleichzeitig grundlegende Neuerungen durchführen. Dies war Mehmed ʿAlī, dem energischen und skrupellosen Emporkömmling, der sich nach dem wenig ruhmvollen Abzug der Franzosen zum Herrn Ägyptens aufgeschwungen hatte, formal aber der Hohen Pforte ergeben blieb, offenbar von Anfang an klar. Er lockte die Mamlūken, die Träger der alten Militärmacht, die eine von den Osmanen kaum gezügelte Schreckensherrschaft ausübten, im Jahr 1811 in die Zitadelle von Kairo und ließ sie niedermetzeln. Die islamischen Gelehrten hatten Mehmed ʿAlīs Aufstieg begünstigt. Daß er eine rüde Europäisierungspolitik treiben sollte, die wiederum vor allem der Armee zugute kam und das Land mit einer wirksamen Verwaltung überzog, hatten sie nicht vorausgesehen. Sie protestierten, aber sie mußten sich fügen und, wie wir am Beispiel des Fetwas gegen as-Sanūsī sahen, dienten manche als des Herrschers willfährige Werkzeuge. In der Modernisierung von oben errang Ägypten auf diese Weise zunächst einen Vorsprung vor den anderen Provinzen des Osmanischen Reiches. Maḥmūd II. wagte erst 1826 die gegen die Wiedererrichtung der Reformarmee revoltierenden Janitscharen zu beseitigen. Dieses Massaker – in der damaligen Türkei als „wohltätiges Ereignis" apostrophiert – öffnete den Weg zu tiefgreifenden Reformbestrebungen, die allerdings von den Sultanen nicht ganz freiwillig, sondern zum Teil unter skandalösem Druck europäischer Großmächte vorangetrieben wurden. Die sogenannten „wohltätigen Verordnungen", die zwischen 1839 und 1876 erlassen wurden, sollten aus dem Reich einen Staat machen, dessen Gefüge – bis hin zur Schaffung eines Parlaments und zur Gewährung einer Verfassung – dem der europäischen Staaten ähneln sollte.

In Konstantinopel gab es eine kleine Gruppe von Anhängern der Europäisierung; die erdrückende Mehrheit der Bevölkerung, insonderheit die Sunniten, deren staatstragende Rolle durch die Reformen in Frage gestellt wurde, verfolgte die Entwicklung mit Skepsis, wenn nicht mit Feindschaft. Tragisch waren die Rückwirkungen auf das Sultanat selber. Bedingt durch den Fortschritt der Technik und beim Aufbau der Verwaltung nahmen seine Machtmittel zu, aber zugleich entfremdete es sich den breiten Schichten, die seine Herrschaft getragen hatten. Die europäischen Mächte aber, die den Sultan zu den Reformen gedrängt hatten, blieben trotz allem unzufrieden. Denn sie trieben ein falsches Spiel, allen voran Großbritannien, Frankreich und Rußland. Ihnen ging es in Wahrheit nicht um die Gesundung des „kranken Mannes am Bosporus", sondern um die Aufteilung seiner erwarteten Hinterlassenschaft. Rußland überfiel 1877 das Osmanische Reich, dessen Bestand nach dem Krimkrieg im Frieden von Paris – in Anerkennung der Reformbestrebungen – garantiert worden war. Das Konstantinopler Parlament, erst seit kurzem in Funktion, war dieser Krisensituation nicht gewachsen. Zudem war die Reformpolitik bei der sunnitischen Mehrheit nun vollends in Verruf geraten, da man die Begehrlichkeit Rußlands nicht hatte mäßigen können. Der junge Sultan ʿAbd al-Ḥamīd II. (reg. 1876–1909) suspendierte das Parlament und versuchte, mit autokratischen Maßnahmen das Reich zu retten. Doch der Untergang war nur aufgeschoben.

Reformbestrebungen von oben sind leicht dem Verdacht ausgesetzt, sich gegen die Belange des Islams zu richten; nicht zu Unrecht argwöhnt man, sie nutzten allein den Interessen der Staatsmacht, die sich fahrlässig oder heimtückisch mit den Fremden zusammengetan habe. Der skizzenhafte geschichtliche Überblick belegt, daß diese Sicht der Dinge durchaus berechtigt sein konnte. Dennoch muß von islamischer Seite die Notwendigkeit der Reformen und der Einführung technischer Neuerungen keinesfalls bestritten werden. Die Frage ist nur, inwieweit derartige Maßnahmen zu der islamischen Überlieferung im weitesten Sinne in Beziehung gesetzt werden können. Ist es möglich, sie „islamisch" zu begründen? Während die Erneuerung von unten unmittelbar auf eine Wiederbelebung traditioneller islamischer Werte zielt, öffnen die Reformbestrebungen von oben die Wege zu stark ideologisierten Auseinandersetzungen mit Europa und wirken hierdurch auf den Inhalt der islamischen Theologie und Staats- und Gesellschaftslehre ein. Die führenden Köpfe der islamischen Geistesgeschichte im späten 19. und frühen 20. Jahrhundert vereinen in ihrem Denken beide Ansätze in nicht selten widersprüchlicher Form.

Wie aber läßt sich die Reform von oben im islamischen Geschichtsbild verankern? Der Staatsmann Ḫayr ad-Dīn (gest. 1890), die wichtigste Stütze der Reformpolitik der tunesischen Beys in der Mitte des 19. Jahrhunderts, verfaßte eine Abhandlung, in der er die islamische Welt mit den europäischen Ländern verglich, die er hatte bereisen können. Er hatte sich u. a. von 1853 bis 1857 in Paris aufgehalten. Im Januar 1861 hatte der Bey Muḥammad aṣ-Ṣādiq eine Verfassung verkündet, die sein Vorgänger schon 1857 im „Pacte fondamentale" versprochen hatte. Es wurde ein Oberster Rat geschaffen, dessen Vorsitz Ḫayr ad-Dīn innehatte. Diese wenigen Daten müssen hier genügen, um dessen enge Verbindung mit der tunesischen Reformpolitik zu belegen. Diese scheiterte freilich schon 1864; die im Rahmen der Rechtsreform aufgebauten Institutionen, die natürlich den Vertretern der herkömmlichen islamischen Rechtspflege ein Dorn im Auge waren, belasteten die Staatskasse derart, daß neue, ebenfalls nicht von der Scharia gedeckte Steuern erhoben und 1864 erhöht werden mußten. Es kam hierauf zu einer Staatskrise, in deren Verlauf Ḫayr ad-Dīn sein Amt verlor. Unter dem Eindruck dieser Geschehnisse vollendete er 1867 die genannte Schrift[29].

Der geradeste Weg zur Kenntnis des Zustandes der Länder – so lautet der Titel des kleinen Buches – nennt Meilensteine auf dem europäischen Weg zu gerechten und blühenden Staaten: die Magna Charta von 1215, die Glorreiche Revolution von 1688, die Französische Revolution. Der Fortschritt ist für Ḫayr ad-Dīn eng verknüpft mit der Schaffung einer zuverlässig und alle Menschen gleich behandelnden Verwaltung. Sie schätzt er so hoch ein, daß er den natürlichen Reichtum eines Landes für zweitrangig hält. Der Reichtum und der kulturelle Vorsprung Europas sind nach seiner Meinung vor allem auf jene Institutionen zurückzuführen, die die Macht der Herrschenden einschränken und ihnen Rechenschaft für ihr Tun abverlangen können. Er ist überzeugt, daß sich die islamische Welt vergleichbare Institutionen schaffen muß; um zu überleben, dürfen sich die Muslime nicht von der Entwicklung in den anderen Weltteilen abschließen. Das Osmanische Reich aber hat bereits den richtigen Weg eingeschlagen und kann deswegen eine Führerrolle gegenüber allen Muslimen beanspruchen. Süleyman der Prächtige (reg. 1520–1566) habe Dekrete zur Ordnung der Reichsangelegenheiten erlassen. Seine Nachfolger hätten leider die Zügel schleifen lassen, aber jetzt sei man in eine Epoche der Reformen eingetreten, die sich auf die Scharia gründeten. Der Prophet selber habe seinen Anhängern ans Herz gelegt, von den Gegnern zu lernen, damit man ihnen wohlgerüstet entgegentreten könne. Nur was der Scharia, die ja kein menschengemachtes Gesetz sei, widerspreche, dürfe man nicht übernehmen. Doch rechtfertigt Ḫayr ad-Dīn das Lernen von den Europäern nicht bloß formal, indem Worte Mohammeds und ʿAlīs zitiert werden. Vielmehr deutet er den Lernprozeß, den er so begeistert befürwortet, in eine Wiedererinnerung an versunkenes islamisches Ideengut um. Die europäischen Gesetze entspringen der menschlichen Vernunft. Ihrem Inhalt nach sind sie durchaus mit der Scharia zu vereinbaren, aber diese hat ihnen gegenüber den unschätzbaren Vorzug, göttlicher Herkunft zu sein. Deshalb findet man in ihr von Anfang an jene Konzepte, zu denen sich die Europäer in ihrer Gesetzgebung erst langsam durchringen mußten: Freiheit und Humanität. Den Muslimen ist es erspart geblieben, mit Versuchen und Fehlschlägen Erfahrungen zu sammeln. Zugleich gewährleistet die Scharia, daß alle Gläubigen, welchem Volk sie auch angehören und in welchem islamischen Land sie auch wohnen mögen, in gleicher Weise in den Genuß der von ihr verbürgten Rechte gelangen. Ḫayr ad-Dīn zeigt sich hier als Anhänger des panislamischen Gedankenguts, das damals im Osmanischen Reich propagiert wurde.

Diese Sicht der Dinge macht es Ḫayr ad-Dīn möglich, Errungenschaften Europas, deren Übernahme er empfiehlt, für letzten Endes islamisch auszugeben. Den modernen Parlamentarismus sieht er in der mittelalterlichen Lehre von der Einsetzung des Kalifen durch die „Leute des Bindens und Lösens" vorgeprägt; die Bildung eines Kabinetts, dessen Minister für bestimmte Bereiche die Verantwortung tragen, findet er schon von al-Māwardī (gest. 1058) beschrieben und durch den Koran sanktioniert, wo Mose in Sura 20.32 Gott bittet: „Gib mir einen Helfer aus meiner eigenen Sippe, meinen Bruder Aaron!"[30] – Die Erneuerung von unten setzt auf den Glaubenseifer der Masse, die Erneuerung von oben plädiert für eine Übernahme alles dessen, was nützlich und brauchbar erscheint und damit per definitionem als islamisch ausgegeben wird. Dies ist ein sehr pragmatischer Standpunkt, auf den ersten Blick der Umgestaltung förderlich, doch bei genauerer Betrachtung mit vielen Nachteilen behaftet, die allerding erst auf die Länge der Zeit hin spürbar wurden. Er übersieht den in überkommenen Denkmustern und Verhaltensweisen verborgenen Widerwillen gegen Veränderungen, und er unterbindet den Versuch, die tieferen Gründe für den Aufschwung Europas zu erkennen. Zivilisation wird zu einer Summe von dem Prinzip nach beliebig zur Verfügung stehenden Gütern und Institutionen, die hin- und hergereicht werden können, nicht aber in einem organischen Zusammenhang verankert sind[31].

3. Die unerfüllte Hoffnung

Für die islamische Theologie stellte der unabweisbare Ruf nach Erneuerung eine Herausforderung dar. Denn da der Islam nach seiner Selbstdefinition „Glaube und Staat" ist, waren theologische Standpunkte unmittelbar angesprochen. Sollte man auf die Linie von Männern wie Ḫayr ad-Dīn einschwenken, oder sollte man auf eine Wiederbelebung von unten her setzen? In beiden Fällen wären die Aufgabe des Gelehrtenstandes und das Verhältnis von Herrschern und Beherrschten im Lichte von Koran und Sunna neu zu bestimmen gewesen, und in beiden Fällen hätte am Ende die Frage gestanden, ob der von den Aschʿariten ersonnene, von al-Ġazālī am wirkungsvollsten propagierte Kompromiß noch gültig sein konnte. Durfte man einerseits die Scharia, auf der die gesamte islamische Lebensordnung beruht, als nur intuitiv erfaßbar und daher nicht mit dem Verstand ergründbar darstellen, andererseits aber die überkommene Ordnung unter Zuhilfenahme eines flachen Zweckrationalismus rechtfertigen, wie viele Gelehrte es taten? Mußte nicht am Ende die bloße Scheinhaftigkeit eines solchen Rationalismus entlarvt werden? Wären nicht bei einem Sieg der Erneuerung von oben die Überlieferung und der in ihr wurzelnde Glaube zu sehr von der praktischen Vernunft abhängig geworden? Es ist überraschend, daß diese Probleme, die in islamischer Sicht hätten entscheidend sein müssen, nicht in den Mittelpunkt der Aufmerksamkeit rückten. Vielmehr zeigte sich das islamische Denken so sehr von jenem Kompromiß bestimmt, daß es bestrebt war, ihn, koste es, was es wolle, über die Zeit zu retten. Andere Meinungen fanden wenig Gehör.

Dabei hatte es im ausgehenden 19. Jahrhundert Stimmen gegeben, die einen Aufbruch zu neuen Ufern verhießen. Unter ihnen nimmt Muḥammad ʿAbduh (1849–1905) nicht zuletzt wegen seiner bis heute andauernden Nachwirkung den ersten Rang ein. In seinen Lebenserinnerungen schreibt Muḥammad ʿAbduh, zwei Beweggründe hätten sein Handeln von Anfang an bestimmt. Im Gegensatz zu vielen seiner Zeitgenossen habe er erkannt, daß das Denken der Muslime aus den Fesseln der blinden Nachahmung befreit werden müsse; der Glaube müsse wieder so verstanden werden, wie ihn die Altvorderen vor dem Beginn aller Zwietracht verwirklicht hätten. Man müsse zu den reinen Quellen zurückkehren und die Religion mit dem Maß des menschlichen Verstandes messen, das Gott schuf, um Fehlentwicklungen rückgängig zu machen. Denn

> der Gelehrte ... ist der Freund des Wissens, weil er zur Erforschung der Geheimnisse des Seienden anregt, zur Achtung der feststehenden Wahrhei-

> ten auffordert und verlangt, daß man sich bei der Erziehung der Seele und der Verbesserung des Handelns auf sie stütze... Mit diesem Aufruf habe ich mich gegen die Ansichten der beiden großen Gruppen gestellt, in die unsere Nation zerfällt: die Verfechter der Wissenschaften vom Glauben ... und die Verfechter der Techniken dieser Zeit[32].

Das Thema „Verstand und Glaube" ist also angesprochen; aus der Rückschau erscheint es freilich schon gelöst, noch bevor es eigentlich in Angriff genommen worden ist. Als junger Mann hat sich Muḥammad ʿAbduh zu diesem Thema 1877 in einem Artikel der gerade gegründeten Zeitung *al-Ahrām* geäußert. Da habe einmal ein Student der islamischen Gottesgelehrsamkeit den Entschluß gefaßt, sich in die rationale Theologie zu vertiefen, die die Absicherung der Glaubenssätze mit Vernunftbeweisen anstrebe. Als dieser Student Freunden seine Absicht eröffnet habe, seien sie entsetzt gewesen. – Möglicherweise berichtet ʿAbduh hier auch von eigenen Erfahrungen. – „Welche Schande!" hätten sie ausgerufen, „wie kannst du die Wissenschaften der Irrlehren studieren? Du wirst in Zweifel verfallen! Laß ab davon und begnüge dich mit dem, was du hast!"

Dabei komme es gerade jetzt, in einer Zeit der sich verdichtenden Verbindungen zwischen den Völkern verschiedenen Glaubens, darauf an, für das eigene Bekenntnis mit Argumenten des Verstandes kämpfen zu können. Wenn nun schon gegenüber den ihrem Ursprung nach islamischen Wissenschaften eine solche Feindseligkeit üblich sei, wie verhalte es sich dann wohl mit den Wissenschaften, die die neue Epoche kennzeichnen? Hätte es diesen Abscheu gegen die Wissenschaften in Zeiten des Abbasiden al-Mutawakkil (reg. 847–861) oder unter den Seldschuken gegeben, dann wäre er aus den historischen Umständen erklärbar. – Al-Mutawakkil unterstützte das Sunnitentum gegen die Muʿtazila; die türkmenischen Seldschuken galten wegen ihrer Herkunft als Barbaren. „In einer Zeit aber, in der der ganze Erdball von der Wissenschaft umgestaltet wird, ist es unerträglich, daß die Muslime in Unwissenheit dahindämmern." Der Vizekönig habe die Voraussetzungen zur Hebung des Bildungsstandes des Volkes geschaffen, aber werde er je die Früchte seiner Bemühungen ernten? Der geschilderte Fall sei wenig ermutigend, zumal er nicht die Ausnahme, sondern eher die Regel sei. Doch gebe es längst nur noch die Wahl zwischen zwei Dingen: Entweder man raffe sich auf und versuche, mit der Zeit Schritt zu halten; dann werde es auch gelingen, den Glauben zu retten und sich selber vor dem Untergang zu bewahren – oder man werde in Unwissenheit zugrunde gehen. „Ist es nicht klar, daß es keinen Glauben ohne einen Staat gibt, keinen Staat ohne Staatsgewalt, keine Staatsgewalt ohne Stärke, keine Stärke ohne Reichtum! Weder Handel noch Gewerbe gehören dem Staat; sein Reichtum liegt allein im Reichtum der Bürger. Der Reichtum der Bürger wird aber nur dann möglich, wenn sich unter ihnen die Wissenschaften verbreiten, so daß sie die Wege des Erwerbs kennenlernen." Doch selbst den Einsichtigen sei dieser Zusammenhang noch verborgen. Die Zeiten, so klagt ʿAbduh, in denen man einander mit Pfeil und Bogen bekriegte, seien vorüber. Jetzt benötige man gepanzerte Schiffe, Maschinen- und Zündnadelgewehre. Das Menschengeschlecht neige dazu, Vernichtungsmittel zu ersinnen, und wie anders könne man den eigenen Staat, die Religionsgemeinschaft und den Glauben verteidigen, wenn nicht mit gleichwertigen Waffen?

In diesem Abschnitt ist ʿAbduh bis in die Formulierungen hinein von Ḫayr ad-Dīns Plädoyer für Reformen von oben abhängig[33], was die weite Verbreitung jener kleinen Schrift belegt. Doch ʿAbduh will nicht nur die Erneuerung rechtfertigen und glaubhaft machen, daß sie mit der Scharia im Einklang sei. Dies ist für ihn offensichtlich gar nicht mehr zu erörtern, weil es ohnehin der Fall ist, wie schon Ḫayr ad-Dīn behauptete. Wie können wir die Bürde der Unwissenheit abwerfen, das ist die Frage, die ʿAbduh bewegt. „Nur die Söhne dieses Standes *(ṭāʾifa)* können uns dazu anleiten, denn sie sind unser Geist, die Lenker unserer Körper. Wohin sie sich wenden, dort wenden auch wir uns hin; wann immer sie sich irgendeiner Sache annehmen, folgen wir ihnen“, schreibt er. „Dieser Stand“, damit meint er offensichtlich die islamische Gelehrtenschaft. Er hat vorher von „diesem edlen Stand“ gesprochen, „der den Geist dieser (islamischen) Gemeinschaft verkörpert“. Noch habe dieser Stand nicht begriffen, welch ein Nutzen in den neuen Wissenschaften liege, und er beschäftige sich mit Dingen, die in einer längst entschwundenen Zeit von Bedeutung gewesen seien. Die Gegenwart aber „hat unseren Glauben und unsere Ehre in ein wüstes Land geworfen, das von reißenden Löwen wimmelt, die alle an uns ihr Mütchen kühlen und uns angreifen wollen. Erst wenn wir uns in solche Löwen verwandelt haben, werden wir uns und unseren Glauben schützen.“ Die Pflicht der Gelehrten wäre es also, die Massen des Volkes zum Erwerb der neuen Wissenschaften anzuspornen.

> Beim Leben Gottes! Dies wäre die beste Tat, von Gott am meisten geliebt! Denn die Erhöhung des Wortes der Wahrheit und der Schutz des heiligen Territoriums des Islams sind die oberste aller Losungen. Wenn aber das Haupt abgetrennt ist, bleibt für die übrigen Glieder des Körpers nur das Grab. Dies ist (jenem Stand) wohl bekannt. Meine nicht, daß ich behaupte, sie seien in solchen Bemühungen trotz ihrem Wissen um deren Notwendigkeit nachlässig, weil sie einen schwachen Glauben haben! Gott behüte! Sie haben noch gar nicht begriffen, daß sie notwendig sind, ja daß sie ihre wichtigste Pflicht darstellen! Hätten sie dies begriffen und die Lage erfaßt, wie sie ist, wären sie längst dabei, die Menschen hierzu anzuleiten...

Ein Aufruf, mehr allgemein zugängliche Schulen zu gründen, in denen die Nützlichkeit des Wissens vermittelt werde, schließt den Artikel[34].

Diese Zeilen scheinen den Schlüssel zum Verständnis des Lebenswerkes Muḥammad ʿAbduhs zu liefern. Die islamische Welt muß sich den Entwicklungen in Europa anpassen, muß Versäumtes aufholen und dann Schritt halten. Wie aber kann dies der Masse der Bevölkerung bewußt gemacht werden? Die Gelehrten der Religion sollen für diese gewaltige Aufgabe in Dienst genommen werden, denn sie verfügen über den Zugang zu einfachen Menschen, die ihnen aufs Wort folgen. Wenn man zur Ausbreitung dieser Ideen die gleiche Kraft aufwendete, die man jetzt zur Verhinderung des Neuen aufzubringen imstande sei, dann müßte der Erfolg sich einstellen.

Es geht nicht um eine neue Untersuchung der Kernfrage des Verhältnisses von Verstand und Offenbarung, es geht vielmehr um die Einsetzung eines alten Instrumentes – des Gelehrtenstandes – zur Erreichung eines in den Zeitumständen begründeten Zieles[35], dessen religiöse Rechtfertigung schon mit dem Hinweis, die islamische Glaubensordnung könne sich nur in einem machtvollen Staat verwirklichen, als gegeben gilt. Die Lage, in der ʿAbduh schrieb, macht diese Ansicht verständlich; dennoch bewirkte sie auf die Dauer Schäden, die nur schwer wiedergutzumachen sein werden. Denn die Frage, ob die islamische Welt aus ihrer Erstarrung erweckt werden kann oder nicht, wird zu der Überlegung verengt, wie es möglich sei, die Schicht der Gläubigen, die das „islamische Wissen" zu verwalten berufen ist, zur tatkräftigen und vorausschauenden Wahrnehmung ihrer Aufgaben anzuspornen. Der Inhalt und die Grundlagen des „islamischen Wissens" werden dagegen nicht überprüft; im Prinzip sollen alle Neuerungen, die Europa seit dem ausgehenden Mittelalter entdeckte, in diesem Wissen enthalten sein. Ja, wenn man die geschichtliche Entwicklung berücksichtige, müsse das islamische Wissen sogar als der Ursprung der westlichen Zivilisation betrachtet werden.

Diesen Gedanken, dem wir bei Ḫayr ad-Dīn auch schon begegneten, hat ʿAbduh in seinen Schriften häufig aufgegriffen. Seine verhängnisvolle Zuspitzung erhielt er in der Auseinandersetzung mit den Schriften der Franzosen Renan und Hanotaux und – in deren Kielwasser – des libanesischen Christen Faraḥ Anṭūn. Renan und Hanotaux hatten dem Islam rundweg jede weitere Daseinsberechtigung abgesprochen. Seine weltgeschichtliche Aufgabe habe darin bestanden, das antike Erbe so lange zu bewahren, bis Europa für dessen Aufnahme und schöpferische Weiterentwicklung reif gewesen sei. Jetzt stehe der Islam dem Triumph der – in chauvinistischer Verblendung offenbar als französisch vorgestellten – modernen Weltzivilisation wie ein lästiges, aber dennoch zur Vernichtung verdammtes Hindernis im Wege[36]. Faraḥ Anṭūn hatte in einer Studie über Averroes (gest. 1198) ausgeführt, daß die Muslime in ihrer Wissensfeindlichkeit und Verbohrtheit den Aufschwung der Philosophie im Orient unterbunden hätten[37].

Renans Schmähschrift *L'Islam et la Science* war 1883 erschienen; Hanotaux' Äußerungen wurden um die Jahrhundertwende bekannt; Faraḥ Anṭūns Artikel über Averroes waren in der von ihm redigierten Zeitschrift *al-Ǧāmiʿa* vor dem Sommer 1902 erschienen und wurden 1903 in Kairo als Buch veröffentlicht. So fallen die Veröffentlichungen in jene Jahre, in denen sich Großbritannien und Frankreich anschickten, wichtige Teile der arabischen Welt ihrer Vorherrschaft zu unterwerfen. In Ägypten dominierten die Briten; die Franzosen, seit 1830

Kolonialherren in Algerien, hatten 1881 Tunis unter ihr Protektorat gezwungen. Der empörte Widerhall, den die abschätzigen Bemerkungen Renans und Hanotaux' angesichts dieser Geschehnisse in der islamischen Welt finden mußten, ist nur zu verständlich. Eine entschiedene Zurückweisung der Thesen Renans verfaßte Ǧamāl ad-Dīn al-Afġānī (1839–1897), ein weitgereister Politiker und Gelehrter, dessen Ideen auf viele islamische Intellektuelle große Anziehungskraft ausübten und entscheidende Anstöße zur Ideologie des Panislamismus gaben[38]. Als der Streit um Renans Äußerungen losbrach, hielt sich al-Afġānī gerade in Paris auf. Muḥammad ʿAbduh war schon als Student an der al-Azhar-Hochschule mit jenem faszinierenden Mann bekannt geworden, und es entwickelte sich zwischen beiden eine innige geistige Beziehung, die zu den folgenreichsten Tatsachen der modernen islamischen Geschichte zu rechnen ist. 1884 reiste ʿAbduh ebenfalls nach Paris. Zusammen mit al-Afġānī gab er dort die kurzlebige arabischsprachige Zeitschrift *al-ʿUrwa al-wuṯqā* heraus, deren Worte „diejenigen ʿAbduhs waren, während die Ideen von al-Afġānī stammten".[39]

Renan hatte seine Überlegungen an gängige Theorien der damaligen Rassenkunde angeknüpft. Ihnen zufolge waren die Semiten ohne eine natürliche Begabung für Metaphysik und Philosophie. Der Islam als Glaube semitischen Ursprungs mußte deshalb, sofern er von Semiten beherrscht wurde, der Wissenschaft feindlich sein. – Den Iranern wurde dagegen meist zugestanden, daß ihre rassische Veranlagung, obwohl vom Islam nahezu verschüttet, doch nicht ganz unterdrückt worden sei; ʿOmar-i Ḫayyām und die spätere persische Theosophie galten als Belege hierfür[40]. – Die Tatsache, daß auch im arabischsprachigen Islam im Zeitraum zwischen 775 und dem 13. Jahrhundert zahlreiche Philosophen große Werke schufen, versuchte Renan damit zu erklären, daß diese Männer in der Mehrzahl Harranier, Iraner, Andalusier oder syrische Christen gewesen seien. Dem hielt al-Afġānī entgegen, daß die Harranier als Araber zu gelten hätten und die Araber, die Andalusien eroberten, keinesfalls ihre Herkunft verloren hätten; die Christen in Syrien seien selbstverständlich ebenfalls Araber[41].

Diese Auseinandersetzung, in der gewisse Fähigkeiten und Anlagen bestimmten Menschengruppen zu-, anderen abgesprochen wurden, fand fast zwanzig Jahre später ihren Nachhall im Streit zwischen Hanotaux und Anṭūn einerseits und ʿAbduh andererseits. Nicht die Struktur der Argumente hat sich verändert, nur ihr Inhalt hat sich insofern gewandelt, als in den Erwiderungen ʿAbduhs an die Stelle der Rassen oder Völker die Religionen getreten sind. Die Problematik ist also dem islamischen Geschichtsbild angepaßt worden, das im Weltenlauf eine Aufeinanderfolge verschiedener Prophetenschaften sieht, die in derjenigen Mohammeds ihren Höhepunkt und Abschluß findet. Dieses Geschichtsbild ist durch den Gedanken des Fortschritts des Menschengeschlechts bereichert worden, das über verschiedene Stadien hinweg den Weg zur vollständigen Entfaltung seiner Anlagen beschreitet. Insonderheit August Comte hatte einigen Einfluß auf ʿAbduh[42].

Die Verschiebung des Inhalts der Argumente unter Beibehaltung ihrer Struktur wird gleich zu Beginn der Gegenrede ʿAbduhs gegen Hanotaux greifbar. Hanotaux hatte den Charakter der Rassen in dem Erscheinungsbild der von ihnen geprägten Kulturen zu erkennen geglaubt; zu den Kulturen zählen für ihn auch die jeweiligen Religionen, deren Eigenart also von den Rassenmerkmalen ihrer Träger abhängt und sich in den Rahmen der jeweiligen Kultur einfügt. Für ʿAbduh dagegen ist die Religion das Bestimmende; von ihr aus kann man ein Urteil über den Entwicklungsstand der betreffenden Kultur fällen. Laut Hanotaux hat die arische Kultur die semitische bezwungen. ʿAbduh dagegen stellt fest, daß das Ariertum, das in Indien das abscheuliche Kastenwesen hervorgebracht habe, weit hinter den Semiten zurückgeblieben sei[43].

Wo stand denn jene arische Kultur, fragt ʿAbduh, als die Muslime die Randgebiete Europas in Besitz nahmen? Hielt sie nicht auf der Stufe des gegenseitigen Mordens inne, des Krieges zwischen Glauben und Wissen, zwischen Gottesverehrung und Verstand? Und welche Errungenschaften brachte der Islam den Europäern, von denen sie jedoch zurückgewiesen wurden? Das hohe handwerkliche Können der Perser und der anderen Völker des arischen Raumes, die Wissenschaften der Perser, Ägypter, Byzantiner, Griechen? Der Islam läuterte sie von allem Schmutz, mit dem diese Kulturgüter durch das Verschulden der Anführer der westlichen Völker besudelt worden waren, erfüllte sie mit neuem Leben, strahlender denn je zuvor, so daß sie jene unwissenden Barbaren des Westens blendeten. Von Andalusien sprang jener Funke über, der auch in Europa das Licht der Zivilisation entzündete, „obwohl die Männer der christlichen Religion sich viele Jahrhunderte mühten, ihn auszulöschen. Aber sie vermochten es nicht. Heute bewahren die Europäer nur, was in ihrem Land gewachsen ist, nachdem es vom Blut ihrer Vorfahren getränkt worden ist, das von ihrem Klerus vergossen wurde, um Wissenschaft und Freiheit und die Vorboten der Zivilisation zu vertreiben."[44] In jedem Fall hat nach ʿAbduhs Überzeugung der Westen dem Osten mehr zu verdanken als umgekehrt[45].

Hanotaux hatte auch die Dogmatik der verschiedenen Religionen berührt. Werde dem Menschen die Fähigkeit, in freier Verantwortung zu handeln, abgesprochen und sein Schicksal als von Gott vorherbestimmt aufgefaßt, führe dies zum Stillstand und schließlich dem Niedergang der Zivilisation, wie man am Beispiel des Islams sehen könne. Werde dem Menschen dagegen ein freier Wille zuerkannt, sei wie im christlich geprägten Europa ein Aufstieg möglich. Es liegt auf der Hand, daß ʿAbduh diese in der Tat sehr grobe Einteilung nicht gelten lassen will. Auch im Christentum gebe es prädestinatianische Strömungen, und bestimmte, von ʿAbduh nicht näher bezeichnete griechische Philosophen hätten den ganzen Kosmos als ein Zwangssystem betrachtet, in dem der Mensch sicher noch sehr viel weniger Entfaltungsmöglichkeiten besitze als in einer Welt, die von einem Schöpfergott abhänge. Die Prädestinatianer unter den Muslimen sind für ʿAbduh immer eine kleine Minderheit gewesen; die Auffassung der überwältigenden Mehrheit laute, daß Gott zwar die Voraussetzungen für das menschliche Handeln schaffe, im übrigen aber den Gläubigen die Entscheidung überlasse, was sie tun und lassen wollten. In der frühen islamischen Geschichte sei dies unumstritten gewesen.

> Dann aber, welch ein Jammer! Unter den Muslimen erhoben sich Köpfe, denjenigen der Satane gleich, angefüllt mit dem nutzlosen Unrat der Arier; sie warfen ihn auf das reine Land (des Islams), beschmutzten dessen Boden damit, und es breitete sich dieser Dreck aus. Es traten nämlich Nicht-Araber, Perser und Byzantiner, zum Islam über, aber nicht reinen Herzens, sondern voller Heuchelei und versteckter Feindschaft. Sie schufen in der Religion die böse Neuerung des Disputs über die Glaubenslehren und übertraten das Verbot Gottes und seines Gesandten, die Vorherbestimmung zu erörtern und betrogen die Muslime mit blendenden Worten und falscher Rede.

Die Folge sei gewesen, daß die Eintracht der Gläubigen zerfiel. Die Franzosen hielten den Islam für die Religion der nackten Vorherbestimmung, weil sie jene Derwische vor Augen hätten, die sich überall in der islamischen Welt breitmachten und Unwissenheit und dumpfen Fatalismus lehrten. Dieses Derwischtum sei freilich nichts anderes als eine schädliche arische Beimengung, denn seine Heimat seien Iran und Indien[46]. – Man sieht, ganz ohne rassistische Auslegung der Weltgeschichte kommt ʿAbduh auch nicht aus, zumindest, wenn es gilt, bestimmte damals heftig umstrittene üble Erscheinungsformen der islamischen Kultur fremdem Einfluß anzulasten.

Großen Raum widmet ʿAbduh dem Thema der Gottesidee. Hanotaux hatte eine wechselseitige Abhängigkeit zwischen der Vorstellung, Gott sei unberechenbar und allbezwingend – hierauf läuft für ihn das semitische Gottesbild hinaus – und dem Entwicklungsstand der islamischen Kultur behauptet. Die „arische" Gottesidee dagegen stelle in ihrem Kern eine Verkörperung des Göttlichen in menschlicher Gestalt dar. Für ʿAbduh ist dies der reine Götzenkult. Daß sich die höchste Macht in materiellen Wesen manifestiere – so legt ʿAbduh seinen Gegner aus –, sei der Glaube all derer, „die vor den Pforten des Humanismus[47] stehenbleiben…, ohne mitten in seine Wohnstätten gelangen zu können. Dieser Glaube war und ist ein Indiz für den Tiefstand der Vernunft seiner Verfechter. Freilich gibt es Abstufungen dieses Tiefstandes, die mit den Götzenanbetern Afrikas beginnen und bei den Buddhisten Chinas und den Brahmanen Indiens enden."[48] Hier nun sieht ʿAbduh eine Höherentwicklung des menschlichen Geistes ihren Ursprung nehmen, die vom islamischen Standpunkt aus betrachtet durchaus folgerichtig verlaufen ist. Mohammed ist das Siegel der Propheten gewesen, also muß die göttliche Botschaft in der ihm offenbarten Form alle Möglichkeiten der Entfaltung der menschlichen Fähigkeiten umfassen, die der Schöpfer überhaupt vorgesehen hat. Unter dem Einfluß der europäischen Fortschrittsideologie, als deren Vertreter wir Auguste Comte schon nannten, muß die im Islam ursprünglich gemeinte Vorstellung von der Aufeinanderfolge inhaltlich gleicher Offenbarungen von Adam bis Mohammed erweitert werden. Neben die im Koran skizzierte Heilsgeschichte der prophetischen Religionen tritt die Entwicklungsgeschichte der Menschheit, die vom unvernünftigen, jede rationale Argumentation ausschließenden Götzenkult bis zum durch und durch rationalen Monotheismus des Islams reicht.

Der Mensch lernte, sich seines Verstandes immer besser zu bedienen, immer tiefer in die Geheimnisse des Alls einzudringen. Die Schleier der Materie, die seinen Geist einhüllten, zerrissen. Je nach dem Punkt, den er in diesem Prozeß erlangt hatte, stellte sich ihm das Sein des Höchsten verschieden dar. Schließlich erkannte er, daß es ein Wesen geben müsse, dessen Existenz notwendig sei und das unmöglich in die Form der Materie gekleidet sein könne, wie Hanotaux und seinesgleichen sich das dächten; denn dieses eine Wesen, das grenzenlos sei, könne in seiner Existenz eben nicht vom Materiellen umschlossen sein. Über welche Stufen vollzog sich nun der Aufstieg des Verstandes, seine Befreiung zu sich selbst, die im Islam vollendet wurde? Die griechischen Philosophen Pythagoras, Sokrates, Plato und Aristoteles hätten alles daran gesetzt, ihre Landsleute aus der Finsternis des uralten Götzentums zu erlösen. Plato habe im *Staat* gegen nicht näher bezeichnete „törichte Ansichten und schlechte Bräuche" gekämpft. Durch die Wissenschaft geführt, sei man zum Monotheismus vorgedrungen. Ähnliches gelte für die alten Ägypter. Allerdings hätten deren Priester jenen Glauben nicht im Volk verbreitet, so daß es dem alten Kult treu geblieben sei. Ohnehin hätten sie den Anthropomorphismus, die „Verähnlichung" Gottes mit dem Menschen, vorgezogen, da diese die breite Masse stärker beeindrucke und ihre Inbrunst erhöhe[49].

Nun gebe es zweierlei Arten von „Verähnlichern". Die einen ahnten in Tieren, Menschen oder in toter Materie, die ihnen in irgendeiner Weise überlegen sei, eine Form göttlicher Macht und verehrten deshalb jenen Gegenstand oder jenes Lebewesen. Etwas höher stünden diejenigen, die in einem außergewöhnlichen Menschen eine Manifestation Gottes zu erkennen vermeinten. Dieser lieferten sie sich willenlos aus, Verstand, Entschlußkraft und eigene Rechte aufgebend. Diesen beiden Typen von „Verähnlichern" müsse noch eine dritte Gruppe von Menschen an die Seite gestellt werden: alle die, die Vermittlerinstanzen benötigten, weil sie sich selber als zu schwach ansähen, Gott unmittelbar gegenüber zu treten. Diese wählten sich Fürsprecher, Sachwalter ihres Heils, und betonten, solche Vermittler nur deshalb zu verehren, weil sie selber sich dem einen Gott zu nähern wünschten. Der Koran tadele solches Verhalten streng (Sura 39.3).

Damit hat ʿAbduh den Boden für seinen Angriff auf das europäische Christentum bereitet, denn dieses ist natürlich der eigentliche Widerpart in dieser Auseinandersetzung. Ursprünglich hätten die Christen ebenfalls gegen den Götzenkult gekämpft. Aber die Indienstnahme ihres Glaubens durch Konstantin habe allem eine andere Wendung gegeben. Die Lehre von der Dreifaltigkeit, die jetzt ausgearbeitet worden sei, habe ausdrücklich nicht mit dem Verstande zu fassen sein sollen; dies unterstellt ʿAbduh. Nur eine winzige Minderheit, eine protestantische Splittergruppe, mit der er selber bekanntgeworden sein will, deute die Gestalt des Christus, des Logos, nach wie vor als das Wissen und den Heiligen Geist als das Leben[50]. Sie wende sich damit gegen den für ʿAbduh abwegigen Glauben der Christenheit und nähere sich dessen wahrem Inhalt. Denn das Christentum habe ursprünglich nicht beabsichtigt, die Menschen von einem Götzenkult in einen anderen zu locken.

Schließlich entstand der Islam. Er rief die ganze Welt zum Ein-Gott-Glauben, legte dar, daß schon Adam, Noah, Abraham, Mose ihn verkündet hätten und auch Jesus, die „Verähnlichung" verwerfend, die Menschen die vollkommene Läuterung des Gottesbegriffes von aller kreatürlichen Anschauung gelehrt habe. Der Mensch sollte von der Knechtung durch die Machthaber befreit werden, die seinen Verstand usurpiert hatten[51], sagt ʿAbduh. Die politische Seite des Ein-Gott-Glaubens wird hier unmittelbar sichtbar: Wer weiß, daß der eine Gott das einzige Wesen ist, dem er Unterwerfung, Gehorsam und Verehrung schuldet, der wird sich nicht von Gewaltherrschern unter das Joch zwingen lassen. Und noch eine zweite Folgerung zieht ʿAbduh aus dem Monotheismus: Da Gott der völlig Jenseitige ist, gibt es keine Scheu, keine Hemmnisse, sein Werk, die Schöpfung, mit dem Verstand zu durchdringen. Schon im 2. Jahrhundert nach der Hiǧra hätten die Muslime „die Wissenschaften von den Himmeln und der Erde durchstreift, Irrtümer berichtigt, die Prinzipien geläutert und die Grundlagen (der Naturerfassung) revidiert. Am Beginn des 3. Jahrhunderts errichteten sie Observatorien und maßen die Erde aus und förderten Ergebnisse zutage, die den Gelehrten bei uns und im Lande von Herrn Hanotaux wohlvertraut sind."[52] – ʿAbduh verkennt in diesem Zusammenhang völlig, daß es gerade die Vorstellung von dem Einen Gott ist, von dem alles Geschehen in jedem Augenblick abhängt, die bald darauf die Entfaltung einer schöpferischen Wissenschaft von der Natur erstickte. –

Die Haltung des Islams zu den Naturwissenschaften steht im Mittelpunkt der Auseinandersetzung mit Faraḥ Anṭūn, die im Jahre 1902 ausgetragen wurde. Anṭūn hatte in einer Studie über Averroes darauf hingewiesen, daß dieser Denker, obwohl er sich ausdrücklich zum Islam bekannt habe, Verfolgungen und Anfeindungen ausgesetzt gewesen sei. In seiner sehr umfangreichen Erwiderung wirft ʿAbduh alle Argumente ins Feld, die in seiner Schrift gegen Hanotaux schon anklangen. Wesentlich Neues kommt nicht hinzu. Das Christentum ist für ʿAbduh ein Glaube, der seine Überzeugungskraft aus den Wundern Jesu ableitet. So muß diese Religion von Anfang an der Wissenschaft feindlich gesonnen sein. In der Tat fällt es ʿAbduh im Verlauf seiner Erörterungen nicht schwer, dies anhand von Beispielen zu belegen. Im 19. Jahrhundert waren Naturwissenschaft und Technik, in einer atemberaubenden Entwicklung begriffen, für viele gläubige

Christen schwerwiegende Probleme; das Weltbild, das die Bibel vermittelt, geriet unwiderruflich ins Wanken[53]. Laut ʿAbduh ist der Islam demgegenüber auf Wunder der von Christus gewirkten Art nicht angewiesen. Die Muslime werden im Koran aufgefordert, durch Verwendung ihrer Verstandeskraft zum Glauben an den einen Schöpfer vorzudringen. – Nach islamischer Vorstellung ist der Koran selber das Wunder, mit dem der Anspruch des Propheten, im Namen Gottes zu reden, bestätigt wird. Die Unnachahmbarkeit des Korans ist mit dem Verstand zu erwägen. Das Wunder, das in der unübertrefflichen Ausdrucksweise der islamischen Offenbarung liege, wird im Arabischen mit einem anderen Wort bezeichnet als jene Wunder, die Christus wirkte, indem er „die Gewohnheit Allahs durchbrach"; diese geht beispielsweise dahin, den Menschen im Wasser versinken zu lassen, Christus aber wandelte über die Wogen. Von islamischer Seite aus betrachtet, sind ʿAbduhs Ausführungen in diesem Punkt durchaus schlüssig.

Das Christentum sei dem Islam ferner deshalb unterlegen, weil es die Gläubigen der Herrschaft des Priestertums überantwortete, einer Gruppe von Heilsvermittlern. Es erwarte ferner, daß man im Diesseits Verzicht übe, verlange, daß man Dinge glaube, die nicht mit dem Verstand überprüft werden könnten, gebiete, daß man den Inhalt der Heiligen Schrift Wort für Wort für wahr halte. Schließlich habe Jesus auch verkündet: „Ich bin nicht gekommen, Frieden zu bringen, sondern das Schwert. Denn ich bin gekommen, den Menschen zu erregen wider seinen Vater und die Tochter wider ihre Mutter." (Matthäus 10, 34f.). Der Islam dagegen habe das Ziel, zwischen allen Menschen Eintracht zu stiften[54]. Die Grundlage der einträchtigen Gemeinschaft ist natürlich das göttliche Gesetz, die Scharia. Ihr muß Geltung verschafft werden, und dies ist die Aufgabe der islamischen Staatsgewalt. Damit diese Aufgabe ordnungsgemäß erfüllt werde, dürfe die Macht nicht in der Hand vieler liegen, was Anarchie heraufbeschwören müßte. Nur einer, der Kalif oder der Sultan, dürfe das Sagen haben. Dieser eine sei weder durch Unfehlbarkeit noch durch besondere Kenntnis der Auslegung des Korans und der Sunna ausgezeichnet; göttliche Inspiration werde ihm nicht zuteil. Vielmehr werde seine Amtsführung genau von den Muslimen beobachet, und bei schweren Verfehlungen könne er von seinen Pflichten entbunden werden.

Im Christentum dagegen würden die Machthaber geheiligt, hätten das Recht, Gesetze zu erlassen und verlangten Gehorsam ohne Widerspruch. Die Kirche sei darauf aus, diese Verhältnisse zu verewigen. ʿAbduh sieht anscheinend hierin den Grund für die – von ihm natürlich abgelehnte – Säkularisierung. Der Kirche wurde das Recht eingeräumt, über den Glauben und die Beziehungen des Menschen zu seinem Gott zu herrschen. Der Staat nahm es auf sich, die weltlichen Angelegenheiten, die Beziehungen der Menschen untereinander, zu regeln. Völlig zu Unrecht hielten jedoch die Europäer, die die Trennung von Kirche und Staat als eine Errungenschaft betrachteten, den Muslimen vor:

> Der Sultan erläßt die Regeln des Glaubens und führt sie aus, und der Glaube ist ein Werkzeug in seiner Hand, mit dem er die Herzen unterwirft und den Verstand knebelt... Sie meinen deswegen, der Muslim werde von seinem Sultan durch den Glauben geknechtet, denn sie selber kennen es ja nicht anders, als daß der Glaube das Wissen bekämpft und die Unwissenheit schützt. So sei es auch dem islamischen Glauben unmöglich, der Wissenschaft gegenüber duldsam zu sein, solange es zu seinen Grundlagen gehöre, daß die Errichtung der Staatsgewalt gemäß diesem Glauben notwendig ist. Dir ist jedoch nunmehr klar, daß dies ein vollkommener Irrtum ist. Du weißt jetzt, daß es im Islam keine religiöse Herrschaft gibt... Deshalb weiß man auch, daß das Problem der Herrschaft im Islam einen nicht zu bedrücken und nicht die Beschäftigung mit der Wissenschaft zu hindern braucht[55].

ʿAbduh ist der Überzeugung, daß der Mensch im Islam seine Vollendung erlangt habe. Er gebraucht seinen Verstand frei; er läßt sich nicht mehr von seinesgleichen unterdrücken, sondern erkennt nur noch den einen Schöpfer als seinen Herrn an. Dessen Gesetze, die Scharia, befolgt er, nicht jene, die ihm andere Menschen auferlegen möchten. Unversehens gerät ʿAbduh hier die Abwehr teils polemischer, teils sachlich begründeter Argumente gegen einen in vielen Bereichen verknöcherten Islam zu einer Verheißung eines Menschseins auf der höchsten Entwicklungsstufe, eines Menschentypus, der im Islam schon seit der Zeit des Propheten gegenwärtig sein soll, jedoch wegen widriger äußerer Umstände noch nicht ungehindert in Erscheinung treten konnte. Es fragt sich nun, inwieweit diese hochgemuten Worte in der Theologie ihre Stütze finden. ʿAbduh, wir sahen es, war ein überzeugter Befürworter der rationalen Gottesgelehrsamkeit, ja sie mußte für ihn der Inbegriff des Islams sein. Als er nach der ʿUrābī-Revolte von 1882 seine Heimat verlassen mußte und in Beirut Zuflucht fand, forderte man ihn dort auf, seine Lehrtätigkeit wieder aufzunehmen. Er willigte ein, und es entstand die *Abhandlung über den Ein-Gott-Glauben,* ein Leitfaden der islamischen Theologie, der den zeitgenössischen Ansprüchen genügen sollte. ʿAbduh setzt sich sehr ausführlich mit den Fragen auseinander, die die Möglichkeit des Menschen, aus eigener Bestimmung zu handeln, berühren. Wie nicht anders zu erwarten, ist ʿAbduh ganz der überlieferten Terminologie verhaftet, doch setzt er innerhalb der alten Schemata bemerkenswerte Akzente.

Jeder, der mit einem klaren Verstand begabt ist, ist sich der Tatsache seiner Existenz bewußt und daß von ihm freigewählte, willkürliche Handlungen ausgehen, deren Ergebnisse er mit seinem Verstand beurteilt. Er hat sie mit seinem Willen bestimmt, darauf nach Maßgabe der in ihm vorhandenen Kräfte vollzogen. – Dies ist in sehr vergröberter Form die muʿtazilitische Theorie von der Handlungsfreiheit des Menschen. ʿAbduh konnte sie damals wohl nur aus Schriften kennenlernen, die der Widerlegung des muʿtazilitischen Systems der Theologie gewidmet waren. Muʿtazilitische Originalquellen wie die erhaltenen Teile des *al-Muġnī* von ʿAbd al-Ǧabbār (gest. 1013) waren noch nicht wiederentdeckt worden. – Die Gegner der Lehre von der Selbstbestimmtheit des menschlichen Tuns hatten nun stets den Einwand erhoben, daß der angestrebte Zweck einer Handlung nicht selten verfehlt werde[56]. Diesen Gedanken greift auch ʿAbduh sogleich auf. Wenn der Mensch Widerständen oder Hemmnissen begegne, sei er bemüht, diese zu überwinden. Sofern die Hindernisse von Kräften, die den seinen gleichen, ausgehen, lasse er sich in einen Kampf ein, den er für sich entscheiden könne. Oft sehe er sich aber auch höherer Gewalt ausgeliefert, und dies leite ihn zu der Erkenntnis,

> daß alles Geschehen in der Welt von einem notwendig existierenden Wesen abhängt, das diese Welt entsprechend seinem Wissen und Wollen lenkt. Dann unterwirft er sich diesem Wesen in Demut und stellt ihm anheim, was ihn trifft... Die Gläubigen wissen, daß sie Gott hierfür Dank schulden, und sagen deshalb: ‚Der Mensch setzt alles, womit Gott ihn begnadet hat, dafür ein, wofür es geschaffen wurde.'[57]

Auf diesen nicht näher umrissenen Bereich menschlicher Selbstverantwortung gründet sich nach ʿAbduhs Ansicht die Scharia; nur wenn es diesen nicht von fremder Seite in Anspruch genommenen Raum gibt, haben die Regeln, mit denen der Mensch „belastet" wurde, ihren Sinn. Wer diese leugne, bestreite, daß in seiner Person der Glaube einen Ort habe; dieser Ort sei der Verstand, dessen Würde Gott damit verdeutlicht habe, daß er ihn angeredet habe, als er die Gebote und Verbote verkündet habe[58]. – Auch hier greift ʿAbduh muʿtazilitische Gedankengänge auf. Nur wenn der Mensch die Möglichkeit hat, selber zu entscheiden, ob er ein Gebot einhalten oder mißachten will, und nur wenn er die entsprechende Tat aus eigenem Handlungsvermögen vollzieht, ist das göttliche Gesetz als gut zu rechtfertigen. Anderenfalls wäre es nichts weiter als die Willkür eines Tyrannen; es wäre eine „untragbare Belastung". Die Aschʿariten, die Gottes Allmacht betonten, gaben denn auch zu, daß im Prinzip das göttliche Gesetz wirklich eine „untragbare Belastung" darstelle. Wie eingangs angedeutet, war man nach aschʿaritischer Überzeugung dem Gesetz gehorsam, *weil* man von Gott schon vor aller Zeit hierzu ausersehen war, nicht aber, *damit* man das Paradies gewinne. Der Widerspruch zwischen dem Glauben, „daß alles Geschehen... von einem notwendig existierenden Wesen abhängt" und der Forderung nach Erfüllung der Scharia bestand dann nur zum Schein, und die Aschʿariten gaben den Gläubigen den Rat, soweit nach der Scharia zu leben, wie es ihnen möglich war[59] – eben nach Maßgabe der göttlichen Festlegung.

Das Problem der Willensfreiheit und der Zweckbestimmung menschlichen Tuns war also gelöst worden, indem man es beiseite geschoben hatte. ʿAbduh erkennt, daß die moderne islamische Theologie die Möglichkeit zweckgerichteten Handelns nicht verneinen darf; der Verstand soll ja gerade die Gläubigen leiten, ihnen den Weg aus der Krise weisen und sie an der neuen Zivilisation teilhaben lassen, deren wichtigstes Bestreben es ist, rational bestimmte Zwecke mit rationalen Mitteln zu erreichen. Erst im Islam soll doch der Mensch ganz zu der ihm angemessenen Rationalität befreit worden sein, wie ʿAbduh verkündete. Trotzdem erkennt er nicht, daß der sunnitische Islam, dessen Theologie vom Aschʿaritentum repräsentiert wird, mit dieser Fortschrittsideologie gar nicht zu vereinbaren ist. Die Schwierigkeiten, die sich auftun, umschifft er mit dem Hinweis, daß der menschliche Verstand nicht geeignet sei, sie zu lösen.

Was ʿAbduh hier vollführt, ist auch nicht in Ansätzen eine Kritik der menschlichen Erkenntnisfähigkeit; er müßte dann zu begründen suchen, weshalb der Mensch mit diesem Problem nicht fertig wird und ob nicht gar die falschen Fragen gestellt werden. Doch liegt eine solche Wendung den Gedanken ʿAbduhs fern; denn er ist viel zu sehr von der Idee der Befreiung des Verstandes fasziniert. So verfällt er denn auch auf den Ausweg, der im sunnitischen Islam in vergleichbarer Lage schon öfter beschritten worden ist: das Verbot, weiterzufragen, das z. B. von Aḥmad b. Ḥanbal ausgesprochen worden war, als man das Wesen der Eigenschaften klären wollte, mit denen Gott im Koran belegt wird.

Wie schwankend und unsicher eine solche Wiederbegründung der Willensfreiheit im Islam bleibt, wenn man die überlieferten Schemata des islamischen theologischen Denkens beibehält, zeigt sich rasch. Gott wirke die Taten des Menschen, dieser eigne sie sich an, und für diesen Akt der Aneignung trage er die Verantwortung. So umschrieb man das menschliche Handeln im Aschʿaritentum mit dem Ziel, trotz der Lehre von der Allmacht Gottes die Beziehung zwischen Werk im Diesseits und Lohn und Strafe im Jenseits beizubehalten. Doch auch die Fähigkeit zur Aneignung wird dem Menschen stets von Fall zu Fall anerschaffen. Im Handeln zeigt sich, wir hörten es, die Erwähltheit. Trotz allem war diese aschʿaritische Lehre dem Verdacht der Vielgötterei ausgesetzt gewesen, eben weil sie neben Gott noch einen Täter annahm – wenn auch nur zum Schein. In diesen Verdacht mußte ʿAbduh wegen seiner Ausführungen in verstärktem Maße geraten, und er bemüht sich, ihm zuvorzukommen. Vielgötterei ist für ihn der Glaube, daß etwas anderes als Gott eine Wirkung ausüben könne, die nicht in den von Gott geschaffenen und den Geschöpfen zur Verfügung gestellten Dingen begründet liegt. Dieser Gedanke ʿAbduhs erweckt auf den ersten Blick wieder den Anschein, als liege ein Bruch mit der überkommenen sunnitischen Theologie vor, die nichts Geschaffenem eine auch nur abgeleitete Seinsmächtigkeit zubilligte, so daß es nach dem Akt der Schöpfung aus sich heraus Wirkungen hätte erzielen können. Doch auf die Frage nach der Seinsmächtigkeit der Schöpfung will ʿAbduh gar nicht hinaus. Vielgötterei ist vielmehr der Glaube derer,

> die ein Wesen außer Gott verehren und dieses in Dingen um Hilfe anrufen, die der Mensch nicht vermag wie zum Beispiel... die Heilung von Krankheiten ohne die Arzeneien, zu deren Gebrauch uns Gott anleitete und die Benutzung anderer als der von Gott uns vorgeschriebenen Wege und Bräu-

> che zum Gewinn des Glücks im Jenseits und im Diesseits. Es ist dies der Polytheismus, den die Götzenanbeter und ihresgleichen trieben, ehe das islamische Gesetz dessen Auslöschung anordnete und befahl, alles was über die menschliche Kraft und die Mittel der Daseinsfristung[60] hinausgeht, Gott allein anheimzustellen und zweier wichtiger Grundsätze eingedenk zu sein, die die Eckpfeiler des Glücks und das Fundament des menschlichen Handelns sind: 1. der Mensch erwirbt dank seinem Willen und seiner Kraft das, was das Mittel zu seinem Glück ist; 2. die Kraft Gottes ist der Ausgangspunkt alles Seienden. Zu ihren Wirkungen gehört es, den Vollzug des menschlichen Willens zu verhindern. Außer Gott gibt es nichts, was den Menschen in Dingen unterstützen könnte, die er nicht zu erwerben vermochte.

Dies sei der Kern der Botschaft der Scharia: Gott allein verhelfe den Anstrengungen des Menschen zum Erfolg. Die Altvorderen seien sich dessen bewußt gewesen, und deshalb hätten sie erstaunliche Leistungen vollbracht[61].

ʿAbduh vermag sich nicht von dem Glaubenssatz zu lösen, daß alles unmittelbar von Gott sei. Er rechnet zwar damit, daß die von Gott geschaffenen Subsistenzmittel dem Menschen zur Verfügung stehen, aber eben nicht, weil sie so geschaffen sind und seit der Zeit ihrer Entstehung an sich für den Menschen da sind; vielmehr muß in jeder erfolgreichen Handlung, die der Mensch vollzieht, der Umstand, daß sie Subsistenzmittel sind, aufs neue von Gott bekräftigt werden – dies ist der Erfolg, den er verleiht. Allem Geschaffenen kommt also doch keine, wenn auch bloß abgeleitete – durch einen Schöpfungsakt „am Anfang" vermittelte – eigene Seinsmächtigkeit zu. ʿAbduh bleibt damit der aschʿaritischen Seinslehre verhaftet, wie sie sich zunächst in der Abwehr der Muʿtazila und dann der islamischen Philosophie herausgebildet hatte.

ʿAbduh beginnt die Seinslehre mit der Einteilung alles dessen, was man weiß, in drei Kategorien: das in sich selbst Mögliche; das in sich selbst Unmögliche; das in sich selbst Notwendige. Alles, was möglich ist, kann weder aus sich heraus entstehen, noch vergehen. In beiden Fällen bedarf es einer Ursache bzw. wenn es ohne Ursache entweder existent oder nichtexistent ist, eines Determinators *(muraǧǧiḥ)*. Es ist im übrigen kontingent, gewinnt damit auch durch den Umstand, daß es ins Sein getreten ist, keine Kontinuität. Die Ursache, von der es bewirkt wird, könnte entweder nach dem Verursachten sein, gleichzeitig mit ihm oder vor ihm. Der erste Fall ist undenkbar, und auch der zweite, die Gleichzeitigkeit von Ursache und Wirkung, ist für ʿAbduh unvorstellbar.

> Denn dann müßten beide im Rang des Seins gleich sein. Die Aussage, daß das eine die Wirkung, das andere die Ursache sei, wäre dann eine Determination ohne einen Determinator. Dies billigt der Verstand nicht. Das Ursache-Sein des einen und das Verursacht-Sein des anderen wäre nämlich Determiniertheit ohne Determinator, was a priori unmöglich ist. Es gilt

folglich der dritte Fall, das heißt, daß das Sein des Verursachten nach dem Sein seiner Ursache eintritt. Auf der Stufe der Existenz der Ursache geht dem Verursachten mithin die Nichtexistenz voraus; folglich ist es kontingent, denn kontingent ist alles, dessen Existenz die Nichtexistenz vorausgeht. Hieraus folgt, daß alles, was möglich ist, kontingent ist[62].

Dieses Zitat aus der Seinslehre, mit der ʿAbduh seine theologische Abhandlung eröffnet, ist spätaschʿaritisch; es könnte aus einem Handbuch wie der *Summe der Gedanken der Frühen und der Späten* des Faḫr ad-Dīn ar-Rāzī (gest. 1209) stammen. Seine Seinslehre beruht auf der Scheidung alles Seienden in die genannten drei Kategorien, die der aschʿaritischen Theologie seit der zweiten Hälfte des 11. Jahrhunderts aufgedrängt worden waren, als man darangehen mußte, das Gedankengebäude der islamischen Philosophie zum Einsturz zu bringen. Für die Philosophen war Gott der oder das notwendig Seiende gewesen, von dem die Welt als das möglich Seiende abhing. Diese Aussage konnte von der islamischen Theologie ohne weiteres aufgegriffen werden; nicht aber die Folgen, die sich für die Philosophen aus ihr ergaben. Letztere meinten nämlich, aus dem notwendig Seienden, aus Gott, fließe von Ewigkeit zu Ewigkeit das mögliche, abgeleitete Sein, die Welt. Ursache und Verursachtes sind also gleichzeitig da, die Welt ist mithin ewig. Diese Ansicht widersprach ganz und gar der islamischen Lehre von der Weltgeschichte als einem linearen Prozeß, der von der Schöpfung zum Endgericht verläuft. Gott existierte, ohne daß es die Welt gab, dann schuf er sie, und eines Tages wird er sie wieder vernichten und ohne sie existieren. Deshalb beharrte man so entschieden darauf, die Ursache müsse vor dem Verursachten gegeben sein, und sowohl Existenz als auch Nicht-Existenz des Möglichen müßten in irgendeiner Form determiniert werden – letzten Endes durch den Willen Gottes. Nur unter diesen beiden Voraussetzungen konnte das Mögliche auch kontingent sein, existierend freilich nur für die winzig kleine Spanne eines Zeitatoms. Danach trat es, wenn Gott dies wollte, für den nächsten Zeitraum ins Sein oder fiel ins Nichtsein; beides wiederum durch eine Ursache bzw. einen Determinator bedingt. ʿAbduh führte diese Gedanken im weiteren Verlauf seiner Erörterung aus.

Die Seinslehre, auf der ʿAbduh seine Theologie errichtet, ist also ganz der mittelalterlichen Überlieferung verpflichtet und läßt nicht erkennen, wie mit ihr die begeistert aufgenommene und für den Islam beanspruchte Fortschrittsidee untermauert und gerechtfertigt werden könnte. Der Autor ist sich dieses Problems offensichtlich nicht bewußt. Am Ende seiner Darlegung des Ein-Gott-Glaubens kommt er auf die uns schon bekannte Ansicht von der Rolle des Islams als des Vollenders der Menschheitsgeschichte zu sprechen. „Der Mensch in seiner Gesellschaft hatte das Lebensalter der Reife erreicht... Da kam der Islam und redete zum (menschlichen) Verstand, appellierte an Begriffsvermögen und Einsicht und beteiligte (den Verstand) mit den Gefühlen und Empfindungen an der Führung des Menschen zu seinem Glück im Diesseits und Jenseits.“[63]

Das Urteil, ʿAbduh sei dank seiner Hochschätzung des menschlichen Verstandes in die Nähe der Muʿtaziliten oder islamischen Philosophen zu rücken[64], entbehrt der Grundlage. „Man muß das Denken von der Fessel der blinden Nachahmung befreien und den Glauben wieder so verstehen wie die Altvorderen dieser Gemeinde vor dem Auftreten des Meinungsstreits, und man muß bei der Suche nach Kenntnissen (vom Glauben) zu den ursprünglichen Quellen zurückfinden und den Verstand als eine der edelsten Kräfte des Menschen ansehen, ja als seine edelste Kraft überhaupt."[65] So lautet ʿAbduhs Bekenntnis, dessen wesentliche Aussage wir schon bei den Wahhabiten und bei as-Sanūsī kennenlernten und über Ibn Taymiyya bis zu al-Ġazālī zurückverfolgten.

Der intuitiv erfaßte, unreflektierte Glaube der Altvorderen ist das Ideal. Daß dieser Glaube auf ewig mit dem Verstand vereinbar sei – was immer dies im einzelnen heißen mag –, ist ʿAbduhs ehrliche Überzeugung, die er aber nie einer ernsthaften Probe unterzieht. Die Verstandesgemäßheit des Islams ist ein ideologisches Argument, mit dem sich, wie wir sahen, Fortschrittslehren aufgreifen und zugunsten des Islams auslegen lassen. Dies wird deutlich, wenn wir uns vor Augen führen, was den Anstoß zum „islamischen" Fortschrittsglauben gab: Der indo-muslimische Modernist Sayyid Aḥmad Khan hatte in den siebziger Jahren des 19. Jahrhunderts England besucht und nach seiner Rückkehr, offenbar von den wissenschaftlichen Erfolgen des Westens beeindruckt, gelehrt, der Islam sei erschöpfend im Koran enthalten; die Scharia, vor allem in der Sunna verbürgt, stelle keines seiner wesentlichen Elemente dar. Vielmehr sei es nunmehr geboten, die koranische Botschaft im Einklang mit dem Verstand und der Natur zu interpretieren. – Die Natur wird hier zu einer Erkenntnisquelle neben der Offenbarung erhoben; ihr kommt augenscheinlich eigene Seinsmächtigkeit zu, sie kann daher nicht in jedem „Zeitatom" ganz und gar vom Willkürwillen des Schöpfers abhängen. – Al-Afġānī, ʿAbduhs Mentor, hatte diese von ihm „Naturalismus"[66] genannte Denkrichtung in seiner „Widerlegung der Materialisten" aufs schärfste verdammt. Nach al-Afġānīs Meinung lehre die wahre Religion – der Islam – drei Wahrheiten: daß der Mensch, das edelste Geschöpf, die Welt beherrsche; daß seine – die islamische – Glaubensgemeinschaft die beste sei; daß er sich im Diesseits vervollkommne und auf das Jenseits vorbereite[67]. Der „Materialismus", d.h. alle Denkrichtungen, die im Menschen ein den übrigen Geschöpfen vergleichbares Wesen sähen, untergrabe jene Wahrheiten, erkläre den Menschen zum Tier. Diese Lehren seien erfunden worden, um die Religionen als Blendwerk zu verunglimpfen. „Hierauf gründen jene ihre Ansicht, daß keine Glaubensgemeinschaft das Recht habe, einen Vorrang vor den übrigen zu beanspruchen und sich dabei auf die Grundsätze ihrer Religion zu stützen."[68]

ʿAbduhs Ideologie ist daher wohl nicht allein eine Antwort auf den Zusammenstoß mit Europa, sondern auch die Abwehr einer islamischen Denkschule, deren Thesen man so auffaßte, als untergrüben sie die besondere Würde des Islams, die im allgemeinen aus dem Umstand abgeleitet wurde, daß Mohammed das „Siegel der Propheten" gewesen sei. Sayyid Aḥmad Khans Gedanken schienen darauf hinzuweisen, daß der Islam ein geschichtlich gewachsenes Gebilde sei, eben nur eine der möglichen Verwirklichungen der koranischen Botschaft. Ein wahrer Reformer hätte in der Tat so denken müssen und eine andere Möglichkeit zeigen sollen. Gerade dies aber tut ʿAbduh nicht. Er weckt Hoffnungen auf eine der Reform angemessene Theologie, erfüllt sie aber nicht. Vielmehr verweist er die Gläubigen auf das idealisierte übergeschichtliche Bild von den Altvorderen, das in altem Glanz erstrahlen werde, sobald man den Staub der Jahrhunderte abtrage. – Doch die Welt der Altvorderen ist unwiederbringlich vergangen.

4. Die Salafiyya

Die Gedanken Muḥammad ʿAbduhs wurden nach seinem Tod vor allem von seinem Schüler Rašīd Riḍā (1865–1935) verbreitet. Dieser hatte im Jahre 1889 die Zeitschrift *al-Manār* gegründet, die man als das Sprachrohr der Reformbestrebungen im ʿabduhschen Sinn bezeichnen kann; sie fand ihre Leser in allen Teilen der islamischen Welt. Freilich konnte es nicht ausbleiben, daß die Anregungen, die von ʿAbduh ausgegangen waren, in unterschiedliche Richtungen weiterentwickelt wurden. Des weiteren bewirkte der Zusammenbruch des Osmanischen Reiches am Ende des Weltkrieges eine kaum vorausgeahnte Umverteilung der politischen Macht im Nahen Osten. Die Hoffnung auf eine wie auch immer geartete Unabhängigkeit der arabischen Länder wurde von den Alliierten rücksichtslos unterdrückt, nachdem man sie während des Krieges aus Nützlichkeitserwägungen bestärkt hatte. Die in diesen wenigen Worten nur angedeuteten dramatischen Wendungen[69] des Schicksals der islamischen Welt mußten ihre Spuren im Denken der Muslime hinterlassen; sie mußten ihnen Anlaß sein, die Ziele, die ʿAbduh ihnen gesteckt hatte, zu überprüfen: Sollte wirklich eine islamische Kultur, die sich dem ihr angeblich ureigenen Rationalismus ganz öffnete, zumindest äußerlich, im Lebenszuschnitt, Europa ähnlich werden? War das moderne Europa überhaupt das, was man suchen sollte? – Die tiefe Enttäuschung und Verbitterung über den schmählichen Verrat durch Großbritannien und Frankreich führte die meisten muslimischen Intellektuellen zu einer kritischen Zurückhaltung gegenüber vielem von dem, was zwanzig Jahre zuvor noch als unbedingt nachahmenswert, wenn nicht überhaupt als eine Frucht der eigenen, von Europa nur aufgegriffenen Leistungen des islamischen Mittelalters angesehen worden war.

Rašīd Riḍā war in die damaligen Geschehnisse in vielfacher Weise verstrickt. Nach der jungtürkischen Revolution hatte er zunächst geglaubt, die Zeit für eine Dezentralisierung des Osmanischen Reiches, die den Arabern ein größeres Maß an Selbstbestimmung ermöglicht hätte, sei gekommen. Er träumte von einem islamischen Reich gleichberechtigter Völker. Der scharf nationalistische Kurs der Jungtürken zerriß dieses Traumbild, und Rašīd Riḍā glaubte nun, in dem Scharifen Ḥusayn, dem Herrscher des Hiǧāz, den zukünftigen König eines arabischen Staates feiern zu können[70]. Nach dem Ende des Weltkrieges wurde den Arabern allmählich klar, daß ihnen Scharif Ḥusayns Abfall vom Osmanischen Reich nicht gelohnt werden würde. Großbritannien und Frankreich begannen, ihre insgeheim verabredeten Interessensphären zu besetzen. Rašīd Riḍā reiste mehrfach nach Syrien und in den Libanon, um den unheilvollen Lauf der Ereignisse noch abzuwenden.

Er berichtete hierüber in der Zeitschrift *al-Manār*. 1922 veröffentlichte er unter anderem einen Bericht über die Unterredung, die er mit dem Sekretär des Generals Gouraud im Herbst 1919 geführt hatte. Rašīd Riḍā betonte zunächst den großen Einfluß der Moral auf das Handeln der Menschen. Einer an hohen ethischen Werten ausgerichteten Moral seien, so habe man bisher geglaubt, die Alliierten verpflichtet gewesen; Befreiung der unterjochten Völker sei das Ziel gewesen, mit dem die Alliierten in den Krieg eingetreten seien.

> Aber dieser Krieg hat seit dem Abschluß des Waffenstillstands zerstört, was diese Völker (der Alliierten) aufgebaut hatten, insbesondere England und Frankreich, die über vier Jahre hinweg die Welt mit der stolzen Propaganda erfüllten, sie kämpften für die Befreiung der unterdrückten Völker, erstrebten weder Eroberung noch Kriegsbeute noch die Errichtung einer Militärherrschaft in irgendeinem Land oder Volk, sondern die Beseitigung der Militärherrschaft usw. Als aber der Krieg mit ihrem Sieg zu Ende gegangen war, teilten sie sich plötzlich alle Gebiete, deren sie mit Gewalt habhaft werden konnten, selbst die ihrer Verbündeten und ihrer, wie sie selber sagten, Freunde... Durch das, was Europa während und nach diesem Krieg getan hat, zerstörte es den guten Ruf und die moralische Position, die es im Orient besessen hatte. Hier glaubt den Europäern niemand mehr, niemand vertraut ihnen mehr, niemand hält sie für tugendhaft und gerecht. Vielmehr sind sich die Masse und die Führer darin einig, daß die europäische Zivilisation einen rein materialistischen Charakter trägt, daß die Europäer allein auf das Ausleben ihrer Begierden und auf willkürliche Knechtung der Schwachen aus sind; daß allein Schwäche (die europäischen) Staaten davon abhalten könnte, Gewalttaten und Übergriffe zu begehen und die Zivilisation zu zerstören; daß die ganze Propaganda für Gerechtigkeit, Gleichheit, Freiheit und Menschlichkeit Lug und Trug ist...[71]

Diese bittere Stimmung ist in Rechnung zu stellen, wenn wir nun das weitere Schicksal der islamischen Reformbewegung, die sich auf ʿAbduh berief, knapp skizzieren. ʿAbduh hatte in seiner Darstellung des islamischen Glaubens dem Rationalismus zum – erneuten – Durchbruch verhelfen wollen. Seine Befürwortung des Gebrauchs des Verstandes in Dingen des Glaubens trug aber, wie wir sahen, eher pragmatischen Charakter und rührte, wie schon die Aschʿariten gefordert hatten, bestimmte, durch die Offenbarung festgesetzte Grenzen nicht an. So war es möglich, ein harmonisches Zusammenwirken von Glaube und Verstand zu behaupten. Manche seiner Schüler waren jedoch nicht gesonnen, sich hierauf einzulassen. Sie nahmen vielmehr die Beteuerung ernst, der richtig aufgefaßte Islam sei die Religion – und die Kultur – des Verstandes. Diese Anhänger ʿAbduhs betrieben folgerichtig eine Ehrenrettung der vom orthodox-sunnitischen Islam seit al-Ašʿarī mit einem Anathema belegten Muʿtazila. Aḥmad Amīn (1868–1954), an der al-Azhar-Hochschule ausgebildet und später Professor für arabische Literatur an der neuen Universität von Kairo, veröffentlichte seit 1927 eine umfassende Geschichte der islamischen Kultur. Deren Höhepunkte und Glanzleistungen deutete er als Ergebnisse des muʿtazilitischen Rationalismus, der allein den Koran als verbindliche Quelle der Religion gelten ließ, ihn aber rational auslegte. Ein neuer Aufschwung der islamischen Welt setzte die Wiedergewinnung muʿtazilitischer Rationalität voraus. Aḥmad Amīns Bücher fanden großen Anklang; seine Thesen wurden dennoch kaum aufgegriffen, da sie abseits des Hauptstromes der Reformbewegung standen[72].

Deren Anhänger waren sich in ihrer großen Mehrheit mit Muḥammad ʿAbduh darin einig, daß „eigene Urteilsfindung" keinesfalls bedeuten durfte, frei von der überlieferten Sunna eine Anpassung des Islams an die Gegebenheiten der Moderne zu schaffen oder gar seine Grundlage neu zu durchdenken. Aḥmad Amīn hatte Glanzpunkte während der ganzen Geschichte des Islams entdecken können[73]; die meisten Verfechter der ʿAbduhschen Reformbewegung mochten ihm hierin nicht folgen. Sie glaubten, allein die Altvorderen *(as-salaf)* hätten den wahren Islam gekannt und vorgelebt. Das idealisierte Bild von der Frühzeit nahmen sie für bare Münze, hierin großen Denkern wie al-Ġazālī und Ibn Taymiyya gleichend und an der unhistorischen Grundströmung festhaltend, die auch für ʿAbduh kennzeichnend war. Nach den Ereignissen, die sich an den Ersten Weltkrieg anschlossen und Scharif Ḥusayns Politik zum Scheitern brachten, bleiben allein die Wahhabiten um ʿAbd al-ʿAzīz b. Saʿūd, den Herrscher des Naǧd, an die die orthodoxen „Reformer" die Hoffnung auf Verwirklichung ihrer Ziele knüpfen konnten. Die Saʿūdis ließen, nachdem sie den Scharifen aus dem Hiǧāz vertrieben hatten und Herren von Mekka und Medina geworden waren, denn auch rasch erkennen, daß sie die ihnen zugefallenen Verpflichtungen gegenüber dem ganzen Islam zu erfüllen gedachten. 1926 tagte in Mekka der „Kongreß der islamischen Welt"; die Muslime erhielten ein Forum, das unabhängig von den Siegermächten des Ersten Weltkrieges, die in der einen oder anderen Form die Mehrzahl der islamischen Länder beherrschten, die Belange der Gläubigen erörtern und zu Gehör bringen konnte.

Die Grundelemente, die den frühen Reformbewegungen wie den Wahhabiten und später dem Kreis um Muḥammed ʿAbduh gemeinsam waren, traten jetzt naturgemäß in den Vordergrund: Es sollte der Ein-Gott-Glaube reingehalten werden gegen alle Äußerungen der Volksreligiosität; alle Arten chiliastischen

Gedankengutes wurden verworfen, desgleichen alle pantheistischen Spekulationen. Eine Rückkehr zum schlichten Glauben der Altvorderen bedeutete aber auch die Zurückweisung moderner wissenschaftlicher Lehren wie des Darwinismus[74]. Das alltägliche Leben der Gläubigen sollte strikt an die Scharia gebunden werden, deren Quellen der Koran und die Sunna des Propheten sind. Die Voraussetzung hierfür war allerdings – und das wurde auch keineswegs abgestritten – die „Öffnung des Tores der selbständigen Suche".

Wie notwendig dies war, zeigte eine Schrift, die 1925, ein Jahr nach der Abschaffung des Kalifats durch Atatürk, von ʿAlī ʿAbd ar-Rāziq, einem an der al-Azhar-Hochschule ausgebildeten ägyptischen Richter, unter dem Titel *Der Islam und die Grundlagen der Herrschaft* veröffentlicht worden war. ʿAbd ar-Rāziq setzte auseinander, daß der Kalif seine Macht einem Akt der Einsetzung durch die Gläubigen verdanke; der Kalif müsse die Wohlfahrt der Untertanen sichern und für die Aufrechterhaltung des islamischen Gesetzes sorgen. Weder ein Koranvers noch eine Überlieferung der Sunna verlange es, dem Inhaber dieses Amtes eine Legitimität zuzuschreiben, die über die hinausgehe, die er durch diese Einsetzung gewonnen habe. Im Islam gibt es mithin keine irgendwie geartete charismatische Herrschaft, der Kalif ist ein schlichter Funktionsträger[75]. Dieses Buch entfachte einen Skandal; war mit ʿAbd ar-Rāziqs Thesen doch gesagt, daß der Islam auch unter einer anderen Herrschaftsinstitution als dem Kalifat verwirklicht werden könne. Die Scharia benötigte keinen Kalifen als irdischen Sachwalter, und umgekehrt war sie, wie ʿAbd ar-Rāziq mit Beispielen aus der Geschichte belegt, bei den Kalifen wirklich nicht immer in den besten Händen gewesen. Wenn aber die überkommenen islamischen Herrschaftsinstitutionen nicht die einzig richtige und mögliche Form der Umsetzung der Scharia in die Praxis waren, dann war es überflüssig, diese in der Scharia wurzelnden Institutionen retten zu wollen – und letzten Endes war es fraglich, ob die Sunna als der eine der beiden Pfeiler des „reformierten" Islams überhaupt würde Bestand haben können. Wieder ergab sich aus einer wirklichkeitsnahen Analyse der Geschichte eine Beeinträchtigung der Autorität der Sunna.

Gegen diese Herausforderung setzten die Anhänger der „Salafiyya" die schon von Muḥammad b. ʿAbd al-Wahhāb, as-Sanūsī und auch von ʿAbduh erkannte Notwendigkeit, allen Muslimen außerhalb der Generation der Altvorderen keine Autorität in Glaubensfragen mehr zuzugestehen, also die „Nachahmung" *(taqlīd)* zu verbieten. Dies war gewissermaßen ein teilweises Zugeständnis an die unabweisbaren Lehren aus der Geschichte, freilich mit der Absicht ausgesprochen, das Entscheidende, nämlich die Sunna, zu bewahren. Die meist geringfügigen Abweichungen der vier Rechtsschulen in einzelnen Fragen sollten aufgegeben werden, ein einheitliches, aber eben auf Koran und Sunna beruhendes Recht des Alltags sei zu schaffen, stellten die orthodoxen Reformer fest[76]. Auf diese Weise wären schließlich auch die Bestrebungen europäisch gesonnener Modernisten aufzufangen gewesen, die nach Rechtsschulen aufgesplitterten Bestimmungen in jedem Land durch ein einheitliches, in wesentlichen Bestandteilen aus dem Westen übernommenes Recht zu ersetzen[77]. Die geschichtlichen Umstände – die unangefochtene Vorherrschaft europäischer Mächte in der Zeit zwischen den beiden Weltkriegen – verliehen den „Westlern" den größten Einfluß, nur nicht in Saudi-Arabien. Daß seit den siebziger Jahren immer stärker nach einer Wiedereinführung der Scharia gerufen wird, zeigt, daß das Pendel nun zurückschlägt.

Allerdings kann man hierfür kaum den bloßen Überdruß an den aufgepfropften Formen europäischen Rechts verantwortlich machen; die Ereignisse nach dem Ende des Ersten Weltkrieges haben vielmehr bewirkt, daß sich die ideellen Ziele der von ʿAbduh ausgehenden Reformbewegung veränderten. ʿAbduh war es darum gegangen, die an sich als richtig und gut erkannten Leistungen des Westens auch für die islamische Welt zu sichern. Nun aber glaubte man, den verderbten Charakter Europas durchschaut zu haben. „Reform der islamischen Welt" bedeutete jetzt auch und vor allem Erhaltung und, wenn nötig, Wiederherstellung der islamischen Moral[78]. Es galt, gegen Gleichgültigkeit in Glaubensfragen, eine Begleiterscheinung der Verwestlichung, ja gegen den Säkularismus an sich zu kämpfen. Der „Islam der Altvorderen" wurde damit zum Schlagwort einer Ideologie der Abgrenzung gegen das Fremde und der Sicherung der eigenen Identität. Ohne diese Ideologisierung des Gedankengutes der „Salafiyya" hätten die Aufrufe zu einer Rückkehr zur Scharia in jüngster Zeit nicht so erstaunlich starken Widerhall finden können.

5. Islam als Ideologie

Die Errichtung der „Dual Control", der das bankrotte Regime des Khediven im Jahre 1876 unterworfen wurde, hatte für ganz Ägypten und weit darüber hinaus die Fragwürdigkeit einer von oben gelenkten, im engen Zusammenspiel mit europäischen Interessen vorangetriebenen Entwicklungspolitik sichtbar gemacht. In der ʿUrābī-Bewegung (1881–1882), deren Niederschlagung Ägypten ganz in britische Hände brachte, hatten einheimische Offiziere, Kaufleute und Grundbesitzer zusammen mit islamischen Gelehrten, aber auch christlichen Journalisten syrischer Nationalität gegen eine Art von Europäisierung gekämpft, die das Land zu ruinieren und seinem eigenen Wesen zu entfremden drohte. Daß viele Ägypter schließlich gegen die verhängnisvolle Politik ihres Vizekönigs revoltiert hatten, führte ʿAbduh, der an den Geschehnissen teilhatte und deswegen später verbannt worden war, auf das aufklärerische Wirken al-Afġānīs zurück[79]. Zum ersten Mal war eine politische Bewegung in Erscheinung getreten, die verhältnismäßig breite Schichten gegen eine überhastete Modernisierung mobilisierte; al-Afġānī, einer der geistigen Urheber der Revolte, war aber ein unermüdlicher Rufer zur islamischen Einheit, zum Neuaufbruch der islamischen Welt nach Jahrhunderten des Niedergangs gewesen. Zwar trugen die Ereignisse von

1881 und 1882 den Charakter einer nationalen Erhebung, nicht den einer islamischen Revolution, doch werden sie Männer wie ʿAbduh in dem Glauben bestärkt haben, daß der Islam das wesentliche Merkmal sei, welches die orientalische Welt von Europa unterscheide. Jedenfalls wird der Islam bei ʿAbduh, wie wir schon sahen, zum Grundstein der Selbstfindung des Orients, auf den sich die geistigen und politischen Auseinandersetzungen mit Europa rückbeziehen sollen. Die ideologischen Bestandteile des Denkens ʿAbduhs, die keineswegs sämtlich auf ihn oder al-Afġānī zurückgehen, stellen in ihrer geschichtlichen Wirksamkeit sein übriges Werk weit in den Schatten. Sie wurden aufgenommen, überarbeitet, neu formuliert, aber eigentlich nie in Frage gestellt.

Es liegt auf der Hand, daß die Deutung des Islams als einer Ideologie des Fortschritts und der Befreiung dem Eindringen von Elementen anderer politischer Ideologien Tür und Tor geöffnet hat. Diese Entwicklung, die noch nicht völlig zu überblicken, geschweige denn in ihren geschichtlichen Folgen abzuschätzen ist, kann allerdings nicht der Hauptgegenstand dieser Abhandlung sein. Wir wollen diesen Vorgang aber ebenfalls mit einem Beispiel illustrieren. 1967 schrieb S. Ṭuʿayma ein Buch mit dem Titel *Der Islam und der gesellschaftliche Fortschritt – Eine Studie über die gesellschaftliche und wirtschaftliche Vervollkommnung im Islam.* Wie für ʿAbduh die Religionen unterschiedliche Stadien der Entwicklung des menschlichen Geistes verkörperten, so sieht Ṭuʿayma in ihnen Stufen der Gesellung und der Herrschaft. Babylon, das alte Indien, Iran, Rom, sie alle benutzten den Götzenkult, um gesellschaftliche Widersprüche und Rückständigkeit zu zementieren und eine den Herrschenden dienliche Unwissenheit aufrechtzuerhalten. Kaum besser beurteilt der Autor die Verhältnisse im Alten Ägypten und in China. Selbstverständlich war nach seiner Meinung auch die altarabische Stammesgesellschaft von schwerwiegenden Widersprüchen zerrüttet. Ṭuʿayma entgeht bei seinen Darlegungen nicht der fixen Idee, daß im Beduinentum eigentlich ein besseres, weil unverdorbenes Menschsein erhalten geblieben sei; aber der Götzenkult habe auch hier seine schädliche Wirkung getan. Dann aber „erlaubte Gott, daß die Morgenröte der Menschheit über diesem Sumpf aufging, in welchem sich vor dem Zeitalter des Islams die Widersprüche aller menschlichen Gesellschaften abgelagert hatten“.[80] Das Arabertum sei die Gemeinschaft geworden, in der „alle menschlichen Erfahrungen in eine einzige Praxis eingebunden wurden“, die aus göttlicher Rechtleitung erwachsen sei. Der Mensch habe nun seine regionalen Eingrenzungen eingerissen, sei mit dem neuen Glauben Kosmopolit geworden und habe alle Hemmnisse überwunden, die von den nunmehr abgelegten Wahnideen seiner Entwicklung in den Weg gestellt worden waren[81]. Der von den falschen Kulten erlöste Mensch des Islams ist im wahrsten Sinne des Wortes frei, meint Ṭuʿayma, nämlich nicht im Sinne einer westlichen Freiheit des Individuums, der Gesellschaft oder der Politik, sondern viel umfassender. Der Islam als Religion trete für die Freilassung aller Sklaven ein, erstrebe mithin einen gesellschaftlichen Fortschritt, für den die empfohlene Abschaffung der Sklaverei gewissermaßen das Symbol sei. Alle Menschen sollen frei und gleich sein in ihrer Verantwortung vor ihrem Schöpfer – das sei der umfassendste Begriff von Freiheit, hierhin liege das neue Leben begründet, welches der Islam verheiße[82].

Worauf der Autor eigentlich hinauswill, wird deutlich, wenn er auf die Wirtschaft und das Kapital zu sprechen kommt. Man habe dem Islam oft vorgeworfen, er sei nicht im Besitze einer Wirtschaftstheorie. Dieser Vorwurf sei haltlos, denn die Scharia regle natürlich auch alle Fragen der Erzeugung und Vermarktung von Waren. Ein Blick auf die Quellen des islamischen Rechts lehre, daß es in einzigartiger Weise „die menschliche Gesellschaft vor den Widersprüchen des Kapitals und seiner Vervielfachung und vor den Verlusten aus dem Kommunismus des Vermögens mit all seinen Begleiterscheinungen bewahrt". Der Islam lasse allein zu, daß das Volksvermögen verteilt und von einzelnen oder Verbänden nach Maßgabe des Nutzens der islamischen Gesellschaft eingesetzt werde. In der Scharia sei eine dem Gemeinnutz verpflichtete Wirtschaftstheorie enthalten, die anderen modernen Theorien in nichts nachstehe. Der Islam nämlich verbiete den Zinsgewinn, das Grundübel des Kapitalismus[83].

Seit dem 18. Jahrhundert haben sich, so Ṭuʿayma, fortschrittliche Denker mit dem Problem des Privateigentums abgemüht. Sie hätten erkannt, daß es die unheilvolle Wirkung habe, die Menschen in die Klassen der Besitzenden und der Habenichtse aufzuteilen, und daß es den Besitzenden die Möglichkeit verschaffe, alle übrigen auszubeuten. Der Marxismus sei in der Lage, diese Widersprüche, die den größten Teil der Menschheit seiner Würde beraubten, wenigstens halbwegs auszugleichen. Wie anders verhalte es sich dagegen in der Ordnung des Islams, die ja für die Menschheit insgesamt offenbart worden sei! Privateigentum sehe der Islam nicht unbedingt vor; aber es gebe es nun einmal. Deshalb verlange der Islam von jedem Eigentümer, seine Güter „in jeder Form zu einem Mittel zu machen, das zur Wohlfahrt und zur Ausbreitung des Geistes der Zusammenarbeit dient. Schauen wir doch einmal alle auf diesen göttlichen Pfad im Islam, der auf die Veredelung und die Loslösung der menschlichen Seele von den Fesseln der Materie... zielt, so daß der Islam die Unterschiede einander annähert und gewährleistet, daß das Vermögen in den Händen aller zirkuliert. Gott sagt (Sura 4.8): ‚Und wenn bei der Erbteilung Verwandte, Waisen und Arme zugegen sind, dann gebt ihnen Unterhalt vom Erbe und sprecht anständig mit ihnen!'" Dieser Koranvers redete den habgierigen Mekkanern ins Gewissen, die sich offenbar nicht schämten, dem genannten Personenkreis, der weitgehend wehrlos war, im Erbfall den zustehenden Anteil vorzuenthalten. Für Ṭuʿayma aber sind diese Worte des Korans der Punkt, an den sich eine umfassende Theorie des Wirtschaftslebens anknüpfen läßt. An die eigentlichen, sehr komplizierten Vorgänge in einer modernen Volkswirtschaft verschwendet Ṭuʿayma freilich keinen Gedanken. „O ihr Menschen, wenn ihr euer Eigentum zur Vertiefung der menschlichen Bindungen hingebt, dann nicht aus purer Gnade oder um durch euren Hochmut den Empfänger zu beleidigen, wie wenn ihr ein Almosen oder eine Gabe aufteiltet." Der Mensch solle Gott fürchten, wenn er mit Bedürftigen und Schwachen zu tun habe. Die islamische Ethik setzt nach Ṭuʿayma dem Privateigentum enge Grenzen, indem es seine Verwendung an sehr strenge Maximen bindet. „So wird das Privateigentum Teil eines großen Ganzen, der Gesellschaft, die muslimisch ist dank dem muslimischen Vermögen und die weder Klassengegensätze noch die Widersprüche des Kapitals kennt."[84]

Der Islam ist nach Ṭuʿaymas Ansicht allen Theorien des 19. Jahrhunderts zuvorgekommen; er kann verhindern, daß die unheilvollen Verhältnisse überhaupt eintreten, die im Westen zur Ausarbeitung von Wirtschafts- und Gesellschaftstheorien führten. Im Islam gerät die Einheit der Gläubigen nie in Gefahr. Denn alle Muslime sind ja untereinander gleich – in ihrem Rang vor Gott und damit auch in dem einzig wesentlichen Merkmal, das eine Ungleichheit der Geschöpfe begründen könnte. Revolution im Sinne eines Umsturzes könne es im Islam gar nicht geben. „Revolution ist im Islam eben jene ständige Erneuerung, jene überströmende Bewegung der muslimischen Gesellschaft, die auf ihre Wohlfahrt und auf ihren Aufstieg zielt!" Der Islam als Glaube wendet sich an die ganze Menschheit, und er umfaßt die einzig richtige Lösung für alle Bedürfnisse dieser Menschheit, dies schärft Ṭuʿayma seinem Leser immer wieder ein[85].

Praktische Vorschläge zur Behebung der schlimmsten Mißstände – wenn schon nicht der ganzen Welt, so doch wenigstens der islamischen Länder – wird man in derartigem Schrifttum vergeblich suchen. Sein Inhalt ist offensichtlich kein anderer als das Spiel mit jenen von al-Afġānī und ʿAbduh zum ersten Mal propagierten ideologischen Versatzstücken, ein Spiel freilich, das fremde Elemente, wo sie passend erscheinen, miteinbezieht. Sein Sinn liegt allein in der Beschwörung der „eigenen Identität", in der Bannung des Fremden, der westlichen Techniken und Wirtschaftsformen, ohne die man nicht auskommen kann und will. Man weiß für sie keinen Ersatz, schätzt mehr oder weniger offen ihre Vorteile, aber fürchtet, sie sich wirklich anzueignen.

6. Die islamische Ideologie und die Politik

Dies eben ist das Dilemma, von dem der Islam als politische Ideologie zeugt. Daß es auf das politische Schicksal der islamischen Länder durchschlägt, ja deren Geschichte mehr und mehr zu bestimmen scheint, ist eine Tatsache, die unsere höchste Aufmerksamkeit und Besorgnis verdient. Die zeitgenössischen islamischen Vorstellungen über Staat und Herrschaft sind entscheidend von jenen ideologischen Motiven geprägt, die wir schon kennen und, vage wie sie auch sein mögen, sind sie geeignet, Massen in Bewegung zu setzen und den oft nicht sehr starken Regierungen das Handeln zu diktieren.

Zwei Kernprobleme stellten sich den Muslimen, seit sie seit dem Ende des vorigen Jahrhunderts danach streben, gleichberechtigte Partner innerhalb einer Staatenwelt zu werden, die sich wenigstens formal nach dem Vorbild der europäischen politischen Kultur eingerichtet hat. Da ist zunächst die Frage, ob das Konzept der allumfassenden Gemeinschaft der Gläubigen, der Umma, aufrechtzuerhalten sein würde. Die Umma ist keineswegs nur eine ideell gedachte Gemeinschaft aller, die sich zum Islam bekennen, sondern sie ist in der Geschichte stets mit dem islamischen Gemeinwesen gleichgesetzt worden, das durch übergreifende Institutionen der Herrschaft zusammengehalten wurde, seien diese auch noch so schwach oder gar fiktiv. Wenn es auch spätestens seit der Eroberung Ägyptens durch die Osmanen im Jahre 1517 kein Kalifat mehr gab, also keine Person mehr, die die politische Einheit der Umma verkörperte, so konnte doch die Idee der auch im politisch-gesellschaftlichen und nicht nur im kultischen Bereich fortbestehenden Einheit aller Gläubigen nicht ausgelöscht werden. Schon lange vorher hatten die islamischen Rechtsgelehrten sie sich angeeignet; deren Aufgabe war es, die vielen oft miteinander verfeindeten Sultane und Lokalmachthaber auf eine Herrschaft nach Maßgabe der als unveränderlich angesehenen Scharia zu verpflichten. In der Theorie konnten sich daher keine regional unterschiedlichen Formen von Herrschaft, Gesellung und Recht herausbilden.

Wenn also im späten 19. Jahrhundert das Gedankengut des Nationalismus, dessen wahlverwandte Organisationsform der Nationalstaat ist, von manchen Intellektuellen der islamischen Welt aufgegriffen wurde, so war die islamische Welt insgesamt keineswegs auf eine solche Umsetzung fremder Ideen in die Wirklichkeit vorbereitet. Die Politik ʿAbd al-Ḥamīds II. und später der Jungtürken riß zwar tiefe Gräben zwischen Türken und Arabern auf, aber wie ein arabischer Nationalstaat beschaffen sein könnte, darüber gab es keinerlei Einigkeit. Die Türken hatten es in dieser Hinsicht einfacher, weil das von ihnen beherrschte Reich nach dem Ersten Weltkrieg so stark beschnitten worden war, daß de facto eine Art Nationalstaat übrigblieb. – Wie sollte ein islamischer Staat aussehen? Der Literat und Politiker al-Kawākibī (1849–1903) veröffentlichte 1898 die fiktiven Protokolle eines „Islamkongresses", auf dem diese Frage erörtert worden sei. Für ein Kalifat, dessen Inhaber zugleich osmanischer Sultan sei, vermögen sich die gedachten Gesprächspartner nicht mehr zu erwärmen. – Die zum Teil abschreckende Politik ʿAbd al-Ḥamīds II. zeigt hier ihre Spuren. – Aber auf ein Kalifat zu verzichten, das gehe auch nicht an. In irgendeiner Form müßte die politische Einheit der Umma sichtbar werden. Al-Kawākibī glaubt, daß die Scharia das einende Band der Gläubigen sei. In Übereinstimmung mit ihr herrschen die vielen Sultane, über denen der Kalif stehe. Die Sunna schreibe vor, daß er dem Geschlecht der Qurayš angehöre. Der Scharīf des Ḥiǧāz erfüllt diese Bedingung, und deshalb schlägt al-Kawākibī vor, daß er jene Würde übernehme. Im Ḥiǧāz sei dieser Herrscher Sultan und Kalif zugleich, in den anderen islamischen Ländern nur Kalif, der die Amtsführung der übrigen Sultane legitimiere[86]. Al-Kawākibīs Vorstellungen scheinen sich mit denen Rašīd Riḍās vor dem Weltkrieg zu decken: Der umfassende, die Grenzen der Völker und Staaten übersteigende Charakter der Umma muß durch die Institution des Kalifats sichtbar gemacht werden. Die Vorstellungen, auf die man hierbei zurückgreift, stammen aus dem Mittelalter; sie reichen hinter den schon im 11. Jahrhundert erlangten Entwicklungsstand insofern zurück, als wiederum die Zugehörigkeit zu den Qurayš gefordert wird, eine Bedingung, die seit der Seldschukenzeit in Frage gestellt wurde[87].

Die Wirklichkeit freilich verwies alle derartigen Überlegungen in das Reich der Utopie. Die islamische Welt war nach dem Ende des Ersten Weltkrieges mehr denn je politisch zerrissen, beherrscht von den Kolonialmächten und Mandataren oder, wie Iran und die Türkei, von ehrgeizigen Staatsmännern auf den Weg der Verwestlichung getrieben, der mit einer importierten Ideologie des Nationalismus abgesichert werden sollte. Das Ende des Zweiten Weltkrieges änderte hieran wenig. Selbst wenn die Länder in den von Europäern gezogenen Grenzen die Unabhängigkeit erlangten, so wußten die einheimischen Politiker, die nun die Fäden in den Händen hielten, die ihnen zugefallene Position eifersüchtig zu verteidigen und dachten nicht daran, einen Teil ihrer Macht an ein „Kalifat" abzutreten. Hinzu kam, daß viele Länder bedeutende nichtislamische Minderheiten besaßen, die eine solche Entwicklung kaum hingenommen hätten. Für sie hätte die Unterordnung unter ein islamisches Kalifat, die nur unter strenger Wiedereinführung der Scharia denkbar gewesen wäre, eine Zurückstufung in den Stand von Bürgern zweiter Klasse bedeutet. Die orientalischen Erben der Kolonialherren und Mandatare hielten deshalb nicht ohne Grund die Propagierung nationalistischer Ideologien mannigfacher Spielart – denken wir beispielsweise an die Baʿṯ-Partei – für zweckdienlicher.

Dennoch lebte der Gedanke der islamischen Umma fort, erhielt freilich eine andere Form. Denn die Errichtung eines Kalifats schien unter diesen Umständen selbst kühnen Träumern kein vernünftiges Ziel mehr zu sein. Der syrische Gelehrte Muḥammad al-Mubārak macht sich in einer in den siebziger Jahren erschienenen Studie Gedanken über *Die Umma und die Faktoren, die sie konstituieren*. Vorauszuschicken ist, daß für einen Araber der Begriff der Umma ohne nähere Bestimmung mehrdeutig ist; er bezeichnet die arabische Nation oder eben die islamische Umma. Diese Mehrdeutigkeit macht sich al-Mubārak zunutze. Die Menschheit läßt sich in Völker – oder besser: Volkszweige – und größere nationale Gemeinschaften einteilen. Letztere werden von Völkergemeinschaften zu höheren Einheiten zusammengefaßt, deren einendes Band Religionen oder Weltanschauungen bilden. Al-Mubārak nennt deren vier: die islamische Völkergemeinschaft, die christlich-demokratische, die kommunistische und die heidnische. Nun führt er in seine Betrachtungen den uns seit ʿAbduh bekannten Gedanken der Entwicklung der Menschheit ein. Der niedrigste, roheste Typ der Gesellung ist der als Geburtsgemeinschaft aufgefaßte Stamm. Seine Individuen werden durch das Gefühl der Stammessolidarität zusammengehalten. Aus von al-Mubārak nicht genannten Gründen ergeben sich im Laufe der Zeit vielfältige Beziehungen zu benachbarten Stämmen, so daß sich der Blick der Menschen weitet und auch andere Gemeinschaften in den Kreis der Solidargemeinschaft einbezogen werden. Es entsteht ein größerer Volkszweig. Dies etwa ist nach al-Mubārak der Entwicklungsstand, den man im nachkolonialen Afrika beobachten könne.

Im Laufe der Geschichte werden die Bindungen der Menschen untereinander nicht nur dichter; sie gewinnen allmählich auch eine Beschaffenheit, die weit über die bloße Stammessolidarität hinausgeht. Gemeinsamkeit der Sprache, der Bräuche, des Siedlungsraumes usw. spielen in zunehmendem Maß eine Rolle. Es bilden sich die nationalen Gemeinschaften – al-Mubārak hat wahrscheinlich die Araber im Auge. Den Höhepunkt erreicht der Prozeß der Gemeinschaftsbildung, sobald das nationale Bewußtsein in einer viele Nationen überspannenden Weltanschauung aufgehoben wird. Sie wird in einem gemeinsamen Glauben und in dem Bewußtsein greifbar, eine gemeinsame Geschichte zu haben. Nun kommt al-Mubārak auf den mehrdeutigen Begriff der Umma zurück; er ist zunächst auf die arabische Nation anzuwenden. Die gegenseitigen Bindungen, die die Menschen auf der Stufe der Nation eingehen, seien in vielfacher Form schon denen vergleichbar, die man in der am weitesten fortgeschrittenen Gesellung, der großen Völkergemeinschaft, feststellen könne. Gemeinsame Kultur und Geschichte sind für die Nationen kennzeichnend, die sich in einheitlichen Staatsgebilden eine ihnen angemessene Organisation gegeben haben. Kultur und Geschichte sind es aber auch, die über den Nationalstaat hinausweisen, denn in ihnen wird eine Religion oder Weltanschauung von erdumspannender Bedeutung sichtbar. So kann al-Mubārak jetzt den zweiten, den ursprünglichen Sinn des Wortes Umma aufgreifen. Der Islam eint viele Nationen, die sich in Staaten unterschiedlicher Art organisiert haben. Er bewirkt zunächst innerhalb der einzelnen Nationen ein hohes Maß an Gleichgestimmtheit der Menschen, verleiht ihnen gemeinsame Überzeugungen und Wünsche. Dann aber läßt er die von gleichen Idealen zusammengehaltenen Nationen zueinander finden. Es kann eine islamische Umma heranwachsen, und al-Mubārak meint, dies sei bereits der Fall. Er nennt den Sowjetblock und die sich herausbildende westeuropäische Gemeinschaft als Analogien. Mit dieser Geschichtskonstruktion, die eine Entwicklung vom Stamm zur übernationalen Umma behauptet, findet al-Mubārak eine Lösung für den schwierigen Streit um den Inhalt des Begriffes Umma, der durch die Übertragung des europäischen Konzeptes der Nation hervorgerufen wurde. Den Kenner der Geschichte wird diese Konstruktion freilich nicht überzeugen, denn die Botschaft des Propheten Mohammed hatte von Anfang an universalreligiösen Charakter, und der Islam hemmte die Herausbildung von Nationalstaaten, weil er – im Gegensatz zum Christentum – stets auch Herrschaft und Staat sein wollte. Im europäischen Christentum dagegen waren Säkularisierung und Nationalstaat Folgen der im Prinzip möglichen Beschränkung der von der Religion bestimmten Tätigkeitsfelder auf Seelsorge und Hinführung zum Heil. Doch ist dieser historische Sachverhalt für al-Mubārak bedeutungslos. Ihm kommt es auf den Nachweis an, daß sich der Begriff der islamischen Umma keineswegs überlebt hat, wie man nach der faktischen Einführung des Prinzips des Nationalstaates meinen könnte; in der Gegenwart ist die Umma in der Tat noch nicht politische Wirklichkeit, aber, so lautet al-Mubāraks Verheißung, in der Zukunft wird sie es sein.

Al-Mubārak mußte auf den arabischen Nationalismus, in unterschiedlicher Form eine Art Staatsdoktrin vieler arabischer Länder, Rücksicht nehmen. Daher rührten seine Schwierigkeiten, den Begriff der islamischen Umma zu retten und dieser wenigstens eine zukünftige Rolle zuzuschreiben, allerdings ohne die heikle Frage der Institutionalisierung ihrer einenden Funktionen anzuschneiden. Für den Pakistaner Mawdūdī, dessen Werke unter anderem auch ins Arabische übersetzt wurden, stellt sich dieses Problem der Umma ganz anders dar. Denn es gibt ja keine pakistanische Nation, der arabischen vergleichbar, und Pakistan verstand sich von Anfang an als islamischer Staat, als ein Gemeinwesen, in welchem Angehörige verschiedener Völker des indischen Subkontinents zusammenleben wollten, deren gemeinsames Band der Glaube war. Für Mawdūdī bilden daher jene natürlichen Gefühle der Stammessolidarität, die bei al-Mubārak der durchaus positiv zu bewertende Ausgangspunkt einer Entwicklung zu höheren Formen der Gesellung darstellten, eine gegen die einigende Kraft des Islams gerichtete Gewalt, die es auszuschalten gilt. Familie und Sippe bleiben zwar weiterhin bestehen, aber das Gemeinwesen beruht nun einzig und allein auf der gleichen Bindung eines jeden Gläubigen an seinen Schöpfer. Mit Recht beruft sich Mawdūdī auf die frühere Geschichte des Islams. Die mekkanischen Auswanderer und die medinensischen Helfer hätten sich bewußt zu einer neuen, von der Religion geformten Gemeinde zusammengeschlossen, die die Grenzen der jeweiligen Geburtsgemeinschaft überstieg. Es sei daher völlig unangebracht, einen Nationalismus auf völkischer Basis vom Westen zu übernehmen. Für den Muslim kann es nur eine Nation, seine Religionsgemeinschaft *(umma)*, geben. „Der Bereich, den der Islam für seine Nationalität zeichnet, ist weder emotionell noch materiell; er ist vielmehr im Verstand und im Denken begründet“, schreibt Mawdūdī in einer Abhandlung mit dem Titel *Zwischen Nationalismus und islamischer Liga*.

Es ist für die ideologische Entwicklung, die seit den sechziger Jahren die islamische Welt erfaßt hat, vielleicht nicht uncharakteristisch, daß sich al-Mubārak in einer 1974 veröffentlichten Studie über die staatliche Ordnung des Islams von seinen oben besprochenen Darlegungen zum Verhältnis von Nation und islamischer Umma distanziert hat. „Eine Umma ist nach islamischem Verständnis eine menschliche Gesellschaft, die auf einem gemeinsamen, durch den Glauben gebildeten Fundament ruht“, erklärt er nun. Die islamische Umma wird als Endziel der menschlichen Entwicklung beschworen. Im Islam habe nie ein Volk über das andere geherrscht, denn im Glauben seien die Nationalismen, die aus den naturgegebenen Bindungen der Menschern erwachsen, überwunden worden. Der Islam, ein vollendetes System der Gottesverehrung und des Gesetzes, „löst das Problem der Nationalismen, indem er sie auf der Ebene der Menschheit vereint und sie dadurch miteinander verbindet, daß er ihnen eine einheitliche Vorstellung vom Dasein und gemeinsame Auffassungen vom Leben schenkt. So koordiniert (der Islam) die Völker und richtet sie dahingehend aus, daß sie einander kennenlernen und helfen..."[88] Die Überwindung des Nationalstaates ist mithin ein wichtiges Versprechen der modernern Islam-Ideologie. In verkleideter Form lebt auf diese Weise die alte Vorstellung von der Umma fort, bestärkt durch den Umstand, daß nach dem Zweiten Weltkrieg eine Reihe übernationaler Organisationen gegründet worden ist. Wie weit die Liga der islamischen Staaten, deren Vorläufer bis zu jener mekkanischen Konferenz von 1926 zurückreichen, tatsächlich als ein Instrument der politischen Willensbildung aller islamischen Staaten wirkt, kann hier nicht erörtert werden[89].

Die zweite politische Frage, mit der sich die Propagandisten der Islam-Ideologie beschäftigen, lautet: „Wie ist islamische Machtausübung beschaffen?" Wieder können wir an Überlegungen al-Kawākibīs anknüpfen, der unter dem Eindruck der Gewaltherrschaft ʿAbd al-Ḥamīds II. eine Kampfschrift mit dem Titel *Die Natur der Despotie* verfaßte. Despotie ist für ihn eine Herrschaft ohne jede Kontrolle; sie dient allein der Befriedigung der Neigungen des Machthabers, verfolgt keine gemeinnützigen Ziele. Eine wirkungsvolle Überwachung des Despoten könne nach al-Kawākibī mit Hilfe einer republikanischen Verfassung gewährleistet werden. Doch biete der Islam selber vollkommen ausreichende Mittel, um eine Tyrannei künftighin auszuschließen. Schon die Opposition gegen den dritten Kalifen ʿUṯmān (gest. 656) belege dies eindrucksvoll. Despotie ist für al-Kawākibī in ihrem Kern nichts anderes als die Vernachlässigung islamischer Grundwahrheiten; sie besteht in der Mißachtung des göttlichen Willens, in der Durchsetzung des eigenen Gutdünkens des Herrschers. Allerdings glaubt al-Kawākibī, daß eine Despotie nicht allein vom Machthaber errichtet werden kann; seine Untertanen müssen genauso wie er sich den göttlichen Vorschriften entziehen, und zwar ebenfalls aus ichsüchtigen Beweggründen. So deutet er die Tyrannei ʿAbd al-Ḥamīds letztlich als ein Symptom für die Verderbtheit der ganzen islamischen Gesellschaft seiner Zeit, für ihre Widersetzlichkeit gegen Gott.

> Nur über Tyrannen setzt Gott Tyrannen. Würde ein Frager mit Weisheit und Genauigkeit nachprüfen, so erführe er, daß jeder der Gefangenen der Despotie selber despotisch ist – wäre er dazu in der Lage, würde er seine Ehefrau, Familie, Verwandtschaft, Sippe, die ganze Menschheit, ja sogar seinen Herrn, den Schöpfer, seiner eigenen Meinung und seinem eigenen Befehl unterwerfen.

Der islamische Glaube stellt einen unschätzbaren Fortschritt in der Menschheitsgeschichte dar, weil er Herrschaft und Gesetzgebung Gott allein vorbehält und damit dem Bereich menschlicher Interessen entzieht, argumentiert al-Kawākibī.

Die politische Ideologie des modernen Islams macht sich auf diese Weise zwei Werte zu eigen, die für die europäische Zvilisation der Neuzeit von herausragender Bedeutung sind. Im Lichte dieser beiden Begriffe wird nun das Wesen islamischer Herrschaft beschrieben. Bereits Ibn Tamiyya (gest. 1328) hatte unter Berufung auf Sura 4.58 alle obrigkeitliche Gewalt als ein den Machthabern anvertrautes Gut aufgefaßt, das, wenn die Umstände es erfordern, den Eigentümern – der Masse der Gläubigen – zurückgegeben werden muß. In dem zunächst in der Zeitschrift *al-Manār* gedruckten Korankommentar, der die Ansichten ʿAbduhs und seiner Schüler widerspiegelt, stößt man auf die gleiche Auslegung von Sura 4.,58. Sie findet sich schließlich in allen modernen islamischen Darstellungen des Wesens des Staates: Herrschergewalt ist nichts weiter als zeitlich begrenzte Treuhänderschaft; sie wird wahrgenommen unter Berücksichtigung des Gemeinwohls, das in der Scharia festgelegt ist[90]. Es ist unschwer zu erkennen, daß in dieser Theorie die demokratische Staatsidee des Westens anklingt. Es wird sich freilich zeigen, daß der gänzlich andere Ausgangspunkt der islamischen Ordnungsvorstellungen bei der Umsetzung in die Praxis völlig andere Ergebnisse zeitigt.

Ende 1905 verlangte in Teheran eine Gruppe von Händlern und Angehörigen der niederen schiitischen Geistlichkeit von Muẓaffar ad-Dīn Šāh die Entlassung des verhaßten Premierministers ʿAyn ad-Dawla und die Gründung eines vom Volk gewählten beratenden Parlaments. Der Schah wies dieses Verlangen zurück, versuchte aber, die Aufrührer hinzuhalten. Dies führte im Laufe des Jahres 1906 zu Unruhen, die dem Schah keine andere Wahl ließen, als nachzugeben. Im Oktober 1906 wurde das erste Parlament Irans gewählt. Eine Verfassung, die sich die belgische zum Vorbild nahm, wurde ausgearbeitet. Zum ersten Mal war in einem islamischen Land eine konstitutionelle Monarchie eingerichtet, eine am Westen orientierte Staatsform entworfen worden, ohne daß dies auf den Druck europäischer Mächte hin geschehen wäre. Hierin liegt der Unterschied zu den Vorgängen, die sich dreißig Jahre zuvor in Konstantinopel abgespielt hatten.

Der islamische Gelehrtenstand war diesmal entscheidend an der Entwicklung beteiligt. Einer seiner Mitglieder, Ayatollāh Muḥammad Ḥusayn Nāʾīnī (gest. 1936), legte 1909 eine Abhandlung vor, in der er das Eingreifen schiitischer Geistlicher in die Politik rechtfertigte. Nach dem Glauben der Zwölfer-Schia kann es erst mit der Rückkunft des erwarteten zwölften Imāms wieder legitime Herrschaft auf Erden geben; bis dahin herrscht der Staat des Unrechts, mit dem man zwar notgedrungen in einem Zustand der Waffenruhe leben kann, in dessen Angelegenheiten man sich aber am besten nicht einmischt. Doch nicht die Argumente, mit denen Nāʾīnī den in weiten Kreisen der Schia geübten Attentismus bekämpft, können wir hier verfolgen, sondern seine Äußerungen über den Inhalt der Begriffe Verfassung, Gleichheit und Freiheit.

Wie al-Kawākibī sieht Nāʾīnī im Triumph der Gewaltherrschaft ein Zeichen für den Verfall der islamischen Kultur und Gesittung. Wahre islamische Machtausübung sei nichts anderes als eine Sachwalterschaft, die Wahrnehmung einer Vollmacht, die zurückverlangt werden könne. Die Bedingungen, unter denen die Vollmacht erteilt wird, und die Zwecke, denen sie dient, seien in der Scharia festgelegt. Insofern sei die wahre islamische Herrschaft eine „verfaßte" *(mašrūṭ)*, sagt Nāʾīnī und verwendet den vom arabischen Wort für „Bedingung" abgeleiteten Terminus, mit dem seit der Mitte des 19. Jahrhunderts die Muslime den europäischen Begriff der Konstitution wiedergaben. Der von der Scharia an Bedingungen gebundene Herrscher ist ein Treuhänder, der jederzeit dem Volk verantwortlich ist. Die Untertanen sind ihm völlig gleichgestellt und haben die Freiheit, ja die Pflicht, mögliche Verfehlungen zu kritisieren. Damit die Vollmacht, die die Herrschenden erhalten haben, von ihnen nicht mißbraucht werden kann, sollte eine beratende Versammlung eingerichtet werden, in der die islamischen Gelehrten oder von ihnen autorisierte Personen die Beschlüsse der Treuhänder überprüfen. Während der Zeit der Entrücktheit des zwölften Imāms sind nämlich die schiitischen Gesetzesgelehrten seine Stellvertreter.

Ein auf diese Weise geführtes Gemeinwesen werde sich durch Freiheit und Gleichheit auszeichnen, versicherte Nāʾīnī. Freiheit ist das Freisein von Unterdrückung; Freiheit ist nicht in der Person des Individuums begründet, denn es gibt keine in diesem selbst, ohne Ansehung des Glaubens, angelegten Rechte. Allein durch den Umstand, daß der Gläubige unter einem auf der Scharia beruhenden Regierungssystem der Treuhänderschaft lebt, wird ihm Freiheit zuteil. Freiheit setzt also die Zugehörigkeit zu der einzig wahren, fortschrittlichsten und endgültigen Glaubensgemeinschaft voraus. In dieser sei der Mensch wahrhaft frei, weil es zwischen ihm und seinem Schöpfer keine Zwischeninstanzen gebe, die die Menschen knechteten.

Diesem Verständnis von Freiheit entspricht Nāʾīnīs Deutung des Begriffes der Gleichheit. Die Gläubigen, die allein Gott als ihren Herren anerkennen, sind untereinander gleich, seien sie nun Treuhänder oder Mitglieder der breiten Masse. So wenig die Freiheit in der Person eines Menschen an sich begründet ist, so wenig auch die Gleichheit. Nur die Muslime bilden eine Gemeinschaft von Gleichen. Eine Gleichstellung von Gläubigen und Ungläubigen ist für Nāʾīnī genauso abwegig wie diejenige von Erwachsenen und Kindern. Die Scharia lege den Gläubigen andere, größere Pflichten auf; folglich könnten die Ungläubigen, die Nichtmuslime, auch nicht einen entsprechenden Teil an der Lenkung des islamischen Staates fordern. Nāʾīnī zieht hier ganz deutlich die Grenzen, die ihn von den „Herren des Hutes", den westlich gesonnenen Neuerern, trennen, die für ein allgemeines Staatsbürgertum nach europäischem Vorbild eintreten[91].

Von den Gedanken Nāʾīnīs führt ein unmittelbarer Weg zu Ḫumaynī und der Ideologie der islamischen Revolution iranischer Prägung. In seiner schon vor dem Umsturz weitverbreiteten programmatischen Schrift *Die Herrschaft des*

Rechtsgelehrten hat er dargelegt, daß eine wahre islamische Regierung anders sei als alle bisher bekannten Herrschaftssysteme. Denn sie sei eben nicht despotisch. Weder das Staatsoberhaupt, noch die Regierungsmitglieder, noch ein Parlament hätten in dem islamischen System die Möglichkeit, selbstherrlich Gesetze zu erlassen und zu vollziehen. Alles, was nicht mit der Scharia in Einklang steht, ist illegitim und damit Ergebnis verwerflicher Eigenmacht, selbst wenn es durch einen demokratischen Entscheidungsprozeß sanktioniert worden sein sollte. Insofern besteht aus islamischer Sicht zwischen Parlamentarismus und Diktatur in ihren Spielarten kein nennenswerter Unterschied. Die islamischen Rechtsgelehrten sind es, die im Rahmen von Programmkommissionen auf der Grundlage der Scharia die Politik des islamischen Staates bestimmen sollen; diese Aufgabe obliegt ihnen, solange der zwölfte Imām noch entrückt ist[92].

Der Islam als politische Ideologie hat, wie wir an diesen Beispielen sehen, eine Reihe von Elementen in sich aufgenommen, die als Leitgedanken der modernen westlichen Zivilisation gelten können. Es sind dies der Fortschrittsgedanke, verknüpft mit der Idee eines zivilisatorischen Entwicklungsprozesses des Menschen; die Vorstellung, daß dieser Prozeß nicht nur eine Entfaltung der intellektuellen Fähigkeiten bedeute, sondern auch auf eine Emanzipation im weitesten Sinne hinauslaufe, die sich in einer von Freiheit und Gleichheit bestimmten Gesellschaft manifestiert. Hervorzuheben ist, daß diese Ideologie sich innerhalb jeder beliebigen Staatsform propagieren läßt, sofern nur gewährleistet wird, daß wenigstens formal die islamischen Gelehrten das letzte Wort haben. Denn unter dem Blickwinkel dieser Ideologie ist es sinnlos, mit ausgeklügelten Institutionen, die einander kontrollieren, die Freiheit des einzelnen und die Gleichheit aller vor dem Gesetz garantieren zu wollen. Es gibt nur aufrichtige Treuhänderschaft oder Despotismus, und beiderlei Arten von Machtausübung haben nichts mit Institutionen zu tun, es sind Verhaltensweisen von Personen[93]. Am folgerichtigsten hat sich der libysche Machthaber al-Qaḏḏāfī diese Implikation der politischen Ideologie des Islams zunutze gemacht. Unter der Losung, daß Demokratie – gemeint ist wohl Parlamentarismus – Diktatur sei, hat er sein Land im Namen des Islams mit zahllosen „Volkskommitees" überziehen lassen, um desto leichter seine tagespolitischen Deutungen der koranischen Botschaft umsetzen zu können[94].

Charismatische Führerpersönlichkeiten, die mit dem Anspruch auftreten, islamische Freiheit und Gleichheit zu verwirklichen und gegen ihre vermeintlichen Entstellungen in der westlichen Zivilisation zu behaupten, können überall auf großen Zulauf rechnen. Denn alle noch nicht im islamischen Sinne „revolutionierten" Staatsgebilde, seien es Monarchien, Diktaturen unterschiedlicher Schattierungen oder Demokratien, lassen sich als Despotien verunglimpfen, weil sie über ein kompliziertes Netz von staatlichen Einrichtungen verfügen, die man zumeist als Entlehnungen aus dem Westen und damit als nicht der Scharia gemäß brandmarken kann. Den Regierungen ihrerseits bleibt die Möglichkeit, den umstürzlerischen Elan zu bremsen, indem sie zu erkennen geben, daß sie der

Scharia den ihr gebührenden Rang einzuräumen bereit sind. Auf diese Weise hat sich in vielen islamischen Ländern seit langem ein prekäres Gleichgewicht zwischen islamischer Ideologie und an westlichen Institutionen ausgerichteter Praxis herausgebildet. Das Beispiel Iran hat freilich gezeigt, daß sich das Spannungsverhältnis von verwestlichter Praxis, die die von uns wahrgenommene Oberfläche bildet, und weitgehend unbeachteter islamischer Ideologie in einem überraschenden und unaufhaltsamen Umsturz entladen kann.

In der Tat läßt sich die politische Ideologie des Islams, wie die jüngste Geschichte gezeigt hat, zur Schaffung eines revolutionären Bewußtseins zuspitzen. Eine Umgestaltung der gegebenen Verhältnisse im islamischen Sinn, vorangetrieben von einer Massenbewegung, war das Ziel, das sich Ḥasan al-Bannā' (1904–1949), der Gründer der Moslem-Bruderschaft, gesteckt hatte. Das tiefe Mißbehagen an der einsetzenden Verwestlichung ist nach seiner eigenen Darstellung der Grund gewesen, weshalb er 1928 die Gemeinschaft ins Leben rief[95]. In ihrer Ideologie finden wir die Motive der Salafiyya wieder: Die Botschaft des Korans soll „wissenschaftlich" ausgelegt werden; die Angriffe, denen der Islam von den Westlern ausgesetzt sei, müßten abgewehrt werden. Der Meinungsstreit der Rechtsschulen sei zu überwinden. Ein Kalifat als Symbol für die islamische Einheit müsse geschaffen werden. Ḥasan al-Bannā' hat es jedoch nicht bei diesen Gemeinplätzen belassen. Er wußte, daß er nur dann Erfolg haben könne, wenn er aus ihnen die Schlußfolgerungen für ein politisches Handeln zöge. Sein Programm verspricht, daß er Ägypten und alle anderen islamischen Nationen zu einer wahrhaft islamischen Gemeinschaft zusammenschmieden werde. Er macht sich zu diesem Zweck die nationalistischen Parolen zu eigen, die eine Befreiung des Niltals von fremder Vormacht fordern. Die Befreiung Ägyptens ist für ihn aber nur ein Schritt auf dem Weg zur Schaffung einer freien islamischen Welt, in der Geist und Materie ein fruchtbares Wechselverhältnis eingehen werden, also nicht mehr gegeneinander wirken, wie dies nach al-Bannā' in der westlichen Zivilisation geschehe. Dies alles ist aber nur über eine Veränderung der Gesellschaft und der Wirtschaftsordnung zu erreichen. Hiermit geht al-Bannā' entschieden über Bestrebungen der orthodoxen Reformer hinaus, die diesem Bereich bis dahin kaum Aufmerksamkeit geschenkt hatten. Al-Bannā' fordert eine Stärkung des Gemeineigentums, Hebung des Lebensstandards, soziale Gerechtigkeit, Chancengleichheit, Sozialversicherung für jeden Ägypter.

In Ismailiya, später Kairo und anderen Orten, suchte er deshalb, die im Entstehen begriffene Arbeiterschaft für sich zu gewinnen. Er selber und seine Anhänger bemühten sich, deren Bindung an den Glauben zu festigen. Politische Parteien dagegen lehnte er ab, da sie zur islamischen Brüderlichkeit im Widerspruch stünden – ein seitdem von Verfechtern der Islam-Ideologie immer wieder gegen jeden „Pluralismus" vorgebrachter Einwand. Die Propaganda für seine Ideen, die er seit 1928 entfaltete, betrachtete er als eine unerläßliche Vorstufe zum Umsturz, den er, wenn nicht anders möglich, durchaus mit Gewalt herbeiführen wollte. Die Moslem-Bruderschaft befinde sich in ständiger Weiterentwicklung, predigte er, und die Statuten, die im September 1945 verabschiedet wurden, sprechen unverblümt aus, was das zu bedeuten hatte. Die Phase der Ausbreitung seiner Ideen sollte in die Formung ihm ergebener Kader münden. Danach sollte das dritte Stadium der Bewegung angesteuert werden, die Phase des Vollzugs. 1945 war er davon überzeugt, daß „wir nun keine Wahl mehr haben und daß es unsere Aufgabe ist, diese verwirrten Seelen zu führen und diese empörten Gefühle zu leiten". Seine begeisterten Anhänger, die er seit Jahren nicht nur zur Ausübung von Sport, sondern auch zur Erlernung des Gebrauchs von Waffen anhielt, bezeichnete er von nun an als „Heer der Errettung, Phalangen des heiligen Krieges" *(ǧihād)*[96]. Wenn nicht zuletzt wegen der Stärke Großbritanniens der von den Moslem-Brüdern beabsichtigte Umsturz verhindert wurde und die Ermordung al-Bannā's im Februar 1949 für die Bewegung einen Rückschlag bedeutete, so hat sie mit Sicherheit erheblich dazu beigetragen, den Boden für die Revolution von 1952 vorzubereiten. Die siegreichen Offiziere hoben die Maßnahmen zur Unterdrückung der Bewegung auf. Allerdings waren sie nicht willens, die Moslem-Brüder an der Macht zu beteiligen. Genau dies aber verlangten jene; sie betrachteten nämlich den Umsturz als ein Vorspiel zu einer jetzt zu errichtenden „islamischen Regierung"[97]. Deshalb wurden die Moslem-Brüder bald durch Gamāl ʿAbd an-Nāṣir schärfer denn je verfolgt. Etwa seit den ausgehenden sechziger Jahren wird das Schrifttum führender Männer der Bruderschaft überall in der islamischen Welt wieder gedruckt; es ist anzunehmen, daß ihr Einfluß gerade auf die heutige akademische Jugend in islamischen Ländern tiefgreifend ist.

Nicht auszuschließen ist, daß er, vielleicht auf Umwegen, auch in der Ideologie der iranischen Revolution von 1979 wirksam ist. Die revolutionäre Zuspitzung der Islam-Ideologie speist sich hier freilich noch aus einer anderen Quelle: dem Martyrium Ḥusayns. Für Šarīʿatī, den vielleicht geschicktesten Prediger des Umsturzes, war Ḥusayns Tod bei Kerbela (680) die letzte grausame Bluttat, mit der die Reaktion, damals in Gestalt der Umayyaden, die fortschrittliche Botschaft des Islams auszulöschen hoffte. Aber Ḥusayn, der große Märtyrer des Schiitentums, war laut Šarīʿatī nicht bloß willenloses Opfer, nein, er war ein wirklicher Revolutionär. Denn er hatte erkannt, welch finsteres Komplott die Reaktion schmiedete, und obwohl er ahnte, daß er nicht siegen würde, nahm er den Kampf auf. Er wollte ein unauslöschliches Fanal setzen für die wahre, revolutionäre, den Menschen endgültig zu Gott und zu sich selbst befreiende Botschaft. Die meisten Menschen hätten in der aussichtslosen Lage, in der sich Ḥusayn befand, die Pflicht zum Kampf verneint, Ḥusayn aber bejahte sie. „Die ganze Philosophie der Erhebung Ḥusayns ist eben dieses Ja. Die Frage: ‚Was tun?' war mit Nachdruck gestellt in jenem kritischen Augenblick der Geschichte, in dem sich das Schicksal des Islams und der Menschen änderte und entschied..." Auch heute, behauptet Šarīʿatī, stelle sich wieder die Frage: „Was tun?“ Aber die meisten Muslime verdrängten sie. Anders einst Ḥusayn: „Den Kern seines Menschseins, sein Bewußtsein, seine Gläubigkeit, sein Leben, seine Herkunft vom ersten Propheten und Revolutionär (Adam) macht er zur Grundlage seiner Verantwortlichkeit für den Glaubenskampf *(ǧihād)*, und so verkörpert Ḥusayn das Idealbild lebendiger, liebender Menschlichkeit.“ Ḥusayn starb für Freiheit und Gleichheit; die Geschichte nach ihm, so glaubt Šarīʿatī, machte scheinbar zunichte, wofür alle Propheten und wahrhaft Gläubigen gestritten hatten. Aber Ḥusayns selbstgewählter Tod erwirkte den Fortbestand der Botschaft, und nun ist es an der revolutionären islamischen Jugend, sie aufzugreifen und in die Tat umzusetzen[98].

Die Moslembrüder und die iranische Revolution sind Beispiele für die politische Brisanz, die die Islam-Ideologie – heute oft als Fundamentalismus bezeichnet – in sich birgt. Wenn das revolutionäre Pathos sich auch an der Idee eines die Menschheit einenden und befreienden fortschrittlichen Islams entzündet, so scheint hinter all dieser Rhetorik doch die Furcht zu stehen, das ungeschichtliche Konzept der idealisierten Frühzeit werde sich der Herausforderung durch die technische Zivilisation nicht gewachsen zeigen. Es ist dies die gleiche Furcht vor dem nicht aufzuhaltenden Wandel, die seit der industriellen Umwälzung in Europa das Phänomen der politischen Ideologie hervorbrachte[99]. Im Islam traf es auf einen besonders fruchtbaren Boden; denn seit Jahrhunderten galten dort die Anstrengungen eher der rückwärts gewandten Utopie der prophetischen Urgemeinde als einer wirklichkeitsnahen Analyse des Gegenwärtigen.

7. Die Überwindung der Furcht

Wann wird es den Muslimen möglich sein, von ihrer rückwärts gewandten Utopie abzulassen und sich frei von Furcht der Gegenwart zu stellen? Wann werden sie erkennen, daß auch ihre auf der Offenbarung des Propheten beruhende Kultur einem Wandel unterliegt, dessen Ergebnisse nicht vorhersehbar sind? Wann werden sie ihre Überlieferung nicht mehr als eine Summe unveränderlicher Normen und Verhaltensmuster betrachten, sondern als das Zeugnis für eine unter unwiederholbaren geschichtlichen Umständen zustandegekommene Verwirklichung der an sie ergangenen Botschaft, die in einer anderen Weltlage als vor 1400 Jahren womöglich andere Seiten ihrer Wahrheit enthüllt?

Einzelne Beispiele belegen, daß diese Frage gestellt und daß Antworten hierauf gesucht werden. Freilich ist das Echo, das sie in der islamischen Welt finden, meist recht schwach, denn die Bühne gehört im Augenblick den bramarbasierenden Ideologen und den großsprecherischen Kündern einer islamischen Vormachtstellung in weiten Teilen der Welt. Doch mag es sein, daß solcher Hochstimmung die Ernüchterung bald folgen wird, denn die Zeiten rauschhaften Reichtums und vermeintlicher politischer Überlegenheit, die wichtige Länder

der islamischen Welt seit der Mitte der siebziger Jahre durchlebten, gehen zu Ende. Vielleicht kommt bald der Tag, an dem Schriften wie *Der Wiederaufbau des religiösen Denkens des Islam* von Muḥammad Iqbāl wieder die Beachtung finden, die ihnen zukommt.

Iqbāl stammte aus dem Pandschab, wo er im Jahre 1877 geboren wurde. Nach einer Ausbildung in der Heimat kam er nach Europa. Er studierte im Cambridge, Heidelberg und München, wo er mit einer Arbeit über die Entwicklung der Metaphysik in Persien im Herbst 1907 promoviert wurde. 1908 kehrte er über London nach Indien zurück. Iqbāl hatte sich ein großes Wissen über die europäische Philosophie angeeignet, aber er war ihr keineswegs verfallen. Er erkannte vielmehr, daß der Imperialismus, der sein Vaterland unterworfen hatte, eine Begleiterscheinung der westlichen Kultur darstelle. Mit Mißtrauen betrachtete er auch die neuen Ideologien, die in Europa entstanden waren – Sozialismus und Kommunismus –, und die ganz oberflächliche, den banalen materiellen Genüssen des Alltags nachjagende Lebensweise, die sich von den Werten des Christentums grundlegend unterschied[100]. Dies alles schien auch den Islam zu bedrohen, aber Iqbāl war sich dessen bewußt, daß sich die Muslime nicht gegen die faszinierende und schreckliche Zivilisation abschließen konnten.

Vielmehr wuchs in Iqbāl die Einsicht, daß der Islam keineswegs in prophetischer Zeit vollendet worden sei, so daß den Nachgeborenen nur noch die Möglichkeit geblieben wäre, festzuhalten, was einmal entstanden war. – So lautet im Grunde die These der orthodoxen Reformer, und auch die heutige Islam-Ideologie läuft auf nichts anderes hinaus. – Iqbāl war in Europa mit der Lebensphilosophie bekanntgeworden. Aus ihr schöpfte er die Anregung, auch den Islam als eine in ständiger Entwicklung befindliche Entität zu begreifen. Das Verhältnis zwischen Gott und von ihm geschaffener Welt ist nicht ruhend und ein für allemal festgelegt. Beides steht vielmehr in einer dynamischen Wechselbeziehung. Beschränkte Geister betrachteten die Natur als das Andere, das, zu einem längst vergangenen Zeitpunkt geschaffen, keine organische Verbindung mit dem Schöpfer mehr besitzt, stellt Iqbāl fest. Doch „kann das All nicht als eine in sich unabhängige Wirklichkeit im Gegensatz zu Gott aufgefaßt werden. Eine solche Anschauung würde sowohl Gott als auch die Welt zu zwei getrennten Wesenheiten machen, die einander in der Leere des unbegrenzten Raums gegenüberstehen." Zeit, Raum und Materie sind aber, wie Iqbāl vorher ausgeführt hat, vom menschlichen Verstand erdachte Auslegungen der ungebundenen Schöpfermacht Gottes, nicht aber selbständige Wesenheiten[101]. Die Welt ist lebendiger Ausdruck des Schöpfergottes, eine Vorstellung, die sich durchaus mit der koranischen Idee der unermüdlichen Fürsorge Gottes für seine Kreatur vereinbaren läßt[102], aber zur sunnitisch-aschʿaritischen Weltkonzeption der Diskontinuität alles geschaffenen Seins in einem unauflösbaren Spannungsverhältnis steht. Hier ist die Wirklichkeit für die Dauer je eines Zeitatoms in sich abgeschlossen und fertig, Iqbāl aber weist auf einen ständigen Prozeß des Werdens hin. „Diese

Schöpfung ist vielleicht noch unvollendet, denn in jedem Augenblick wird der Ruf laut: ‚Sei!‘ und es wird.“[103]

Gott hört nicht auf, seine Schöpfung zu verändern, zu verbessern, lehrt Iqbāl und beruft sich hierbei auf Sura 35.1: „... (Gott) fügt zur Schöpfung hinzu, was er will.“ Da der Mensch zum Statthalter Gottes in der Kreatur bestimmt wurde, hat er die Aufgabe übertragen bekommen, sich am Werk des Schöpfers zu beteiligen. Hierin liegt für Iqbāl die Würde des Menschen. Er hat schöpferischen Anteil an dem Lebensprozeß des Alls. Im „Gespräch zwischen Mensch und Gott“ in Iqbāls persischer Antwort auf Goethes *West-Östlichen Divan* ruft der Mensch:

> Du schufst die Nacht, doch ich der Lampe Glanz,
> Du schufst den Ton, ich den Pokal zum Tanz,
> Du schufst die Wüsten, Steppen, Berge ganz –
> Ich die Alleen und der Gärten Kranz.
> Ich bin es, der den Spiegel schleift aus Stein!
> Ich bin es, der aus Gift braut Arzenei'n![104]

In dieser Welt menschlicher Tätigkeit müssen auch die Muslime sich bewähren. Iqbāl geht so weit, im schöpferischen Handeln des Menschen den Weg zur Vereinigung mit Gott zu sehen. Der Mensch, der diesen Weg beschreitet, verliert trotz der Vereinigung mit Gott nicht seine Identität; das Handeln ist die höchste Form der Gottsuche[105].

In dieser Sicht der Dinge verliert die Geschichte ihre erschreckende Dimension. Sie muß nicht mehr als die so schwer – wenn überhaupt – aufzuhaltende Bewegung von einem einmal gegebenen Zustand der Fülle weg in den Niedergang gefürchtet werden, man darf sie vielmehr als eine von Gott und den Menschen gemeinsam getragene Entwicklung hin zu noch unbekannten Zielen erwartungsfroh bejahen. Zum Leitstern dieser hoffnungsvollen Deutung der islamischen Geschichte erwählt sich Iqbāl das Werk Ibn Ḫaldūns. „Seine Auffassung (der Geschichte) ist von unendlicher Bedeutung, weil sie impliziert, daß die Geschichte, eine kontinuierliche Bewegung in der Zeit, eine im wahrsten Sinne schöpferische Bewegung ist, nicht eine, deren Weg schon festgelegt ist.“ In der Tat ist Ibn Ḫaldūns Modell der Weltgeschichte insofern offen, als er zwar den Niedergang einzelner Völkerschaften für unvermeidbar hält, sobald sie sich zivilisiert und eine verfeinerte Lebensweise zugelegt haben, aber eben ständig neue Völkerschaften nachdrängen, so daß ein Ende des historischen Prozesses unabsehbar bleibt[106]. So entstehen unter wechselnden Bedingungen ständig neue Gegebenheiten. Im muslimischen Denken stellte sich, wie Iqbāl im *Wiederaufbau des religiösen Denkens* zu zeigen versucht, das Universum dynamisch dar. Ibn Ḫaldūn habe diese Konzeption in die Geschichtsschreibung eingeführt und mit den Ideen, die er in der berühmten „Einleitung“ in die Historiographie auseinandersetzt, in gewissem Sinne schon die Philosophie Bergsons vorweggenommen[107].

Der Mensch wird als ein Mitschöpfer des in ständiger Entwicklung begriffenen

Universums gedacht, und deshalb sind Tätigkeit und Gottsuche zwei Gesichtspunkte einer einzigen Sache. Die Mittäterschaft findet für Iqbāl ihren tiefsten Ausdruck im Gebet.

> Der Akt des Gebets als ein Streben nach Wissen ähnelt der Reflektion. Doch Gebet im höchsten Sinn ist viel mehr als Reflektion. Gleich der Reflektion ist es auch Assimilierungsprozeß, aber der assimilierende Prozeß beim Gebet zieht sich selbst dicht zusammen und gewinnt dadurch eine dem reinen Denken unbekannte Kraft. Beim Denken beobachtet der Geist das Wirken der Wirklichkeit und folgt ihm, im Akt des Gebets gibt er seine Laufbahn als Sucher träger Universalität auf und erhebt sich höher als das Denken, um die Wirklichkeit selbst zu ergreifen, damit er ein bewußter Teilhaber an ihrem Leben werde[108].

Im Gebet eröffnet sich eine Dimension spiritueller Weltgestaltung; es ist für Iqbāl nicht ein Akt ritueller Routine, der im besten Fall zu einer Sammlung allen Sinnens auf den Einen, den Jenseitigen, gesteigert werden kann. Beten bedeutet nicht, aus der Welt zu fliehen, sondern schöpferisch am Weltprozeß teilzuhaben, den Gott zu einem uns unbekannten Ziel der Vollkommenheit führt. Wer sich diese Einsicht Iqbāls zu eigen macht, wird erkennen, daß der immer wieder beschworene Gegensatz zwischen östlichem Spiritualismus und westlichem Materialismus das Ergebnis einer beklagenswerten, aber durchaus überwindbaren Fehlentwicklung ist. Dies ist der Inhalt von Iqbāls *Botschaft des Ostens,* die sich an Orient und Okzident zugleich richtet und sie auffordert, zu jener wahren Teilhaberschaft am Weltprozeß zu finden, zu der der Mensch berufen sei. Den Muslimen verlangt Iqbāl ab, sich von ihrer starren Fixierung auf den Ritus loszureißen. Der Mensch kann nicht wie die Engel in ständiger Anbetung verharren; er muß sich auf das große Wagnis der schöpferischen Tätigkeit einlassen.

Iblīs, dem Satan, wird von Gott ausdrücklich zugestanden, die Menschen zu verführen – zum Gebrauch der eigenen Vernunft. Iblīs selber tat dies, als er sich weigerte, der Aufforderung nachzukommen, sich vor dem aus Lehm geschaffenen Adam niederzuwerfen (Sura 17.61), er, der er doch aus einer edleren, feurigen Substanz gebildet worden sei. Selbst auf ausdrücklichen Befehl Gottes hat Iblīs, seiner eigenen Einsicht folgend, sich nicht vom wirklichen Monotheismus abbringen lassen, anders als die auch in diesem Fall Gott gehorsamen Engel. Im sunnitischen Islam wird Iblīs deswegen verwünscht: er ist der erste, der einen Analogieschluß zog – selbständiges Denken führt den Menschen zum Ungehorsam gegen Gott. Aber es gibt eine, wenn auch weit weniger verbreitete Auffassung, die in Iblīs den einzig wahren Monotheisten sieht.

Sein Ein-Gott-Glaube freilich kann nicht im bloßen Gehorchen, ohne zu begreifen, bestehen. Vielmehr weist er Züge von Hybris auf. Bei Iqbāl gewinnt er sogar prometheischen Charakter, wird zugleich zur Symbolfigur für selbstverantwortetes Schöpfertum. Dem Menschen ist es bestimmt, Gottes Werk mitzugestalten. Dies aber kann nicht anders geschehen, als daß er in einen Widerspruch zu manchen Absichten Gottes gerät. Wenn er seiner Bestimmung gerecht werden will, muß er dies auf sich nehmen. In dem Gedicht *Gabriel und Iblīs* hat Iqbāl die Gebrochenheit, ja Tragik, die aus diesem Grund alles menschliche Handeln überschattet, verdeutlicht[109].

Der Mensch muß, um sein Dasein zu fristen, Verantwortung übernehmen, er muß handeln und sich dabei dessen bewußt sein, daß das Ergebnis seiner Taten und auch deren Bewertung durch Gott nicht mit Sicherheit vorauserkannt werden können. Eben das aber wollte das übermächtige Gestaltungsprinzip, dem sich die islamische Kultur verschrieben hat, die Sunna[110], verbürgen, ohne sich freilich dieses Ziel offen einzugestehen. In ihr ist für den gläubigen Muslim die jeder geschichtlichen Veränderung entzogene Richtschnur seiner Verhaltens- und Denkweise überliefert; wer sie befolgt, wird den göttlichen Willen erfüllen. Wem dies zur unumstößlichen Gewißheit geworden ist, der wird jede Abweichung fürchten, dem wird es als ein frevelhaftes Wagnis erscheinen, sich auf Veränderungen einzulassen. Ihm bleibt nur, alles Neue, dem er sich gegenübersieht, als das längst Bekannte, von der Sunna schon im voraus Erfaßte zu deuten – eine geistige Anstrengung, die nicht selten intellektuelle Unredlichkeit erfordert. Diese aber hinterläßt im Gewissen den Stachel der Unsicherheit, der Furcht, es könne jemand kommen und die Unstimmigkeiten offen aussprechen, die man um jeden Preis überdecken muß, damit jenes Gestaltungsprinzip nicht angetastet werde. Die Furcht aber wird nur dann schwinden, wenn eben dies geschieht, wovor man sich fürchtet.

Die Erkenntnis, daß das Konzept der Sunna und seine historischen Folgen unvoreingenommen zu erörtern seien, ist vereinzelt in der islamischen Welt vorgetragen worden. Aber die Vorherrschaft der Islam-Ideologie mit ihrer rückwärtsgewandten Utopie hat verhindert, daß diese wenigen Stimmen ein größeres Echo fanden; sie dürften eher mit Feindschaft zu rechnen haben. Die Grundlage einer schonungslosen Untersuchung der Folgen, die das Konzept der Sunna so, wie es in der Regel aufgefaßt worden ist, in der islamischen Geschichte gezeitigt hat, erarbeitete Fazlur Rahman; 1965 veröffentlichte er seine Ergebnisse in einer Studie mit dem Titel *Islamic Methodology in History*. Schon die vorislamischen Araber seien von dem Wunsch beseelt gewesen, alles Handeln auf Normen ihrer Vorfahren zu gründen. In dieser Geisteshaltung mußten die Araber noch bestärkt werden, als Mohammed auftrat und als von Gott berufener Prophet ein bisher nicht gekanntes Maß an Autorität gewann. Alles, was er sagte und was er tat, mußte zu einer unumstößlichen Verhaltensregel erhoben werden. Fazlur Rahman macht sich keineswegs die von der europäischen Orientalistik aufgrund eingehender Quellenkritik erhobenen Einwände gegen die Deutung der Sunna als einer zuverlässigen Quelle über Leben und Werk Mohammeds zu eigen. Ihre Echtheit ist für Fazlur Rahman kein Gegenstand des Zweifels; was er aber zu bedenken gibt, ist die Frage, ob die Muslime in ihrer langen Geschichte mit diesem Schatz an Überlieferungen auch stets das Richtige angefangen haben. Und in dieser Beziehung zeigt sich Fazlur Rahman mehr als skeptisch.

Alles Leben und alles Denken sollte sich an der prophetischen Norm ausrichten. Diese bedeutete zwangsläufig, daß eigenständige Auffassungen und Bemühungen mehr und mehr eingeschränkt wurden. Eigene Meinung gelangte in den Geruch der Abweichung vom wahren Glauben, die zu bekämpfen sei. Der Inhalt der Sunna, wie vielschichtig er auch sein mochte, wurde immer rigider als eine mittlere Meinung zwischen allen Extremen aufgefaßt, der man sich zu unterwerfen hatte. Geistige Tätigkeit verengte sich auf ein unfruchtbares Ausbalancieren von Auffassungen auf ein vages Durchschnittsmaß, das im übrigen nicht nur als überlieferte prophetische Ansicht, sondern auch als fortwirkender Konsensus der maßgeblichen Muslime gedeutet wurde. Diesem intellektuellen Opportunismus habe ein politischer entsprochen, der mindestens ebenso verhängnisvoll gewesen sei. Hierfür ist nach Fazlur Rahman allerdings nicht allein die falsche Sunna-Rechtgläubigkeit verantwortlich zu machen, sondern auch die seit dem 13. Jahrhundert populär gewordene pantheistische Sufik.

Sie bezeichnet das ganze Universum als eine Manifestation des Einen und nahm so allen Bemühungen, verderbliche Entwicklungen in Politik und Gesellschaft zu ändern, ihre Stoßkraft. Sunna-Gläubigkeit und pantheistischer Sufismus standen dem Streben nach rationaler Bewältigung der Probleme des Diesseits im Wege, meint Fazlur Rahman. Die Reformbewegungen des 19. Jahrhunderts hätten den Fehler gemacht, eine Rückkehr zu den Anfängen auf ihre Fahnen zu schreiben. So aber hätten sie im besten Falle den Boden für die unvermeidliche Erneuerung vorbereitet, sie aber im eigentlichen Sinne noch nicht einleiten können.

Denn die orthodoxen Reformer glauben,

> wenn die Muslime ihren Vorvätern des 7. Jahrhunderts folgten, das heißt genau deren Taten nachvollzögen, errängen sie wieder ihre angestammte Stellung bei Gott, sowohl in dieser Welt als auch im Jenseits. Aber die große Frage lautet: ‚Wie kann ein Stück Geschichte buchstabengetreu wiederholt werden?' Der einzige Sinn, den diese Aussage ergeben kann, ist der, daß die Muslime im 20. Jahrhundert genau das vollziehen und anordnen müssen, dessen moralische und spirituelle Dimension jener des Handelns der Muslime im 8. und 9. Jahrhundert entspricht. Das bedeutet aber keine einfache Rückkehr zu Koran und Sunna in der Art und Weise, wie sie in der Vergangenheit verwirklicht wurden, sondern ein wahres Verständnis von ihnen, das uns heute leiten kann. Eine einfache Rückkehr in die Vergangenheit ist natürlich eine Rückkehr zu den Gräbern. Und wenn wir zu den früheren Generationen der Muslime zurückkehren, dann stoßen wir gerade dort auf jenen Vorgang des lebendigen Verstehens von Koran und Sunna[111].

Die politische Vorherrschaft des Westens über die Welt neige sich ihrem Ende zu; wirtschaftlich sei der Westen allerdings noch übermächtig. Die islamische Gesellschaft sehe sich nun der Schwierigkeit gegenüber, jene Spannungen zu bewältigen und in eine vernünftige Bahn zu lenken, die wegen der Übernahme bisher unbekannter Institutionen innerhalb des Gefüges der Gemeinschaft der Gläubigen aufgetreten seien. Für diese Aufgabe sei eine bloße Rückwendung in die Vergangenheit völlig unzureichend. Koran und Sunna werden jedoch bei der Bewältigung dieser Probleme unentbehrliche Hilfsmittel sein, ähnlich wie sie einst den Aufbau der altislamischen Gesellschaft bestimmten. „Abgesehen von einigen allgemeinen Prinzipien, die der Koran und einige Vorschriften des Propheten verkünden, ist die Art und Weise, in der Koran und Sunna in Wirklichkeit mit gesellschaftlichen Gegebenheiten umgehen, für uns von höchster Bedeutung. Diese liegt freilich nicht darin, eben jene Gegebenheiten wiederherzustellen, was ein abwegiges Unterfangen wäre, sondern aus jenem konkreten historischen Paradigma Lehren zu ziehen.“[112]

Nicht nur im indo-muslimischen Raum, auch in den arabischen Ländern wagen sich Stimmen an die Öffentlichkeit, die die Sinnlosigkeit des Ringens um eine orthodoxe Reform aussprechen, und sich damit zugleich gegen fundamentale Lehrsätze der Islam-Ideologie stellen. An welchen Werten sollten sich die Araber muslimischen Glaubens in Zukunft orientieren, fragt der Tunesier Djaīt in einer 1974 veröffentlichten Studie. Der Muslim empfindet, daß er an das Vorbild des Propheten gebunden ist. Für Djaīt liegt hierin das Geheimnis des großen Erfolgs, den der Islam in den ersten Jahrhunderten seines Bestehens errang. Das Gespür für die Anforderungen des Jenseits und die Sorge um das Diesseits seien im frühen Islam in eine äußerst fruchtbare Synthese gebracht worden. Aber auf die Dauer habe diese erfolgreiche Synthese den Fortgang eines dialektischen Entwicklungsprozesses gehemmt. Es könnte sein, daß ein gewisses Maß an Trennung von Religion und Staat, ein gewisses Maß an Säkularisierung, unvermeidlich sei, um die Erstarrung zu überwinden. Auf keinen Fall aber solle man den Islam verwerfen, vielmehr müsse man sich des Geistes dieser Religion wieder vergewissern, aufs neue jenes Gleichgewicht erkämpfen, das er zwischen Offenheit gegenüber dem Diesseits und spiritueller Hinwendung zu sich selbst herzustellen empfehle und das der Prophet in unerreichbarer Weise verwirklicht habe. „So wacht die Seele des Propheten noch immer über das Geschick seines Volkes. Von allen großen Religionsstiftern ist er der Einzige, dessen Leichnam unstrittig am selben Ort ruht, an dem sein erhabener Atem erlosch, ewig umgeben von der Liebe der Seinen. Ein Wunder des Denkens, des Individuums, der Geschichte, über das ich immer staunen werde!“ Und der Verfasser schließt diese Überlegungen mit einem persönlichen Bekenntnis: „In diesem französischen Wald, in dem ich, auf den Schnee blickend, diese Zeilen schreibe, so weit von der Zeit und dem Raum jener Welt entfernt, in der er lebte, fühle ich ihm näher als ein Mensch des 2. Jahrhunderts der Hiğra. Ich fühle mich ganz offen, seine Wahrheit zu erfassen, ganz offen, die Synthese von geschichtlicher und spiritueller Wahrheit zu erfassen..."[113]

Anmerkungen

1 *Ġazālī,* Tahāfut al-falāsifa, ed. Bouyges, 2. Aufl., Beirut o.J., 254.
2 Ebd., 44.
3 *Gazāli,* al-Munqiḏ min aḍ-ḍalāl, ed. Jabre, Beirut 1959, 39 ff.
4 *Ibn Ḫaldūn,* al-Muqaddima, trad. Fr. Rosenthal, New York 1958, III, 144.
5 Ebd., 154.
6 *Ġazālī,* Ilǧām al-ʿāmm, ed. M. M. al-Baġdādī, Beirut 1985, 52 ff.
7 *Goldziher, Ignaz,* Die Stellung der islamischen Orthodoxie zu den antiken Wissenschaften, Gesammelte Werke, V, 357–400; *Nagel, Tilman,* Staat und Glaubensgemeinschaft im Islam II, Zürich 1981, 47.
8 So wurde Ibn Ḫaldūn von seinen Kommentatoren kaum verstanden (*Nagel,* a.a.O., 75 f.).
9 Einige Gründe für die Erstarrung des islamischen Geisteslebens habe ich in dem Buch „Die Festung des Glaubens" untersucht (im Druck).
10 *Ṭūsī, ʿAlāʾ ad-Dīn,* Tahāfut al-falāsifa, ed. R. Saʿāda, ²Beirut 1983, Einführung.
11 Arab.: *taqlīd.*
12 *Nagel,* Festung des Glaubens, Schlußteil.
13 *Ziyadeh,* The Sanusiyah, Leiden 1958, 40–44.
14 *Nagel,* a.a.O.
15 Ders., Staat und Glaubensgemeinschaft II, 172 ff.
16 *Ziyadeh, op. cit.,* 86.
17 Deutsche Übersetzung von *R. Hartmann,* Die Wahhabiten, in: ZDMG 74, 179–184.
18 *Puin, G.-R.,* Aspekte der wahhabitischen Reform, in: Studien zum Minderheitenproblem im Islam I (Bonner orientalistische Studien 27/I), Bonn 1973, 62.
19 *Hartmann,* a.a.O.
20 Zur Problematik *Nagel,* Festung des Glaubens, Kapitel III/4.
21 *Hartmann,* a.a.O., 184.
22 *Puin,* a.a.O., 62.
23 *Laoust, Henri,* Essai sur les doctrines ... de Taki-d-Din Ahmad b. Taimiya, Kairo 1939, 522.
24 *Nagel,* Festung des Glaubens, Schlußteil.
25 *Ziyadeh,* a.a.O., 79.
26 *Nagel,* Staat und Glaubensgemeinschaft II, 112 f.
27 Ebd., 168–172.
28 *Lewis, Bernard,* The Emergence of Modern Turkey, Oxford 1961, 57 ff.
29 *V. Krieken, G. S.,* Khayr al-Dīn et la Tunisie, Leiden 1976, 106.
30 Ebd., 108–118.
31 Ebd., 109.
32 *ʿAbduh, Muḥammad,* Muḏakkirāt, ed. aṭ-Ṭanāḥī, Kairo o.J., 18.
33 *ʿAbduh, Muḥammad,* al-Aʿmāl al-kāmila, ed. ʿAmmāra, III, 20 f.; V. Krieken, op. cit., 113.
34 Ebd., III, 15–22.
35 *Hourani, Albert,* Arabic Thought in the Liberal Age, Oxford 1970, 136 ff.
36 *Renan, Ernest,* L'Islam et la science, in: Œuvres complètes, ed. Psichari, I, 946 ff.
37 Über Faraḥ Anṭūn siehe *Krymskij,* Istorija nowoj arabskoj Literatury, Moskau 1971, 642 ff.

38 *Al-Afġānī,* al-Aʿmāl al-kāmila, ed. ʿAmmāra, Kairo 1968, 207–210; *Hourani,* op. cit. 110ff.
39 So Rašīd Riḍā, zitiert bei *Hourani,* op. cit., 110.
40 Über Gobineau siehe *v. Zurmühlen, Patrick,* Rassenideologien, Berlin/Bonn 1977.
41 *Al-Afġānī,* op. cit., 209.
42 *Hourani,* op. cit., 138f.
43 *ʿAbduh,* al-Aʿmāl al-kāmila III, 203.
44 Ebd., 204.
45 Ebd., 206.
46 Ebd., 211.
47 Text: *īnsāniyya.*
48 Ebd., 212.
49 Ebd., 213.
50 Ebd., 216.
51 Ebd., 217; vgl. *ʿAbduh,* Risālat at-tauḥīd, Kairo 1965, 88.
52 *ʿAbduh,* al-Aʿmāl al-kāmila, III, 217.
53 Vgl. z.B. *Lübbe, Hermann,* Politische Philosophie in Deutschland, München 1974, 124ff.!
54 *ʿAbduh,* al-Aʿmāl al-kāmila, III, 259–264.
55 Ebd., 288; zur Auseinandersetzung ʿAbduh-Hanotaux siehe *Adams, Ch.,* Islam and Modernism in Egypt, London 1933, 86ff.
56 Nur Gott erreicht stets den Zweck seines Handelns.
57 *ʿAbduh,* Risālat at-tawḥīd, 31f.
58 Ebd., 31.
59 *Nagel,* Festung des Glaubens, bes. Kapitel II/3.
60 Arab.: *al-asbāb al-kawniyya.*
61 *ʿAbduh,* Risālat at-tawḥīd, 33.
62 Ebd., 15.
63 Ebd., 88.
64 So ʿAmmāra in der Einleitung zu *ʿAbduh,* al-Aʿmāl al-kāmila, I, 183.
65 Zitiert ebd., 179.
66 *Troll, Christian W.:* Sayyid Aḥmad Khan, Neu Delhi 1978.
67 *Al-Afġānī,* al-Aʿmāl al-kāmila 141.
68 Ebd., 149; vgl. *Hourani,* op. cit., 124f.
69 Vgl. *Haarmann, Ulrich* (Hg.), Geschichte der arabischen Welt, München 1987, Kapitel VIII und IX!
70 *Nagel,* Staat und Glaubensgemeinschaft, II, 195f.
71 Al-Manār 23/1922, 141f.; Nachdruck: Risālāt al-Imām Muḥammad Rašīd Riḍā, ed. Yūsuf Ībiš, Beirut 1971, 281f.
72 Hierzu vgl. *Caspar* in Mideo IV/1957, 161–165.
73 Über Aḥmad Amīn siehe *Hourani,* op. cit., 330.
74 *Laoust, Henri,* Le Réformisme orthodoxe des Salafiyya, REI 1932 (175–224), 191.
75 *Nagel,* Staat und Glaubensgemeinschaft, II, 207–209.
76 *Laoust,* op. cit., 192.
77 *Anderson, Norman,* Law Reform in the Muslim World, Univ. of London Press 1976.
78 *Laoust,* op. cit., 193.
79 *ʿAbduh,* al-Aʿmāl al-kāmila, I, 483f.
80 *Ṭuʿayma, S.,* al-Islām wa't-taqaddum al-iğtimāʿī, Beirut/Sidon ²1972, 71.
81 Ebd., 72.
82 Ebd., 75ff.
83 Ebd., 131ff.

84 Ebd., 148f.
85 Ebd., 287.
86 *Nagel,* Staat und Glaubensgemeinschaft, II, 224 und 369.
87 Ebd., 77ff.
88 Ebd., 224–233.
89 Vgl. *Kramer, Martin,* Islam Assembled, New York 1986.
90 *Nagel,* Staat und Glaubensgemeinschaft, II, 237–242.
91 Ebd., 279–291.
92 Ebd., 310ff.
93 Die islamische Regierungsform kann mit keiner der heute üblichen verglichen werden. Das Bild der einst angeblich verwirklichten islamischen Regierung zeigt eine letzten Endes nicht institutionalisierte Machtausübung zur Durchsetzung der Souveränität Gottes (*Mawdūdī, S. Abul A'la* [sic!]: First Principles of the Islamic State, Lahore [3]1968, 17–23 und 54ff.).
94 Zum heutigen libyschen Regime und seiner Ideologie vgl. *Hager, Eva,* Volksmacht und Islam, Berlin 1985 (Islamkundliche Untersuchungen 107) und *Badry, Roswitha:* Die Entwicklung der Dritten Universaltheorie (DUT), Frankfurt/Bern/New York 1986 (Islam und Abendland 2).
95 Vgl. die Zitate bei *Kapferer,* Die Moslembruderschaft, phil. diss. Heidelberg 1972, 18f.
96 *Al-Ḥusaynī, Isḥāq Mūsā,* al-Iḫwān al-muslimūn. Beirut [2]1955, 75–84.
97 *Al-Ḥusaynī,* op. cit., 230f.
98 *Nagel,* Staat und Glaubensgemeinschaft, II, 320ff.
99 Vgl. *Nolte, Ernst,* Der Faschismus in seiner Epoche, Neuausgabe München/Zürich 1984, 515ff.
100 *Schimmel, Annemarie,* Gabriel's Wing, Leiden 1963, 39.
101 *Iqbāl, Muḥammad,* The Reconstruction of Religious Thought in Islam, Nachdruck, Neu Delhi 1985, 65.
102 Vgl. *Nagel,* Der Koran. Einführung, Texte, Erläuterungen, München 1983, 172ff.
103 Zitiert bei *Schimmel,* op. cit., 116.
104 A. *Schimmel,* Ü., Botschaft des Ostens. Tübingen 1977, 162.
105 *Schimmel,* Gabriel's Wing, 117, 118.
106 Vgl. seine Unterredung mit Timur, *Fischel, W. J.,* Ibn Khaldun and Tamerlane, Berkeley 1952.
107 *Iqbāl,* op. cit., 138–141.
108 Ders., Wiederaufbau, in: Botschaft des Ostens, übers. v. *Annemarie Schimmel.*
109 Ebd., 111f.
110 Auch im Schiitentum vorhanden; dort: Überlieferungen von den Imāmen.
111 *Fazlur Rahman,* Islamic Methodology in History, 142f.
112 Ebd., 114.
113 *Djait, Hichem,* La personnalité et le devenir arabo-islamiques, Paris 1974, 179.

Peter Antes

Ethik und Politik im Islam

1. Islam und Alltagsleben

Wer den Islam richtig verstehen will, muß davon ausgehen, daß es sich bei dieser Religion nicht nur um eine Anzahl von Glaubenssätzen handelt, die es für wahr zu halten gilt, sondern daß der Islam den *ganzen* Menschen angeht, wie es treffend Professor Anawati (Kairo), einer der besten christlichen Kenner des Islam ausgedrückt hat: „Das, was den homo islamicus charakterisiert, ist die totale Oberherrschaft Gottes über sein Verhalten; also die Notwendigkeit für den Gläubigen, sich stets der Gegenwart Gottes bei allen seinen Handlungen bewußt zu sein. Islamische Frömmigkeit weiß alle Gesetze des Benehmens, der Höflichkeit, des Anstandes, die erfüllt sind von der Ehrfurcht und dem Respekt, den man Gott schuldet, klar zu beschreiben. Der islamische Mensch lebt beständig unter den Blicken Gottes, und die Gesellschaft, die sich aus Muslimen zusammensetzt, ist eine theozentrische Gesellschaft: Gott muß stets den Vorzug haben (riʿāyat ḥuqūq Allāh). Eine Anthropologie, die die Beziehung des Menschen zu Gott ‚in Klammern' setzen wollte, wäre für den gläubigen Muslim ein Unsinn. Muslimischer Humanismus bedeutet wesentlich einen religiösen Bereich, eine Beziehung zu Gott."[1]

Daß dieser Anspruch der Religion tatsächlich alle Bereiche des menschlichen Lebens bis in die Einzelheiten hinein erfaßt und prägt, haben die Muslime immer wieder betont, vornehmlich aber haben sie es in der Neuzeit als Antwort auf den immer stärker um sich greifenden westlichen Lebensstil in den traditionell islamischen Ländern deutlich hervorgehoben. Dementsprechend beschreibt 1951 ʿAbd al-Qādir ʿŪdah, ein Anhänger der konservativen Richtung der Muslimbrüder in Ägypten, den prägenden Charakter des Islam so: „Der Islam beeinflußt den Muslim, ob er sich bewegt oder ruht, er beeinflußt das, was er insgeheim und was er öffentlich, was er für sich allein und was er sichtbar tut, er beeinflußt sein Stehen und Sitzen, sein Schlafen und Wachen, er beeinflußt sein Essen und Trinken, seine Kleidung und seinen Schmuck, er beeinflußt seinen [Habitus beim] Verkauf und Kauf, seine Tauschgeschäfte und Transaktionen, er beeinflußt seine Anstrengung und seine Erholung, seine Freude und seine Traurigkeit, seine Gelassenheit und seinen Zorn, er beeinflußt ihn im Unglück wie im Glück, bei Krankheit wie bei Gesundheit, in [Situationen] der Schwäche und der Stärke, er beeinflußt ihn als Reichen und als Armen, als jungen und als alten [Menschen], als bedeutsamen und als gemeinen [Mann], er beeinflußt sein Wohnen und seine Familie, seinen [Umgang mit] Freund und Feind, Frieden und Krieg, er beeinflußt ihn als einzelnen und in der Gemeinschaft, als Herrscher und Beherrschten, als Wohlhabenden und als Habenichts. Es gibt also kein Verhalten, das man sich vernünftigerweise vorstellen kann, und keine Situation, in der der Mensch sich befinden kann, ohne daß der Islam den Muslim beeinflußt und sein Verhalten so festlegt, wie es [der Islam] vorsieht.

Wer folglich denkt, der Islam sei [nur] ein Glaube und nicht auch ein System (eine Ordnung = niẓām), ist töricht und weiß nichts vom Islam."[2]

2. Die islamische Ordnung

Niẓām (bisweilen auch: niẓāmīya) ist in der Moderne der Fachausdruck, um diesen Totalanspruch der islamischen Ordnung im Sinne eines allumfassenden Systems auszudrücken. Es ist die Ordnung, die für alle Lebenslagen die Antwort des idealen islamischen Verhaltens bereithält und dadurch den Maßstab für das richtige Verhalten des Menschen setzt. Wer ʿŪdahs Darstellung des islamischen Einflusses auf den Muslim liest, spürt die weitgefächerte Verästelung dieses Systems. Ein Vergleich mit dem Koran ergibt, daß sich dort nur ansatzweise zu einigen der oben angesprochenen Bereiche konkrete Hinweise finden lassen, von einer allumfassenden Sammlung von Verhaltensnormen aber kann beim Koran wirklich nicht die Rede sein. Der Muslim, der heute den islamischen niẓām als gottgewollte Ordnung verteidigt, beruft sich dafür gewöhnlich auf die Verhaltens- und Auslegungspraxis des frühen Islam, die in systematischer Weise in den Handbüchern des Mittelalters, d.h. des 3. oder 4. islamischen Jh.s (oder noch später) zusammengefaßt vorliegt, wobei diese Handbücher ihrerseits oft in Form von Einzelbelegen aus früherer Zeit das richtige Verhalten des Muslim als Ideal abstützen.

Mit Blick auf die historische Entwicklung scheint es daher sinnvoll, hier zuerst einige wenige Worte zur Ausrichtung des menschlichen Verhaltens durch den Koran im Unterschied zur vorislamischen Zeit (I.) zu sagen und dann die Quellen (II.) vorzustellen, aus denen die islamischen Theologen und Rechtsgelehrten im Mittelalter das richtige Verhalten des Menschen abgeleitet haben, um auf dieser Basis schließlich die einzelnen Bereiche menschlichen Verhaltens im Detail (III.) näher zu beschreiben und sie mit typischen Fragestellungen der Moderne zu konfrontieren.

I. *Die Ethik des Koran und die vorislamische Zeit*

1. *Der Koran*

Der Koran, das hl. Buch der Muslime, enthält, gegliedert in 114 Suren, d.h. Textabschnitte von unterschiedlicher Länge, die Offenbarungen, die der Prophet Mohammed in der Zeit zwischen 610 und 632 n.Chr. in arabischer Sprache vorgetragen hat. Diese Texte sind nach islamischer Überzeugung von Gott allein in der uns vorliegenden arabischen Sprachform verfaßt worden und wurden von Mohammed lediglich – einem Rezitator von Gedichten vergleichbar – vorgetragen. Sie werden von den islamischen Gelehrten im wesentlichen den beiden großen Verkündigungsphasen im Leben Mohammeds zugeordnet[3]: 610–622 n.Chr. die Verkündigung der sog. „mekkanischen Suren" in Mekka und die Verkündigung der sog. „medinensischen Suren" zwischen 622, der Auswanderung nach Medina und Gründung des islamischen Stadtstaates bzw. Reiches (arab.: *umma*), und dem Tode Mohammeds am 8. Juni 632. Die Sammlung dieser Verkündigungen, darin stimmen die Muslime und die westliche Islamkunde[4] überein, war spätestens 2 Jahrzehnte nach Mohammeds Tod abgeschlossen und liegt seither in Buchform als *Koran* in der vom 3. Kalifen Uthman (644–656) autorisierten Fassung vor und wird demgemäß tradiert.

An zahlreichen Stellen enthält der Koran ethische Forderungen, die sich deutlich von den Idealvorstellungen der vorislamischen Zeit unterscheiden. Die genaue Analyse dieser Stellen und der Vergleich mit der altarabischen Dichtung machen es möglich, die Unterschiede zwischen den Idealen des Koran und denen der vorislamischen Zeit näher zu beschreiben.

2. *Koran und vorislamische Ethik*

„Diese (sc. koranische) Idealvorstellung vom Menschen stellt einen Bruch gegenüber dem arabischen Menschen aus vorislamischer Periode dar. So hat kürzlich ein japanischer Arabist, der besonders den Koran unter semantischem Gesichtspunkt studiert hat, gezeigt, daß die moralischen Werte vor und nach dem Islam, mindestens was bestimmte wesentliche Werte angeht, ihre Bedeutung geändert haben. Der Mensch der Jāhiliyya, d.h. der Zeit der Unwissenheit, die vor dem Islam liegt, fühlte sich im Hinblick auf alles vollkommen frei, war gewiß ein ritterlicher Mensch, ließ sich aber von seiner Leidenschaft treiben, handelte dabei gewalttätig und übereilt, wenn die Ehre auf dem Spiel stand, ohne die Konsequenzen seines Handelns zu berechnen, so daß er eine Freigebigkeit bis zur Verschwendung zeigte, wenn es um sein Ansehen ging. Das Einbrechen eines Gottes, der absoluter Herr über den Menschen ist, der über seine Handlungen richtet, der sein Leben bestimmt, der seinen Launen Grenzen setzt, bedeutet eine neue Ausrichtung seines Lebens. Im Laufe der Zeit ist sich der Muslim immer mehr bewußt geworden, daß er ‚zur besten Gemeinschaft, die Gott anerkennt' gehört; er erkennt seine wahre Wesenheit, seine Identität in seiner Treue zum islamischen Gesetz."[5]

Mit anderen Worten: „Das soziale und ökonomische Leben der Beduinen war von einer sehr starken Stammesverbundenheit geprägt. Man muß sich vorstellen, wie die Beduinenstämme seit Jahrhunderten das unbegrenzte wüstenreiche Land durchwanderten, ihre von festen Traditionen geregelten Weidegründe besaßen und ihre von Generation zu Generation vererbten Fehden ausfochten. Die brennend heiße, sandige oder steinige Wüste erforderte von den Beduinen eine ganz der Natur angepaßte Lebensform. Ständig waren sie auf Wanderung von Wasserstelle zu Wasserstelle, von Weide zu Weide. Sie führten ein entbehrungsreiches Leben und waren dauernd in wirtschaftlicher Not. In schwierigen Zeiten waren sie deshalb gezwungen, ihre Vorräte mit Gewalt aus dem Besitz von Seßhaften in benachbarten Gebieten zu ergänzen. Solche Beute-Expeditionen, die sogenannten Razzien, galten nach dem Ehrenkodex der Wüste als Einnahmequelle, der nichts Entwürdigendes anhaftete. Ein überraschender Überfall und ein ebenso schneller Rückzug mit der Beute, möglichst ohne Blutvergießen, waren Ehrensache des einzelnen wie des ganzen Stammes.

Diese nomadische Lebensform ermöglichte weder ein beständiges kulturelles Leben noch die Entstehung eines Staates, sondern prägte die typisch beduinischen Eigenarten. Diese wurden vom moralischen Ideal der ‚muruwwa' getragen, das etymologisch ‚Mannhaftigkeit' bedeutet. Es umfaßt die Tugenden Mut, Tapferkeit, Ausdauer, Stolz, Treue zur eigenen Sippe und der damit verbundenen sozialen Verpflichtungen, Großzügigkeit und Gastfreundschaft. Die treibende Kraft für die Einhaltung dieses Ideals war das ‚Ehrgefühl' (karāma).

Verstieß man gegen das moralische Gesetz, so verlor man seine Ehre (ʿirḍ). Das bedingungslose Stammes- und Sippenbewußtsein (ʿaṣabiyya) führte aber auch zu großer Härte bei der persönlichen und kollektiven Vergeltung von wirklichen und vermeintlichen Angriffen und Beleidigungen. Der ungezähmte Kampfgeist zum Schutze der Sippe fand seinen Ausdruck im ungeschriebenen Gesetz der Blutrache und des Blutgeldes. Der Stolz und das Selbstbewußtsein, die eifersüchtig bewahrte Freiheit machten den Beduinen zu einem ungezügelten Individualisten, der keine Autorität und Unterordnung anerkannte außer seiner Bindung an den Stamm (qabīla). Der Stamm wurde durch die kollektive Verantwortlichkeit aller für jeden und eines jeden für alle aufgrund des Ehrgefühls zusammengehalten. Die Zellen des Stammes waren die einzelnen Sippen oder Clans (qawn), die eine durch Blutsverwandtschaft väterlicherseits verbundene wirtschaftliche und sittliche Interessengemeinschaft darstellten. Eine Anzahl von Clans schloß sich zum Stamm zusammen, der eine Gemeinschaft von Gleichgestellten unter der patriarchalischen Führung des frei gewählten Scheichs war. Die Beduinen streb-

ten nie ein geschlossenes Machtgebilde an, da sie einzig die Stammesverbundenheit als soziale Kraft anerkannten. Aus diesem Grund haben sie sich nie der ‚Herrschaft' (mulk) oder Tyrannei eines einzelnen über einen oder mehrere Stämme unterworfen.
Durch den Islam geschah eine grundsätzliche Wandlung. Die stolzen individualistischen Beduinen unterstellten sich einer übergeordneten Macht. Sie, die jegliche Unterordnung unter eine Herrschaft als Erniedrigung und Versklavung empfanden, waren nun gewillt, sich voll und ganz der Herrschaft der neuen Religion zu unterwerfen. Unter Muhammads Führung schlossen sie sich zu einer politischen Einheit zusammen, die vom islamischen Gemeinschaftsbewußtsein getragen wurde. Muhammads Wirken hatte die arabische Welt zu einem religiös-politischen Gemeinwesen, der Umma, zusammengeschweißt."[6]

3. *Umma und die allgemeine Gültigkeit der islamischen Ethik*

Ein Doppeltes war demnach durch die Annahme des Islam wirksam geworden:

- Die unbedingte Treue und Bindung zum Stamm, jener durch Blutsverwandtschaft väterlicherseits verbundenen wirtschaftlichen und sittlichen Interessengemeinschaft, galt ab 622 n. Chr. der umma, dem religiös-politischen Gemeinwesen des Islam, indem jetzt der gemeinsame Glaube und nicht mehr die Blutsverwandtschaft die Zugehörigkeit begründete.
- Der Verhaltenskodex war nach allgemein gültigen Prinzipien festgelegt, die die einzelnen Gruppen nicht nach Belieben oder der Gunst des Augenblicks interpretieren oder umdeuten konnten, sondern dauerhafte Geltung beanspruchen und den einzelnen in der Konsequenz noch über den Tod hinaus in die Pflicht und Verantwortung nehmen gemäß Koran 99, 6–8, wo es vom Endgericht heißt: „An jenem Tag werden Menschen (voneinander) getrennt (oder: [in verschiedenartige Gruppen] aufgeteilt?) hervorkommen, damit ihre (während des Erdenlebens vollbrachten) Werke ihnen (im einzelnen) gezeigt werden (können). Wenn dann einer (auch nur) das Gewicht eines Stäubchens an Gutem getan hat, wird er es zu sehen bekommen. Und wenn einer (auch nur) das Gewicht eines Stäubchens an Bösem getan hat, wird er es (ebenfalls) zu sehen bekommen."[7]

4. *Islamische Ethik – eine Begriffsbestimmung*

Die Verankerung des Verhaltenskodex in allgemein gültigen Prinzipien, die auf göttliche Offenbarung zurückgehen, macht es möglich, diesen Verhaltenskodex hier nicht nur vordergründig als das kodifizierte richtige Verhalten des Menschen, sondern als die islamische Ethik vorzustellen[8]. Dabei entsteht die

ethische Qualität einer konkreten Handlung im Sinne von Gut und Böse bzw. Richtig und Falsch nicht wie bei Aristoteles aus der philosophischen Spekulation über das Gute, sondern ausschließlich aus dem durch die Offenbarung gesetzten Maßstab des Gott wohlgefälligen bzw. seiner Anweisung widersprechenden Handelns.
Ethische Grundaussagen finden sich im Koran sowohl in den sog. „mekkanischen" als auch in den „medinensischen Suren", obwohl die umma erst mit der Auswanderung Mohammeds von Mekka nach Medina (622 n. Chr.) entstanden ist. Ein Vergleich der mekkanischen mit den medinensischen Suren macht jedoch unschwer sichtbar, daß sich die Anweisungen in medinensischer Zeit – wohl unter dem Druck der konkreten Verhältnisse in der umma – immer stärker konkretisierten und folglich tendentiell die Entwicklung zu einem kasuistisch ausgefächerten Verhaltenskodex einleiteten.
Bevor dieser mit Blick auf den heutigen Islam nun im Detail zur Darstellung kommen soll, ist noch ein Wort darüber vonnöten, aus welchen Quellen die islamischen Theologen und Rechtsgelehrten schöpfen, um zu sicheren Urteilen über das wahrhaft islamische Verhalten in allen Lebenslagen zu kommen.

II. Die Quellen für die islamische Ethik

1. Rechtsquellen und šarīʿa

Nach dem bisher Gesagten steht außer Frage, daß der Koran die wichtigste Quelle zur Darstellung des idealen, islamischen Verhaltens ist. „Als Ergänzung und Verdeutlichung für die Vorschriften im Koran dient die Sunna des Propheten. Sie gilt als prophetisch-autoritative Anordnung und als verpflichtende Vorschrift, da sie als von Gott inspiriert angesehen wird. In der islamischen Terminologie versteht man unter ‚Sunna' das Vorbild des Propheten, seine Lebensführung, wie sie sich in seinen Aussprüchen (qawl), Handlungen (fiʿl) und Gepflogenheiten sowie dem stillschweigenden Einverständnis (taqrīr) mit dem, was in seiner Gegenwart gesagt oder getan wurde, kundgab. Sie wurde von den Prophetengefährten und einer ‚Kette wahrheitsgetreuer Übermittler' (isnād) in den Sammlungen der Taten und Worte Muhammads (ḥadī*th*) bewahrt. Einerseits stellen diese eine authentische Erläuterung der von Gott offenbarten Gebote und Verbote im Koran dar. Andererseits dienen sie zur Verdeutlichung von Vorschriften allgemeiner Natur sowie als Ergänzung dessen, was nicht ausdrücklich im Koran erwähnt ist. Daher gilt das lebendige Vorbild Muhammads nicht nur als

Richtschnur für das ethische, religiöse und soziale Verhalten der Muslime und das richtige Verständnis von Gottes Geboten, sondern auch für die Lösung neu auftauchender theologischer und sozialer Probleme [...]

Nach dem Tode des Propheten hielt sich die junge islamische Gemeinde zunächst streng an Koran und Sunna, die zur geistigen Führung wurden. Mit dem raschen Anwachsen der Gemeinde entstanden aber rechtliche Probleme, für die in Koran und Sunna keine Vorschriften vorhanden waren. Dies zeigte sich besonders nach den Eroberungen, die Kontakte mit anderen Völkern und Kulturen brachten. Für diese neuen Probleme mußten zusätzlich zu den zwei primären Quellen, Koran und Sunna, noch weitere Quellen für die Rechtsfindung erschlossen werden. So bildete sich allmählich eine neue Wissenschaft heraus, die Rechtswissenschaft (fiqh). Diese anerkannte noch andere, sekundäre Quellen oder Wurzeln (uṣūl) der Rechtsfindung als methodische Grundsätze für die Ableitung und Begründung von gesetzlichen Normen. Von diesen sekundären Quellen sind die zwei wichtigsten der Analogieschluß (qiyās), d.h. die Ableitung gesetzlicher Vorschriften aus Koran und Sunna per analogiam und der Konsensus (i*dj*māʿ) der Rechtsgelehrten.

Mittels dieser sekundären Quellen können bei neu auftauchenden Rechtsfragen die Rechtsgelehrten mit selbständiger Geistestätigkeit auf der Grundlage von Koran und Sunna eine Antwort finden. Dieses persönliche Überlegen, Urteilen und Sich-Bemühen in der Rechtsfindung (I*dj*tihād) ermöglicht die Abteilung von gesetzlichen Bestimmungen auf der Grundlage der Rechtsquellen, d.h. gestützt auf die in Koran und Sunna enthaltenen Vorschriften. Durch den Einbezug des menschlichen Denkens, der ‚Bemühung in der Rechtsfindung', ist das islamische Recht nicht starr. Es ist seinem Wesen nach von einer Dynamik gekennzeichnet, die es ermöglicht, Lösungen für die jeweiligen Probleme einer ständig in Veränderung begriffenen Welt zu finden. Durch dieses Bemühen und den Einsatz der Rechtsgelehrten sind eine Vielzahl von Möglichkeiten zur rechtlichen Auslegung offen. In jeder Zeit, für die verschiedensten neuen Verhältnisse und sozialen Gegebenheiten, kann eine passende Lösung gefunden werden.

Aus dem oben Gesagten dürfte klar hervorgehen, daß es innerhalb des islamischen Rechts zwei Bereiche gibt, die deutlich voneinander geschieden sind. Auf der einen Seite sind die Quellen, Koran und Sunna, die ihrer göttlichen Natur wegen in ihrem formalen Charakter jeder menschlichen Veränderung entzogen, d.h. völlig unantastbar sind. Sie sind lediglich die Quellen, die unabdingbare Basis für alle rechtlichen Ableitungen und nicht das Religionsgesetz (sharīʿa) selbst.

Auf der anderen Seite befindet sich das aus den Quellen durch bestimmte Methodologien, z.B. durch Analogieschluß und andere Arten des Denkens abgeleitete Gesetzessystem. Dieses ist ein gewaltiges Korpus der Rechtswissenschaft (fiqh), das durch die sorgfältige Arbeit vieler Generationen von Rechtsgelehrten durch Jahrhunderte hindurch geschaffen wurde. Diese Ableitung von Gesetzen ist nie vollendet. Durch das Bemühen der Rechtsgelehrten kann das islamische Recht den verschiedensten Erfordernissen jeder Zeit angepaßt werden.

Um die Geisteshaltung der Muslime richtig kennenzulernen, ist die Beschäftigung mit dem islamischen Rechtsdenken Voraussetzung. Denn das islamische Recht, die Scharia, ist die typische Manifestation des islamischen Denkens, der Wesenskern des Islam überhaupt."[9]

2. Rechtsschulen und Rechtsfindung (iǧtihād)

Die Entwicklung der islamischen Rechtswissenschaft hat in der Praxis insbesondere zu zwei Konsequenzen geführt, die für den Islam bis heute von Bedeutung sind:

a) Im 8./9. Jh. n. Chr. haben sich vier unterschiedlich offene Rechtsschulen herausgebildet, die bis heute maßgeblich die Geneigtheit einzelner Staaten im Bereich des sunnitischen Islam (ca. 90% aller Muslime sind Sunniten) für oder gegen Reformen bestimmen. So folgt etwa die wahhabitische Richtung in Saudi-Arabien der konservativen Rechtsschule des Ibn Hanbal (gest. 855 n. Chr.), die jeder „Neuerung" im Islam ablehnend gegenübersteht, während in Ägypten die eher liberale Schule des Schafii (gest. 854 n. Chr.) vorherrschend ist und es von daher vielleicht kein Zufall ist, daß man gerade in Ägypten im 19. und 20. Jh. bedeutende „Reformtheologen" wie etwa Muhammad Abduh (gest. 1905) oder Muhammad Rashid Rida (gest. 1935) findet.

b) In allen Rechtsschulen haben die immer detaillierteren Darstellungen des islamischen Verhaltenskodex, wie er innerhalb einer jeden von ihnen in den Handbüchern aus der Zeit des 8.–11. Jh.s n. Chr. entfaltet wurde, die Überzeugung reifen lassen, daß damit auf alle nur denkbaren Fragen und Probleme *die* islamische Antwort gefunden sei, so daß künftig keinerlei Recherchen mehr erforderlich seien, sondern lediglich das bereits Erreichte ohne Abstriche weiterzugeben sei, was durch die bekannte Formel vom „Schließen des Tores der persönlichen Rechtsfindung" zum Ausdruck gebracht wird und für das allmähliche Erstarren der islamischen Rechtswissenschaft auf dem mittelalterlichen Stand mitverantwortlich ist. Gerade angesichts der zahlreichen Anfragen und Probleme, die durch die moderne Welt dem Islam gestellt sind, bedauern viele Muslime heute, daß „das Tor der persönlichen Rechtsfindung" (bāb al-iǧtihād) seit langem geschlossen ist, und fordern mit Nachdruck, zur Freiheit der Lehre und Forschung zurückzukehren, die für die ersten Jahrhunderte der islamischen Geschichte kennzeichnend und die Voraussetzung für die kulturelle Hochblüte der islamischen Wissenschaft im Mittelalter gewesen war.

3. *Die Fatwas*

Ganz war das Tor der persönlichen Rechtsfindung allerdings nie geschlossen, weil immer wieder prinzipielle Antworten auf neu gestellte Fragen gegeben werden mußten. So forderte beispielsweise der Fortschritt der Zahntechnik um die Mitte des 18. Jh.s eine amtliche Stellungnahme heraus, ob es zulässig sei, einen wackligen Zahn mit Golddraht festzumachen, worauf das für solche Anfragen zuständige Mufti-Amt mit Hilfe von Analogieschlüssen unter Berufung auf gewisse Argumentationen des Imām Muḥammad b. al-Ḥasan aš-Šibānī (gest. 805 n. Chr.), eines Schülers des Begründers der hanafitischen Rechtsschule, zu dem Urteil (arab.: fatwā) kam: „Wenn Zeyd seinen wackligen Zahn mit Golddraht festmacht, so ist lt. dem Imām Muḥammad nichts dagegen einzuwenden." Zu einer Neuauflage dieser Debatte kam es im Jahre 1960 in der Türkei, weil inzwischen Zahnkronen und Zahnfüllungen zu den Therapiemethoden von Zahnärzten gehörten und einige Prediger auf der Kanzel behaupteten, es sei Sünde, sich so behandeln zu lassen. Daraufhin haben die Zahnärzte ein diesbezügliches Rechtsgutachten (fatwā) eingeholt, das lautet: „In den Fällen, in denen es der Arzt für notwendig erachtet, können an den Zähnen Kronen und Füllungen angebracht werden. Das *Muftī*-Amt von Kayseri."[10]

Die beiden Beispiele machen deutlich, daß vor allem die Fatwasammlungen eine Fülle von Material enthalten, das belegt, daß die Rechtsfindung nie ganz zum Stillstand gekommen ist, wenngleich die Anbindung solch neuer Entscheidungen an das Mufti-Amt den Kreis der Forscher unter den Rechtsgelehrten drastisch einschränkt und den Forschungsgegenstand auf die konkret vorliegenden Anfragen eingrenzt. Das generelle Wiedereröffnen des Tores der persönlichen Rechtsfindung würde zweifellos dem Islam viel von seiner ursprünglichen Flexibilität, sich auf neue Situationen einzustellen, zurückgeben.

4. *Geistliches und Weltliches*

Ein Blick in die Fatwasammlungen lehrt, daß hier recht unterschiedliche Fragen behandelt und entschieden werden, die nach europäischen Maßstäben ganz verschiedenen Bereichen zugeordnet werden: Fragen des richtigen Verhaltens bei der Zahnbehandlung oder beim Umgang mit Nutzanteilen von Spareinlagen ebenso wie Fragen über die Zulässigkeit der Verwendung von Mikrophonen und Lautsprechern bei Gottesdiensten[11]. Alle Bereiche des Lebens stehen folglich zur Diskussion, eine Trennung in Geistliches und Weltliches gibt es nicht, denn eine Unterscheidung von Religiösem, Ethischem, Juristischem usw. ist dem Islam fremd. Wenn nun im folgenden das richtige Verhalten des Menschen als islamische Ethik abgehandelt wird, so wird diese Akzentsetzung von außen an den Islam herangetragen und dementsprechend Geeignetes innerhalb des Gesamtrahmens des Islam für die Darstellung ausgesucht. Es ist daher nicht verwunderlich, wenn andere durch eine andere Gewichtung bei der Auswahl andere Aspekte zur Sprache bringen[12] oder manch ein Muslim, da er stets vom Ganzen her denkt, eine solche Parzellierung überhaupt für problematisch hält.

III. Das richtige Verhalten des Menschen

Die thematische Auswahl der Aussagen, die das richtige Verhalten des Menschen nach islamischen Vorstellungen betreffen, soll sich der Übersichtlichkeit wegen zunächst auf den einzelnen (1.), dann auf die Familie (2.) und schließlich auf die Gesellschaft (3.) konzentrieren und anhand dieses Orientierungsrahmens möglichst viele Aspekte zur Sprache bringen, die zu einer umfassenden Darstellung der islamischen Ethik gehören[13]. Wo irgend möglich, sollen die Gebote, Empfehlungen und Verbote durch Verweise auf entsprechende Koranstellen abgesichert werden, denn unter allen Rechtsquellen hat der Koran unbestreitbar die höchste Autorität.

Die Klassifizierung der Taten

Bei alledem muß man sich vor Augen halten, daß das generelle Klassifizierungsschema von Taten, wie es die islamischen Theologen üblicherweise zugrunde legen, keine Taten vorsieht, die insofern neutral wären, als sie außerhalb dieses Schemas ständen, sondern sämtliche menschliche Handlungen können und müssen einer der fünf folgenden Kategorien zugeordnet werden, wobei deren dritte die Nullstelle für Taten darstellt, die vom Standpunkt der Religion aus irrelevant sind. Diese Kategorien sind im einzelnen:

- „Gebotene Handlungen, die als Pflicht den Menschen auferlegt werden. Wer Gott gehorcht und diese Handlungen verrichtet, wird belohnt. Wer gegen diese Pflicht handelt, setzt sich der Strafe Gottes aus.
- Empfohlene Handlungen, die dem religiösen Leben des einzelnen und der Gemeinschaft förderlich sind. Ihre Vernachlässigung wird nicht bestraft; ihre Verrichtung wird jedoch belohnt.
- Erlaubte Handlungen, deren moralische Qualität neutral ist. Deswegen ist für deren Erfüllung keine Belohnung und für deren Unterlassung keine Strafe vorgesehen.
- Mißbilligte Handlungen, die dem Gehorsam gegen Gott hinderlich sind. Wer sic unterläßt, wird belohnt, wer sie tut, wird jedoch nicht bestraft.

– Verbotene Handlungen, deren Unterlassung geboten ist und belohnt wird, während ihre Verrichtung Strafe nach sich zieht.“[14]

Tatabsicht und Sünde

Da die Feststellung der moralischen Qualität der menschlichen Handlungen mit dem positiven Inhalt des Gesetzes zusammenhängt, braucht der einfache Mann die kundige Anleitung des Fachgelehrten, um sein Leben nach Gottes Weisung und Willen ausrichten zu können. Dabei reicht eine gedankenlose Gesetzeserfüllung allein nicht aus, auch die gute Absicht (nīya) gehört zur guten Tat dazu, wie die Theologen immer wieder betont haben. Deshalb gehört auch Einsicht zum religiös verantwortlichen Handeln, weshalb für Kinder noch keine moralischen Pflichten gelten. Sie sind lediglich zum richtigen Verhalten anzuhalten und können so langsam bereits einüben, was später als verantwortetes Handeln von ihnen erwartet wird. Anders gewendet besagt dies, daß erst ab dem Eintritt ins Erwachsenenalter des voll verantwortlichen Handelns (d. h. mit etwa 13/14 Jahren) menschliches Vergehen als „Sünde“ bezeichnet werden kann. Kinder begehen daher noch keine Sünden. Die Erziehung kann folglich nur in begrenztem Maße an die eigene Einsicht des Kindes appellieren. Ihr primäres Ziel und Anliegen ist, zur Erfüllung der gesetzlichen Bestimmungen anzuleiten und diese einzuüben.

Grundsätze ethischen Verhaltens

Bevor die Regeln und Gebräuche im Detail beschrieben werden, ist es gut, sich die Grundtendenz des richtigen Verhaltens eines Muslim vor Augen zu führen. Als Orientierungshilfe kann hierfür Koran 33, 35 dienen: „Was muslimische Männer und Frauen sind, Männer und Frauen, die gläubig, die (Gott) demütig ergeben, die wahrhaftig, die geduldig, die bescheiden sind, die Almosen geben, die fasten, die darauf achten, daß ihre Scham bedeckt ist, (oder: die sich des (unerlaubten) Geschlechtsverkehrs enthalten (?), w. die ihre Scham bewahren) und die Gottes ohne Unterlaß (w. viel) gedenken, – für sie (alle) hat Gott Vergebung und gewaltigen Lohn bereit.“

Das ideale Verhalten betrifft demnach sowohl das zwischenmenschliche Verhalten als auch die Gottesverehrung. Beides wird an mehreren Stellen des Koran näher beschrieben und richtungweisend, oft recht detailliert festgelegt. Als Beleg dafür sei zusätzlich Koran 25, 63–76 angeführt:

„Die (wahren) Diener des Barmherzigen sind diejenigen, die demütig (und bescheiden) auftreten (w. auf der Erde umhergehen), und die, wenn törichte Leute (w. die Toren) sie ansprechen, (freundlich) grüßen (w. ‚Heil!‘ sagen), (Leute) die die Nacht zubringen, indem sie sich vor ihrem Herrn niederwerfen und (andächtig im Gebet vor ihm) stehen, und die sagen: ‚Herr! Verschone uns mit der Höllenstrafe!' – Das ist (in der Tat) eine (qualvoll) bedrückende Strafe. (Ja) die Hölle (w. sie) ist ein schlimmer Aufenthalt und eine schlimme Bleibe. – (Leute) die, wenn sie Spenden geben, weder verschwenderisch (w. maßlos) noch knauserig sind – (was) dazwischen (liegt) ist richtig –, und die neben Gott keinen anderen Gott anrufen, niemand töten, den (zu töten) Gott verboten hat, außer wenn sie dazu berechtigt sind, und keine Unzucht begehen. Wer so etwas (w. dies) tut, wird (dafür) zu büßen haben. Und am Tag der Auferstehung wird ihm die Strafe verdoppelt (oder: vervielfacht) werden, und erniedrigt (und geschmäht) wird er (für ewig) der Strafe ausgesetzt (w. in ihr) bleiben – ausgenommen diejenigen, die umkehren und rechtschaffen handeln. Denen wird Gott (bei der Abrechnung) ihre schlechten Taten gegen gute eintauschen. Er ist barmherzig und bereit zu vergeben. Wenn einer umkehrt und rechtschaffen handelt, wendet er sich bußfertig Gott wieder zu. Und (die wahren Diener des Barmherzigen sind weiter diejenigen) die kein falsches Zeugnis ablegen und, wenn sie (unterwegs leerem) Gerede begegnen, (sich nicht darauf einlassen, sondern) vornehm weitergehen, und die, wenn sie mit den Zeichen (oder: an die Zeichen?) ihres Herrn gemahnt werden, nicht (anstatt) ihnen gegenüber (Verständnis und Aufnahmebereitschaft zu zeigen) taub und blind niederfallen, und die sagen: ‚Herr! Gib, daß wir an unseren Gattinnen und unserer Nachkommenschaft Freude erleben (w. Schenk uns... Augenkühle), und mach uns zu einem Vorbild für die Frommen!' (Allen) diesen (Dienern des Barmherzigen) wird (dereinst) mit einem (w. dem) Obergemach (im Paradies) vergolten (zum Lohn) dafür, daß sie geduldig waren. Und ihnen wird darin Gruß und ‚Heil!' entboten. Sie werden (ewig) darin weilen – ein schöner Aufenthalt und eine schöne Bleibe."

Das Zitat zeigt, wie sehr alle Anweisungen zum richtigen Handeln im gesamtreligiösen Bezugsrahmen verankert sind und ihre separate Darstellung als Ethik notwendigerweise als Verkürzung dieser umfassenden Sicht erscheinen muß. Dennoch soll eben dies hier gewagt werden. Die Richtung dazu hat das Zitat selbst mit seinen konkret formulierten Handlungsanweisungen bereits gewiesen. Nun geht es darum, systematisch einzelne Aspekte der Ethik des einzelnen, der Familie und der Gesellschaft zu behandeln.

1. Das richtige Verhalten des einzelnen

Brauchtum

Da das Kind noch keine Sünden begeht, dient die erste Phase des menschlichen Lebens dem Einüben des überkommenen Verhaltenskodex, wobei einige herausragende Ereignisse durch tradierte Bräuche als solche kenntlich gemacht werden.

Bereits die Geburt wird vom Brauchtum umrankt. So ist es weithin üblich, daß dem neugeborenen Kind dreimal die islamische Bekenntnisformel „ich bezeuge, es gibt keine Gottheit außer Gott; ich bezeuge, Mohammed ist der Gesandte Gottes" ins Ohr gesagt wird, damit das erste, was das Kind vernimmt, die Erinnerung an jenes urmonotheistische Bekenntnis ist, das nach allgemeiner Überzeugung alle Menschen bei der Erschaffung des Menschen vor Gott abgelegt haben. Denn man glaubt, daß damals Gott aus dem Rücken des Adam die gesamte Menschheit hat hervorkommen lassen und dann die Frage gestellt hat: „Bin ich nicht euer Herr?", worauf sie alle gesagt haben: „Jawohl, wir bezeugen es." (Koran 7, 172) Demnach hat jeder Mensch schon lange vor seiner Geburt ein monotheistisches Bekenntnis abgelegt, ist gewissermaßen von Natur aus ein Muslim, erst seine Eltern machen aus ihm einen Juden oder einen Christen oder eine Parsen[15].

Nach dem dreimaligen Aufsagen der Bekenntnisformel folgt gewöhnlich die Nennung des Namens des neugeborenen Kindes, wodurch der Junge oder das Mädchen als Glied der Familie und damit der gesamten umma anerkannt wird[16].

Es versteht sich von selbst, daß auch die weiteren großen Etappen im Leben des Menschen, wie die Beschneidung für die Jungen, die Heirat und der Tod durch ein umfangreiches Zeremoniell kulturell-religiöser Art hervorgehoben sind.

Erziehungsziele

Das Kind wächst gewöhnlich in der Familie auf und lernt durch das Vorbild seiner Umgebung, wie man sich richtig verhält. Es wird ihm beigebracht, nicht zu lügen, sondern stets die Wahrheit zu sagen (Koran 9, 119; 39, 33), demütig (Koran 25, 63) und nicht prahlerisch und eingebildet (Koran 31, 18; 57, 23) oder hochmütig (Koran 16, 23) zu sein. Dieses Erziehungsziel ist nicht ohne Probleme, wenn sich z. B. türkische Kinder in unserer Gesellschaft behaupten wollen: „Im traditionellen Bereich der türkischen Familien werden die Kinder dazu erzogen, sich in die größere Gemeinschaft einzuordnen und wie alle anderen ihren Platz in diesem größeren Ganzen einzunehmen. Einordnung ist das Ziel, nicht individuelle, herausragende Leistung. Es ist für türkische Menschen deshalb schwer, sich in einer ganz auf persönliche Leistung und auf individuelle Bedürfnisse und ihre Befriedigung eingestellten Gesellschaft zurechtzufinden. Sie denken und empfinden gemeinschaftlich, der westliche Individualismus, für den Leistung und Konsum des einzelnen der oberste Maßstab sind, ist ihnen fremd."[17] Das Kind soll in der Familie auch lernen, weder geizig (Koran 4, 37) noch verschwenderisch (Koran 17, 26f.) zu sein, d.h. zu geben, ohne dabei verschwenderisch oder knauserig zu sein (Koran 25, 67). Und wie in diesem Bereich ein maßvolles Handeln ideal ist, so soll es auch in anderen sein, weshalb die Zornesaufwallung gezügelt, Nachsicht geübt (vgl. Koran 3, 134) und nicht einfach den persönlichen Neigungen nachgegangen werden soll (Koran 79, 40f.).

Das gut erzogene Kind ist des weiteren höflich und zuvorkommend. Es achtet auf Reinlichkeit (vgl. Koran 9, 108) und saubere Kleidung (Koran 74, 4f.), weiß in anständiger Weise zu grüßen (Koran 4, 86; 24, 27–29) und ißt mit der rechten Hand. Als Speise kommt nur Erlaubtes in Betracht. Verbotene bzw. kultisch unreine Speisen wie etwa Schweinefleisch (vgl. Koran 2, 172f.) sind zu meiden. Verboten sind darüber hinaus schädliche, ekelerregende und verdorbene Speisen sowie berauschende Getränke (vgl. Koran 5, 90f.), vornehmlich der Alkohol. Als Medizin allerdings sind Narkotikaanteile jedoch zulässig.

Koranschule

Das Kind lernt die richtige Verhaltensweise zu Hause und vertieft diese Kenntnisse im Religionsunterricht der Schule oder in der sog. Koranschule, die oft neben der normalen Schule zur Vermittlung von Korankenntnissen und zur Einübung in die religiöse Praxis dient und ab dem 7. Lebensjahr besucht werden kann. Die Koranschule[18] hat klassischerweise das Ziel verfolgt, den Schülern auch Schreiben und Lesen mit Hilfe des Koran beizubringen. Sie hat dazu ein recht monotones Pauksystem verwandt, was heutiger westlicher Lernpsychologie grundlegend widerspricht und wohl nur infolge einer sehr strengen Disziplin einige Lernfortschritte bei den Schülern verbuchen kann. Der Eintritt in die Koranschule war und ist gewöhnlich auch von einer kleinen Zeremonie begleitet, zu deren Ritual es gehört, daß der Vater dem Lehrer durch die Worte „sein Fleisch ist dein, aber die Knochen sind mein“ das Züchtigungsrecht für das Kind überträgt. Immer wieder wird berichtet, daß der Lehrer davon auch Gebrauch macht, indem er durch Stockschläge auf den Kopf der unachtsamen Schüler die Aufmerksamkeit fördern will oder, wenn nötig, Schüler durch Schläge auf die Fußsohlen bestraft. (Schläge auf das Gesäß waren in der islamischen Welt ursprünglich unbekannt, sie wurden vielerorts durch die Kolonialmächte, vor allem die Engländer im Orient eingeführt.)

Die Verhaltensnormen, die zu Hause und in der Schule vermittelt werden, sind idealtypisch die des erwachsenen Menschen, auf die das Kind im Laufe eines mehrjährigen Lernprozesses vorbereitet werden soll. Dabei zieht Fehlverhalten zwar Strafe nach sich und bewirkt dadurch in hohem Maße die erstrebte Anpassung an die Norm. Religiös relevant, so wurde bereits gesagt, ist dieses Fehlverhalten jedoch erst, nachdem die Volljährigkiet im religiös-rechtlichen Sinne (mit 13/14 Jahren) erreicht ist. Deshalb folgern die Theologen, daß Kinder von Muslimen, die noch vor dem Volljährigkeitsalter sterben, sofort ins Paradies kommen, „weil sie noch nicht unter der Verpflichtung des Gesetzes gestanden haben.“[19]

Beschneidung

Anders als im Judentum, wo die Bar Mizwah-Feier den Eintritt ins Erwachsenenalter deutlich macht, kennt der Islam keine besondere Feier, die diesen

Übergang markiert. Die Vermutung, die Beschneidung könne eine solche Funktion einnehmen, bestätigt sich nicht, weil der Zeitpunkt der Beschneidung regional so unterschiedlich ist, daß eine solche Gleichsetzung unzulässig ist. „So kann die Beschneidung bereits am Tag nach der Geburt geschehen oder aber erst im Alter von 20 Jahren. Üblich ist der Zeitraum zwischen dem siebten Tag (der bevorzugte Beschneidungstag) und dem fünfzehnten Lebensjahr. Die Mehrheit der Muslime wurde nachweislich im Alter zwischen sieben und acht Jahren beschnitten. Vollzieht man die Beschneidung am siebten Tag, so beruft man sich auf einen ḥadîṯ, der diesen Tag empfiehlt. Die Zeremonie wird dann mit dem ersten Haarschnitt und der Namensgebung gekoppelt – beides Riten von ebenfalls altehrwürdiger Tradition."[20]

Die Beschneidung des Jungen ist für viele Muslime ein wichtiges Fest, das mit großen Feiern begangen wird und in seinem Festcharakter mit der Heirat der Mädchen vergleichbar ist. Im Koran wird die Beschneidung nicht erwähnt, weshalb man wohl mit Fug und Recht sagen darf, daß es sich dabei eher um eine Praxis der Muslime als um eine Praxis des Islam handelt.

In manchen Gegenden (z. B. Sudan) kennt man auch die Beschneidung von Mädchen (durch Entfernen der Klitoris). Sie hat sich im Islam jedoch nie allgemein durchsetzen können und wird vielfach sogar scharf verurteilt.

Das richtige Verhalten des Erwachsenen

Was bislang über die richtigen Verhaltensweisen gesagt wurde, gilt in vollem Umfange selbstverständlich für den Erwachsenen, der durch die Erziehung darauf vorbereitet worden ist. Deshalb braucht dieser Verhaltenskodex hier nicht mehr wiederholt zu werden. Er soll lediglich um einige spezielle Anweisungen erweitert werden. So gehört etwa zu den Verboten noch das Losspiel (Koran 5, 90 f.). Weiterhin konkretisiert die Aufforderung, nicht den Schwachsinnigen das Geld in die Hand zu geben (Koran 4, 5), das Gebot, Geld nicht maßlos auszugeben. Andererseits wird auch untersagt, jemanden in betrügerischer Weise ums Vermögen zu bringen (Koran 2, 188), das Vermögen der Waisen zu verschwenden (Koran 4, 6.10), sich durch Wucher zu bereichern (Koran 2, 275 f.) oder sich durch Fälschung des Gewichts der Waage (Koran 55, 7–9) Vorteile zu verschaffen, denn Gerechtigkeit ist das Ideal, auch wenn sich ihre Verwirklichung im konkreten Falle gegen die eigenen Vorteile richtet (vgl. Koran 4, 135). So wird deutlich, daß im Islam der Glaube ohne die Werke tot ist (vgl. Koran 2, 177; 107, 1 ff.). Mit all seinem Tun nämlich steht der Mensch vor Gott und muß dereinst dafür Rechenschaft ablegen. Allerdings steht der einzelne dabei oft nicht allein, sein Tun ist häufig eingebettet in die Gemeinschaft, und dies heißt zunächst einmal in die Familie.

2. *Das richtige Verhalten in der Familie*

Grundlegend für das Zusammenleben der Menschen ist nach islamischer Überzeugung die gegenseitige Achtung, Hilfsbereitschaft und Gerechtigkeit, wie es bereits in der Darstellung des richtigen Verhaltens des einzelnen angeklungen ist.

Die Eltern

Aus der Achtung und Hilfsbereitschaft erwächst das Gebot, die Eltern zu achten und zu ehren (vgl. Koran 4, 36; 31, 14f.). Durch fürsorgliche Pflege der gebrechlich und alt gewordenen Eltern können die Kinder die Liebe vergelten, die ihnen durch die Fürsorge der Eltern zuteil geworden ist, als sie selbst noch klein und hilflos waren (vgl. Koran 17, 23). Dem entspricht die Struktur der orientalischen Großfamilie, die nicht – wie die europäische Kernfamilie – auf das Zusammenleben von nur zwei Generationen im Familienverband beschränkt ist, während die ältere Generation allein lebt oder ins Altersheim geht. Ja die Idee vom Altersheim wird gegenwärtig von vielen Muslimen für einen schlechten Importartikel aus Europa bzw. Nordamerika gehalten und als unislamisch abgelehnt.

Die Kinder

Wie das Lebensrecht der Eltern in der Gemeinschaft der Großfamilie festgelegt ist, so ist es auch das der Kinder. Mit harten Worten geißelt daher der Koran (17, 31; 81, 8. 9.14), daß Eltern aus Furcht vor Verarmung ihrer Kinder (vor allem die Töchter) töten, denn es ist göttliches Gebot, das Leben der von Gott geschenkten Kinder zu achten und zu schützen.

Kinder sind – wie dargelegt – noch nicht ganz ernstzunehmende Erwachsene, ansonsten aber keine prinzipiell andere Stufe des Menschseins mit eigener Gesetzmäßigkeit. Deshalb beginnt auch das rollenspezifische Verhalten schon in jungen Jahren zu greifen: Mädchen werden traditionellerweise recht früh auf die spätere Rolle als Frau und Mutter hin erzogen, während die Jungen sich auf die Rolle des Hausherrn und Vaters langsam einzustellen beginnen und ab der Pubertät jeweils wie die Männer um Einlaß in die Frauengemächer bitten sollen (vgl. Koran 24, 59).

Damit sind rollenspezifische Verhaltensweisen angedeutet, die vor allem die Stellung der Frau in der Familie und der Gesellschaft betreffen.

Die Stellung der Frau

Jedem Besucher des Orients fällt auf, daß dort das öffentliche Leben vor allem durch das Erscheinungsbild des Mannes geprägt ist. Ihn sieht man im Kaffeehaus; ihn trifft man allein bei Spaziergängen durch die Straßen; für ihn sind die zentralen Gebetshallen der Moscheen da. Demgegenüber geht die Frau nahezu nie ins Kaffeehaus; auf der Straße sieht man sie meist mit Kindern oder zusammen mit anderen Frauen, so gut wie nie alleine spazierengehen, und in den traditionelleren Vierteln orientalischer Städte kann man sie sogar häufig verschleiert sehen; in der Moschee beten die Frauen – ähnlich wie in der Synagoge – in abgetrennten Räumen hinter den Männern oder auf Emporen. Obwohl die Männer wie die Frauen aufgerufen sind, ihre Scham zu bedecken (w. zu bewahren; vgl. Koran 24, 30f.), zeigt die Auslegungspraxis dieser Verse, daß für die Frauen andere, strengere Regeln gelten als für ihre männlichen Religionsgenossen. Vielerorts wird das Haupthaar der Frau als erogen empfunden und deshalb verdeckt (vgl. das Kopftuch bei türkischen Frauen). Zur guten Sitte in der Stadt gehört vielfach auch der Gesichtsschleier der Frau, der durch die erwähnte Koranstelle ebenso wenig konkret vorgeschrieben ist wie das Kopftuch u.a.m. Vielmehr wird eine weithin übliche Kleidermode mittels interpretationsfähiger Koranverse (vgl. Koran 24, 31; 33, 59) abgestützt. So wird der Absicht des Koran, die Frau durch Keuschheitsvorschriften zu schützen und sie nicht einfach zum Sexualobjekt männlicher Begierde werden zu lassen, Genüge getan, indem man weitgehende Verhüllung aller weiblichen Reize und Absonderung der Frau als konkrete Schutzmaßnahmen empfiehlt und dadurch eine Jahrtausende alte Sitte des Vorderen Orients fortführt, die für uns durch die Stichwörter „Schleier" und „Harem" gekennzeichnet ist[21]. Beides waren in vorislamischer Zeit Statussymbole der vornehmen Frau in der Stadt gewesen, was erklärt, weshalb jede Frau, die etwas auf sich hielt, bestrebt war, sich ebenso zu verhalten. Demgegenüber ließ die Agrarstruktur auf dem Lande eine solche geschlechtsspezifische Arbeitsteilung nicht zu. Die Frau auf dem Lande arbeitet gewöhnlich unverschleiert und unterscheidet sich in ihrem Tätigkeitsbereich kaum von dem ihres Mannes.

Stadtkultur und Bildung (arab.: madanīya, ähnlich wie lat. urbanitas) hängen eng miteinander zusammen und haben bewirkt, daß in den Lehrbüchern das Verhalten in der Stadt zur Norm erklärt wurde. So kam es, daß auch Schleier und Harem als konstitutive Elemente der islamischen Kultur gesehen und in Auseinandersetzung mit Andersgläubigen heute oft dementsprechend verteidigt werden.

Polygamie

Die Rede vom Harem impliziert neben der Absonderung der Frau auch die Polygamie, genauer: die Polygynie, d.h. das Recht des Mannes, gleichzeitig mit mehr als einer Frau (höchstens vier) verheiratet zu sein (Bei uns ist dies nur nacheinander möglich!). Der entsprechende Koranvers (4, 3) lautet: „Und wenn ihr fürchtet, in Sachen der (eurer Obhut anvertrauten weiblichen) Waisen nicht recht zu tun, dann heiratet, was euch an Frauen gut ansteht (?), (ein jeder) zwei, drei oder vier. Und wenn ihr fürchtet, (so viele) nicht gerecht zu (be)handeln, dann (nur) eine, oder was ihr (an Sklavinnen) besitzt! So könnt ihr am ehesten vermeiden, unrecht zu tun."

Die Auslegung dieses Verses läßt unterschiedliche Tendenzen erkennen: so betonen die einen, daß dieser Vers die Höchstzahl legitimer Frauen auf vier begrenzt und dadurch einen emanzipatorischen Fortschritt gegenüber der vorislamischen Zeit darstellt, als der Mann beliebig viele Frauen haben konnte; andere – vorwiegend modern, reformerisch eingestellte Interpreten – sehen darin eine Empfehlung zur Monogamie, da sie es psychologisch für fast unmöglich halten, der geforderten Verpflichtung, alle gerecht zu behandeln, in vollem Maße zu entsprechen. Hinzu kommt, daß in der Praxis die meisten Muslime im Laufe der Geschichte monogam gelebt haben. Heute ist die Monogamie in den meisten Staaten des islamischen Orients auch durch die staatliche Gesetzgebung vorgeschrieben.

Mann und Frau

Des ungeachtet zeigt die zitierte Koranstelle (4, 3), daß offensichtlich im Koran mit zweierlei Maß gemessen wird, d. h. anders für die Männer als für die Frauen. Zwar gilt dies nicht für die religiösen Pflichten im Diesseits, da Mann und Frau dieselbe Prüfung im Gericht nach dem Tode erwartet (vgl. Koran 33, 35; 57, 12f. 18), innerhalb der Gesellschaft aber stehen die Männer über den Frauen (vgl. Koran 2, 228; 4, 34), was bis ins Juristische hinein relevant ist, da z. B. die Zeugenaussage einer Frau nur halbsoviel wert ist wie die eines Mannes (vgl. Koran 2, 282).

Die Streitfrage für die Auslegung dieser Stellen heute ist, ob hier nur de-facto-Zustände der damaligen Zeit beschrieben oder grundsätzliche anthropologische Aussagen gemacht werden. Die Meinungen hierüber sind geteilt. Konservative Theologen wie etwa Maududi (gest. 1979) sehen die geschlechtsspezifische Arbeitsteilung als naturgegeben an und führen dafür sogar noch Belege aus den modernen Wissenschaften an, wenn sie die Rollen so definieren: die Frau als Gebärerin und Erzieherin der Kinder und der Mann als Ernährer und Beschützer der Familie[22]. Demgegenüber deuten andere, eher modern und reformerisch Eingestellte die Aussage, die Männer stehen eine Stufe über den Frauen (Koran 2, 228), als einen gesellschaftlich bedingten, höheren Grad an Verpflichtungen und Aufgaben und treten prinzipiell für die Gleichheit von Mann und Frau ein, da sie „aus einem einzigen Wesen" (Koran 4, 1) geschaffen sind[23].

Es ist folglich durchaus denkbar, daß sich der Gleichheitsgrundsatz für Mann und Frau in Zukunft als *die* islamische Auslegung durchsetzen wird und alles, was dazu scheinbar im Widerspruch steht, als ebenso zeitbedingt im Koran angesehen wird, wie dies etwa für die Koranverse heute gilt, die von der Existenz von Sklaven in der Gesellschaft ausgehen, deren Wiedereinführung selbst die konservativsten Muslime nicht fordern. Dieses Beispiel zeigt, daß es so etwas wie definitive Auslegungsfortschritte im Laufe der Geschichte gibt, und es kann theoretisch nicht ausgeschlossen werden, daß dies auch eines Tages für die gesellschaftliche Gleichstellung von Mann und Frau gelten wird. Schon immer aber gilt, daß Mann und Frau vor Gottes Gericht gleich verantwortlich stehen, weshalb der Islam nie – im Gegensatz zu bestimmten Büchern in Europa über ihn – behauptet hat, die Frau habe im Unterschied zum Manne keine Seele. Keiner der europäischen Vertreter dieser Meinung hat je einen islamischen Theologen als Beleg für diese Aussage zitiert, denn nirgends läßt sich innerhalb des Islam solches finden.

Ehe, Ehescheidung und Ehe auf Zeit

Die Ungleichbehandlung von Mann und Frau ist besonders auffällig hinsichtlich der Ehevorschriften, bei der Scheidung und im Erbrecht. Bei alledem wird deutlich, daß die Struktur der islamischen Familie, von der der Koran ausgeht, patriarchalisch ist. Demnach ist der Mann nicht nur der Hausvater, sondern auch der, der die Initiative bei der Brautsuche ergreift (sofern dies nicht überhaupt durch die Eltern erledigt wird), der das absolute Sagen in der Familie hat (was allerdings häufig dadurch relativiert ist, daß er seinerseits stark unter der Ägide seiner Mutter steht) und der relativ leicht seine Frau oder eine seiner Frauen entlassen kann. Somit ist der Mann sowohl der Beschützer als auch der Bewacher seiner Frau. Trotz alledem sieht der Islam in der Ehe den Ort, wo der Mensch sich erst ganz verwirklicht, weshalb der Koran den Gläubigen die Ehe nahelegt (Koran 24, 32), denn Mann und Frau sind füreinander wie „eine Bekleidung“ (Koran 2, 187). Folgerichtig hat der Islam für das christliche Ideal der Ehelosigkeit nie Verständnis gezeigt.

Was nun die Ehevorschriften im einzelnen betrifft, so gilt: „Der Gläubige ist bei der Wahl seiner Frauen nicht völlig frei. Die nahe Verwandtschaft ist das Haupthindernis. Der Koran führt aus, welche Verwandten nicht geheiratet werden dürfen: Mütter, Töchter, Schwestern, Tanten, Nichten, Nährmütter, die Mütter der eigenen Frauen, die Stieftöchter von solchen Frauen, mit denen der Geschlechtsverkehr schon vollzogen wurde, die Ehefrauen der eigenen Söhne, die Schwestern der eigenen Frauen (Koran 4, 22–23).

Verboten ist auch nach dem Koran die Heirat mit einer heidnischen Frau bzw. mit einem heidnischen Mann, weil der Unglaube der Heiden mit dem Glauben der Moslems in keiner Weise zu vereinbaren ist (Koran 2, 221; 60, 10). Es ist aber nicht der Fall für die Anhänger einer Offenbarungsreligion, wie Juden und

Christen. Mit ihnen erlaubt der Koran eine Teilgemeinschaft (Speise, Heirat), daher läßt er zu, daß Moslems jüdische bzw. christliche Frauen heiraten (Koran 5, 5). Was die Heirat moslemischer Frauen mit Juden bzw. Christen anlangt, so äußert sich der Koran dazu nicht. Die Tradition aber verbietet eine solche Heirat, um den Glauben der Frau zu schützen."[24]

Nach Koran 4, 21 ist die Ehe „eine feste Verpflichtung", aber ohne sakramentalen Charakter, also eine Art zivilrechtlicher Vertrag, bei dem die Festlegung des Brautgeldes (mahr), das der Bräutigam zu zahlen hat, eine nicht unwichtige Rolle spielt.

Was nun die Scheidung betrifft, so spricht sich der Koran „nur über das Recht des Mannes, die Ehe aufzulösen, aus. Um jedoch der Leichtfertigkeit und der Willkür unüberlegter und zorniger Ehemänner entgegenzuwirken, hat der Koran zunächst einmal der Frau das Recht auf finanzielle Sicherheit zuerkannt, was ihre relative Unabhängigkeit den anderen Frauen gegenüber garantiert und ihre Lage nach einer eventuellen Scheidung mildern soll (Koran 2, 241).

Außerdem regelt der Koran die Form und die Bedingungen einer Entlassung der Frau in einer Weise, die auch einen Appell an das Ehrgefühl des Mannes darstellt. Der Mann muß demnach die Entlassung dreimal aussprechen, damit sie endgülig wird und in Kraft treten kann. In diesem Fall ist ihm nicht mehr erlaubt, seine nunmehr entlassene Frau wieder zu sich zu nehmen. Sie muß zuerst einen anderen Mann heiraten und von ihm wieder entlassen werden. Erst dann ist sie für eine Heirat mit ihrem früheren Mann frei (Koran 2, 229–230).

Die rechtlich entlassene Frau darf aber nicht sofort aus dem Haus ihres Mannes ausgewiesen werden, es sei denn sie betreibt Unzucht (Koran 65, 1). Erst nach einer bestimmten Frist, die der Feststellung einer eventuellen Schwangerschaft dient (Koran 2, 228; 65, 1), darf sie ausgewiesen werden. Während dieser Wartezeit soll sie mit Anstand und Güte behandelt werden (Koran 65, 2.6)."[25]

Der Vollständigkeit wegen sei noch eine Eheform erwähnt, die allerdings nur im schiitischen Recht vorgesehen ist: die sog. Ehe auf Zeit[26]. Bei ihr wird im Ehevertrag von vorherein festgelegt, zu welchem Zeitpunkt sie automatisch erlischt. Der Ehevertrag enthält auch genaue Angaben darüber, wie es sich mit den Versorgungsansprüchen der Ehepartner und eventuell auch der Kinder aus dieser Ehe nach dem Erlöschen der Ehe verhält.

Es würde zu weit führen, wollte man nun auch noch die koranischen und die heute in den Ländern der islamischen Welt konkret geltenden Bestimmungen zum Erbrecht vorstellen. Die Lektüre der Bestimmungen von Koran 4, 11f. 176 genügt, um festzustellen, daß auch hierbei in klassischer Zeit von unterschiedlichen Erbansprüchen für Männer und Frauen ausgegangen wird.

Sexualität

Ehe und Sexualität gehören aufs engste zusammen, und so liegt es nahe, hier mit einigen Worten auf Fragen der Sexualität einzugehen. Wieder gilt, daß der Wille Gottes, wie er im Koran festgelegt ist, den Maßstab setzt; individuelle oder gesellschaftliche Bedürfnisse und Notwendigkeiten spielen hierfür keine primär entscheidende Rolle[27]. Wie Essen und Trinken wird die Sexualität ohne Prüderie als natürliche Betätigung des Menschen detailliert beschrieben und bejaht[28], allerdings nur innerhalb des erlaubten Rahmens der Ehe. Deshalb wird außereheliche Sexualität gewöhnlich abgelehnt, und demnach sind Transvestitentum, Homosexualität (sowohl homophiles als auch lesbisches Verhalten), Masturbation und Sexualverkehr mit Tieren zu verwerfen[29]. Zu den Verboten im Bereich der Sexualität gehört schließlich noch die Prostitution, die trotz alledem vielerorts existiert hat bzw. noch heute existiert[30].

Es ist in diesem Zusammenhang bemerkenswert, daß die strengsten Strafen (ḥadd, pl. ḥudūd) durch den Koran vornehmlich für Vergehen in diesem Bereich festgelegt sind: für Unzucht 100 Peitschenhiebe (Koran 24, 2) und für falsche Anklage wegen Ehebruchs 80 Peitschenhiebe (Koran 24, 4).

Geburtenkontrolle und Abtreibung

In den größeren Zusammenhang der Ehe gehören auch Fragen der Geburtenkontrolle und der Abtreibung[31]. Unterschiedliche Argumentationen werden diesbezüglich vorgebracht, so daß als Ergebnis festgehalten werden kann, daß es hinsichtlich der Geburtenkontrolle noch keine einheitliche Stellungnahme gilt, daß aber hinsichtlich der Abtreibung eine deutliche Ablehnung einer liberalen Gesetzesregelung erkennbar ist. Der Schutz des Lebens erstreckt sich nach der Erklärung der 1. Internationalen Konferenz für Islamische Medizin, die im Januar 1981 in Kuwait stattgefunden hat, auf alle Stadien des menschlichen Lebens und gilt daher auch für den Embryo und den Foetus. Folglich kann eine permissive Abtreibungspolitik vom Islam nicht sanktioniert werden. Im Gegenteil: der Islam „spricht dem Foetus gewisse Rechte zu“[32].

Exkurs: Islam und moderne Medizin

Das Dokument über die islamische Medizin unterstreicht des weiteren die Verpflichtung des einzelnen, für seine Gesundheit zu sorgen, und die Verpflichtung der Gemeinschaft, die dafür notwendigen Hilfen bereitzustellen. Der Text betont die moralische Erlaubtheit von Bluttransfusionen und Organtransplantationen[33], lehnt Euthanasie und Selbstmord[34] ab, hält es aber für zulässig, in eindeutigen Fällen von unheilbarer Krankheit auf künstliche Methoden der reinen Lebensverlängerung zu verzichten[35]. Das Dokument befürwortet schließlich die Freiheit der medizinischen Forschung, warnt aber vor grausamen Tierversuchen und verlangt selbst für nicht grausame Tierversuche entsprechende Protokolle[36]. Es knüpft damit an eine islamische Tradition einer schützenden Einstellung zum Tier an, wie sie etwa im Religionsbuch für moslemische Kinder, hrsg. vom Islamischen Zentrum in Hamburg, zum Ausdruck gebracht wird, sich aber nicht überall in gleicher Weise in der islamischen Tradition findet.

Durch die Fragestellungen in diesem Exkurs sind erneut Aspekte genannt worden, die den einzelnen betreffen. Zugleich hat das Dokument auf die Pflichten und das richtige Verhalten der Gesellschaft hingewiesen, das nun ausführlich dargestellt werden soll.

3. Das richtige Verhalten in der Gesellschaft

Recht und Gerechtigkeit

Das richtige Verhalten des einzelnen und der Familie kann nur gelingen, wenn es in einen Gesamtrahmen eingebettet ist, der seine Verwirklichung ermöglicht und nicht durch anders ausgerichtete Forderungen und Ansprüche den Entfaltungsbereich des einzelnen und der Familie beschneidet.

Grundvoraussetzung für diesen Handlungsspielraum ist die „Gerechtigkeit" (vgl. Koran 4, 135), denn nur dort, wo gleiches Recht für alle gilt, ist Rechtssicherheit gewährleistet und die Konsequenz für Fehlverhalten kalkulierbar. Deshalb soll – dem Ideal entsprechend – auch das Strafrecht für alle – ohne Ansehen der Person – gelten. Willkür ist ausgeschlossen. Jeder weiß, was ihm passiert, wenn er das Gesetz übertritt; er weiß auch, daß ihm nichts passiert, wenn er sich an die Anweisungen des Gesetzes hält, so daß die Einhaltung des Gesetzes eine Rechtssicherheit verleiht, die froh macht.

Die Gemeinschaft schützt dieses Recht und steckt damit für alle den Handlungsspielraum ab. Dabei gibt es durchaus Bereiche, die delegiert werden und infolgedessen nicht unmittelbar in den Kompetenzbereich des Staates als ganzen fallen. Klassischerweise gehört dazu – anders als im modernen europäischen Staat – auch der Schutz des Lebens, der der Sippe oder dem Clan obliegt. Eine Art Fehderecht, gemeinhin als „Blutrache" (lex talionis) bezeichnet, verhindert, daß der einzelne zum Freiwild für Mörder wird, weil sonst die Bezugsgruppe des Mörders mit Vergeltung rechnen muß. Eine solche Vergeltung kann ihrerseits ein Tod sein, oder sie ist weit häufiger die Forderung nach Bezahlung eines Blutgeldes (vgl. Koran 2, 178f.; 4, 92f.). Die strikte Einhaltung dieser Spielregeln macht die Gesellschaftsordnung transparent und das Verhalten der Menschen kalkulierbar.

Das Strafrecht

Für Fehlverhalten sind je nach Schwere des Vergehens Strafen vorgesehen, die in zwei große Gruppen unterteilt werden können: a) ḥadd-Strafen für Unzucht, falsche Anklage wegen Ehebruchs sowie Handabhacken für Diebstahl (vgl. Koran 5, 38) bzw. noch stärkere Strafen für Raub und Raubmord (vgl. Koran 5, 33); in der islamischen Rechtstradition rechnet man unter die ḥadd-Strafen die Steinigung für Ehebruch, die Todesstrafe für Glaubensabfall und das Auspeitschen bei Weingenuß. Die Verhängung der ḥadd-Strafen wurde im Laufe der Zeit dadurch immer mehr erschwert, daß nachgewiesen werden mußte, daß der Täter sich über alle Konsequenzen der Tat im klaren war und somit wirklich voll für die Tat verantwortlich ist. Dies führte in der Praxis zwar nicht zur Abschaffung der ḥadd-Strafen, wohl aber dazu, daß sie normalerweise nicht verhängt wurden, sondern stattdessen eine der taʿzīr-Strafen. b) Taʿzīr-Strafen sind solche, deren Art und Maß ins freie Ermessen des Richters gestellt ist[37].

An den ḥadd-Strafen ist abzulesen, daß neben der Unzucht vor allem Eigentumsdelikte streng bestraft werden. Dies bedeutet – positiv gewendet –, daß der Islam das Recht auf Eigentum schützt. Damit wird ein Element angesprochen, das in die Diskussion um die „islamische Wirtschaftsordnung" gehört, die nun vorgestellt werden soll.

Die islamische Wirtschaftsordnung

„Das islamische ökonomische System ruht auf sozialer Gerechtigkeit, Gleichheit, Maßhalten und ausgewogenen Beziehungen. Es ist ein universelles System, das ewige Werte enthält, die des Menschen Rechte gewährleisten und ihn ständig an seine Verpflichtungen gegenüber sich selbst und der Gesellschaft erinnern. Es verbietet jede Form der Ausbeutung, ehrt die Arbeit und ermutigt den Menschen, seinen Lebensunterhalt auf ehrliche Weise zu verdienen und sein Einkommen auf vernünftige Art zu gebrauchen. Die wichtigsten Eigenschaften dieses Systems sind:

1. Alle natürlichen Rohstoffe sind von Allah anvertrautes Gut (amâna), und der Mensch ist persönlich und kollektiv der Hüter (mustaḫlif) dieser Rohstoffe. Des Menschen wirtschaftliche Leistung und ihre Belohnung ergeben sich aus der Natur dieses Sachverhaltes.

2. Reichtum muß durch Leistung und auf gesetzliche Weise erworben werden. Er sollte bewahrt und nur entsprechend den Vorschriften Allahs und Seines Propheten eingesetzt werden.

3. Reichtum soll gerecht verteilt werden. Wenn persönlicher Reichtum die legitimen Bedürfnisse seines Besitzers befriedigt hat, sollte der Überschuß für die Befriedigung der Bedürfnisse anderer verwendet werden.

4. Alle materiellen Güter, die dem Menschen im allgemeinen und der UMMA

im besonderen zur Verfügung stehen, müssen immer auf die beste Weise verwendet werden. Niemand hat das Recht sie zu horten oder brachliegen zu lassen; oder sie zu vergeuden; oder sie in frivoler Weise zur Schau zu stellen, sei es als Person, Gemeinschaft oder als Staat.

5. Entwicklung ist ein wesentlicher Bestandteil wirtschaftlicher Tätigkeit. Teilnahme an ihr ist für jeden Muslim verpflichtend. Er muß hart arbeiten und immer versuchen, mehr zu produzieren als er für sich persönlich nötig hat, denn nur dann kann er seiner Verpflichtung zum zakât, dem Beitrag zum Wohl der andern, nachkommen.

6. Jeder Arbeiter hat das Recht auf eine gerechte Entlohnung für seine Arbeit. Es darf kein Unterschied gemacht werden, der auf Rasse, Farbe, Religion oder Geschlecht beruht.

7. Die Erwerbung von Reichtum und die Produktion von Gütern muß rechtens sein entsprechend den Vorschriften der šarīʿa. Geldverleihung gegen Zinsen (riban), Glücksspiel, Horten usw. sind als Erwerbsquellen nicht erlaubt.

8. Die Grundsätze von Gleichheit und Brüderlichkeit erfordern eine gerechte Teilung des vorhandenen Reichtums in guten wie in schlechten Zeiten. Zakât, ṣadaqa, ʿafw (Überschuß) und Vererbung sind einige der Wege, die für ausgeglichene Verteilung von Reichtum und Besitz in der Gesellschaft in Frage kommen.

9. Personen, die infolge von dauernder oder zeitweiser Behinderung unfähig sind, für ihr eigenes Wohlergehen zu sorgen, haben gerechten Anspruch auf den Reichtum der Gesellschaft. Die Gesellschaft trägt für sie die Verantwortung und muß sich darum kümmern, daß die grundlegenden Notwendigkeiten des Lebens wie Nahrung, Kleidung, Wohnung, Erziehung und Gesundheitsfürsorge ohne Rücksicht auf ihr Alter, Geschlecht, Hautfarbe oder Religion ausreichend zur Verfügung stehen.

10. Die wirtschaftliche Macht der UMMA soll so strukturiert sein, daß Kooperation und Teilen innerhalb der UMMA mit einem Maximum an Selbstvertrauen und Eigenhilfe verbunden ist.“[38]

Zur zakāt

Der zitierte Passus aus der 1980 verabschiedeten „politisch-religiösen islamischen Grundsatzerklärung“ macht deutlich, wie konkret zu aktuellen Problemen, ausgehend von der traditionellen Begrifflichkeit, Stellung genommen wird. Zentral ist hierfür die Auslegung der Intention des Religionsgesetzes (šarīʿa) bezüglich der zakāt, die im Unterschied zur freiwilligen Spende (arab.: ṣadaqa) eine Pflichtabgabe darstellt und genauestens festgelegt ist:

„Alle gut situierten Männer und Frauen, deren jährliches Mehreinkommen, d.h. was nach Abzug der Unterhaltskosten und der etwaigen Schulden übrig bleibt, wertmäßig 96 Gramm Gold oder 641 Gramm Silber ausmacht, sind verpflichtet, für die Fürsorge $1/40$ oder 2½% davon abzuführen. Diese Steuer, zakāt, wird entweder in Geld oder in Naturalien während des Fastenmonats geleistet. Sie kommt den Menschen zugute, die über keine Mittel verfügen: den Sklaven, die sich loskaufen wollen (in früheren Zeiten), den Schuldnern, die ohne ihr Verschulden in Geldschwierigkeiten geraten sind, den freiwilligen Kämpfern für den Glauben oder die Heimat, den Reisenden, die ohne Mittel geblieben sind und den mittellosen Studenten. Aus diesem Armenfonds kann jedem Bürger, gleich ob Mann oder Frau, Muslim, Christ oder Jude, Unterstützung gewährt werden. Die Sozialabgabe ist mit Vorzug den armen Verwandten zu gewähren, allerdings kann sie der Spender nicht zu Gunsten seines Vaters, seiner Mutter, seiner Ehegattin, seiner Kinder oder Enkelkinder und der Großeltern abführen. Bei der Bestimmung der Höhe des jährlichen Sozialbeitrages, ist nicht nur das Einkommen aus der jeweiligen Erwerbstätigkeit zu berücksichtigen; das ganze Kapital, das den Haushalt übersteigt, dient als Grundlage für die Bemessung."[39]

In der Moderne sehen die islamischen Kommentatoren gerade in der zakāt ein islamisches Wirtschaftsideal, das die Vorteile des Kapitalismus und des Sozialismus miteinander verbindet[40], weil die Freiheit und Eigeninitiative des einzelnen wie im kapitalistischen Wirtschaftssystem anerkannt und gefördert und zugleich aber wie im Sozialismus die soziale Verpflichtung von Eigentum betont wird. Der Erwerb von Eigentum ist demnach etwas Gutes, sofern der Besitz nicht zum Schaden der Schwachen und Mittellosen im Sinne einer rein egoistischen Ellenbogenpolitik eingesetzt wird. Deshalb ist auch riban (Zins, Wucher) verboten, damit nicht die Notlage des anderen zum Zwecke der eigenen Bereicherung mißbraucht werden kann.

Zu Zins/Wucher

Ob der vom Koran verbotene *riban* (Koran 2, 275) ein generelles Zinsverbot oder nur das Verbot des Wuchers meint, ist innerhalb des Islam umstritten und hat je nach Antwort sowohl im Mittelalter als auch in der Gegenwart zu unterschiedlichen Praktiken in der Handhabung geführt. So erklärt etwa der bekannte libanesische Scheich Dr. Sobhi Saleh riban als Wucher[41], andererseits gibt es neuerdings den Versuch, ein islamisches Bankwesen aufzubauen, das nicht mehr auf dem Zinsprinzip fußt[42].

In all dem wird das Prinzip deutlich, daß der Erwerb von irdischen Gütern auf eigener Leistung, d.h. auf körperlicher und geistiger Arbeit, beruhen und nicht auf Bereicherung auf Kosten der Notlage anderer aufbauen soll. Der Erwerb und der Gebrauch irdischer Güter wird so durch Gottes Ordnung gleichermaßen geregelt. Der Grund hierfür ist die islamische Lehre vom Eigentum, wonach gilt: „Das letzte, absolute Eigentumsrecht an den irdischen Gütern ist allein Gott vorbehalten; der Mensch hat nur ein abgeleitetes Eigentumsrecht, eine Art Nutzungsrecht. Er darf daher die irdischen Güter nicht nach seiner Willkür verwenden, sondern muß seinen Willen dem göttlichen unterordnen. Diese Welt und ihre Reichtümer sind der Menschheit insgesamt zur Nutzung übergeben. Wenn auch das Sondereigentum des einzelnen grundsätzlich anerkannt wird, unterliegt Privateigentum doch einer bemerkenswerten Sozialbindung und -verpflichtung, die insbesondere in der Lehre vom Gebrauch der irdischen Güter ihren Niederschlag findet."[43]

Die Diskussion um die Erlaubtheit von Privatbesitz an Bodenschätzen bzw. um mögliche Enteignungen im Falle einer gemeinschaftsschädigenden Nutzung (etwa von Wasserquellen) ist eng mit dieser Sozialbindung und -verpflichtung verknüpft, so daß innerhalb dieser Argumentation unmittelbar einsichtig ist, daß die islamische Wirtschaftspolitik als Teil der staatlichen Sozialpolitik begriffen wird.

Die islamische Sozialpolitik

Zur islamischen Sozialpolitik heißt es in der „politisch-religiösen islamischen Grundsatzerklärung" von 1980:

„Die sozialen Institutionen wie Moscheen, Familien, Gemeinde, soziale beratende Körperschaften, sozial-ökonomische Genossenschaften, usw. sind integrale Bestandteile des islamischen Systems und sollen auf den islamischen Prinzipien der Brüderlichkeit (uḫûwa) und gegenseitiger Hilfe (takâful) ruhen. Die grundlegenden Ziele islamischer Sozialpolitik sind die folgenden:

1. Bestätigung, Wiederherstellung und Konsolidierung der Würde, Integrität und Ehre des Individuums.
2. Schutz und Stärkung der Familie als die Kernzelle der Gesellschaft unter besonderer Berücksichtigung der Ehrfurcht und Liebe für die Eltern.
3. Die Sicherstellung der vollen Rechte der Frauen im rechtlichen, sozialen, kulturellen, wirtschaftlichen, beruflichen und politischen Bereich – wie es der Islam den Frauen garantiert.
4. Eigenständigkeit, gegenseitige Konsultation, sozialer Zusammenhalt und Zusammenarbeit in allen Bereichen des nationalen Lebens."[44]

Zumindest die Nennung des 1. und 3. Zieles weisen in eine Richtung, die man heute in Europa unter dem Stichwort „Menschenrechte" diskutiert und deren islamische Parallele kurz beleuchtet werden soll.

Islam und Menschenrechte

Die Erörterung des Themas „Menschenrechte" im Islam ist nicht ohne den Einfluß der europäisch-nordamerikanischen Diskussion auf die Länder des islamischen Orients entstanden, wird aber heute so geführt, als habe der Islam von Anfang an um diese Rechte gewußt und sie geschützt, während die Menschenrechtsdiskussion im Westen erst ein neuzeitliches Phänomen ist.

Exemplarisch kann hierfür die Präambel der arabischen Fassung der „allgemeinen islamischen Menschenrechtserklärung" zitiert werden, die 1981 vom Internationalen Islamrat verabschiedet worden ist und wo es heißt: „Vor 14 Jahrhunderten legte des Islam die ‚Menschenrechte' umfassend und tiefgründend als Gesetz fest. Zu ihrem Schutze umgab er sie mit ausreichenden Sicherheiten. Er gestaltete seine Gesellschaft nach Grundregeln und Prinzipien, die diese Rechte stärken und schützen."[45]

Dadurch ist der generelle Rahmen für die Möglichkeiten und Grenzen einer inhaltlichen Bestimmung der Menschenrechte vorgegeben. Dies bedeutet eine Abgrenzung vom europäischen Konzept. So sehen die meisten Autoren[46] die europäische Diskussion durch den Konflikt zwischen individualistischen und sozialistischen Tendenzen und Anliegen belastet und erklären demgegenüber, daß der Islam hierfür eine Art Synthese darstellt, deren Grundpositionen nicht durch Mehrheitsentscheidungen zustande kommen, sondern durch die göttliche Offenbarung selbst vorgegeben sind. Grundlegend hierfür sind die hohe Achtung des Menschen (vgl. Koran 2, 30–34), die Forderung, Gott allein zu dienen (z.B. Koran 12, 40; 24, 55), die gegenüber allem Versklavenden befreiend wirkt und aus islamischer Sicht das prinzipielle Recht des Menschen auf Freiheit begründet[47]. Des weiteren gilt als Prinzip die Gleichheit vor dem Gesetz, denn nach einem Ausspruch des Propheten[48] gibt es keinen Unterschied zwischen Muslim und Nichtmuslim, Mann und Frau, Schwarz und Weiß, wodurch zugleich die prinzipielle Gleichheit von Mann und Frau im Sinne von Koran 4, 1 u.ö. festgelegt ist. Geschützt ist auch das Recht der Kinder, Alten und Behinderten sowie das Recht auf Eigentum im Sinne einer Leihgabe von Gott her, der allein Eigentümer von allem ist, weshalb dieses Recht für den einzelnen dort eingeschränkt werden kann, wo das Gemeinwohl (z.B. Besitz der einzigen Wasserquelle des Ortes oder der Gegend) auf dem Spiele steht. Unter Berufung auf die šūrā, eine Beratungsversammlung des frühen Islam, wird auch eine Art Basisdemokratie in die durch den Islam verbürgten Grundrechte aufgenommen. Schließlich wird die Abschaffung der Sklaverei in neuerer Zeit begrüßt und aus Koran 96, 1 (hier zu übersetzen: „Lies!") ein Grundrecht auf Bildung abgeleitet. All diese Forderungen werden aus dem Koran und der Sunna des Propheten abgeleitet und machen deutlich, daß „es nur ein einziges Recht, nämlich das Recht Gottes geben"[49] kann. Kein Mensch kann sich demnach über dieses Gebot stellen, auch eine demokratische Mehrheitsentscheidung ist diesbezüglich nicht frei, sondern stets an die theonome Ordnung gebunden.

Zum Verhältnis zu den Andersgläubigen

Die koranischen Vorgaben können zum Problem werden, wenn es um die Festlegung der Menschenrechte mit Blick auf die Andersgläubigen geht. Klassischerweise haben nämlich Heiden bzw. Atheisten kein Existenzrecht innerhalb der umma. Für die sog. „Schriftbesitzer", d.h. vor allem Juden und Christen, sieht der Islam einen speziellen Rechtsstatus im Vergleich zu den Muslimen vor. Zu den Besonderheiten dieses Rechtsstatus gehören Erlaubnisse für ansonsten Verbotenes und Restriktionen für normalerweise Erlaubtes. So dürfen die Christen innerhalb der islamischen umma Schweinefleisch essen, und sie dürfen – wie auch die Juden – Wein trinken; andererseits sind Juden und Christen die Führungspositionen in Staat und Gesellschaft nicht zugänglich, so daß sie in dieser Hinsicht – im Vergleich mit westlichen Demokratievorstellungen – Bürger zweiter Klasse sind. Hinzu kam früher noch ein unterschiedliches Besteuerungssystem (zakāt für die Muslime, ǧizya für die Schriftbesitzer), was zu gewissen Zeiten dazu führte, daß vielen ihr Glaube nicht so „teuer" war, daß sie ihm auch angesichts recht hoher ǧizya-Forderungen die Treue hielten, sondern dann lieber zum Islam übertraten.

Unterschiedlich sind – wie bereits erwähnt – auch die Ehevorschriften, die es dem Muslim gestatten, eine Christin oder eine Jüdin zu heiraten, ohne daß diese ihren Glauben deshalb aufgeben muß, während ein Jude oder ein Christ nur dann eine Muslima zur Frau nehmen darf, wenn er selbst zum Islam übertritt.

Zu Konversion und Glaubensabfall

Der Übertritt zum Islam setzt Religionsfreiheit voraus. Diese ist nach klassischer Deutung insofern gesichert, als es jedem Juden und Christen freisteht, zum Islam überzutreten. Umgekehrt aber wird der Religionswechsel nicht geduldet. Ein Muslim, der zum Christentum oder Judentum übertreten will, sieht sich meist massivem Druck von seiten seiner islamischen Umwelt (bisweilen sogar der Androhung der Todesstrafe) ausgesetzt, weil man ihn für einen Renegaten oder für einen hält, der – obwohl selbst im Besitz der Wahrheit – sich nun – in einer Art Verblendung – für die Halbwahrheit entscheidet, jedenfalls öffentlich der Wahrheit des Koran den Rücken kehrt. Insofern gilt der Satz „in der Religion gibt es keinen Zwang" (Koran 2, 256) bezüglich des Religionswechsels nur mit sehr großen Einschränkungen.

Zur Toleranz

Im großen und ganzen wird von einer Koexistenz der Religionsgemeinschaften, einem Nebeneinander also, ausgegangen, bei dem das Miteinander nicht angestrebt und das Gegeneinander nach Möglichkeit vermieden wird, was inhaltlich mit der Toleranz des Islam[50] gegenüber Schriftbesitzern gemeint ist. Der Islam duldet folglich in seiner Theorie christliche und jüdische Gemeinden innerhalb des islamischen Herrschaftsgebietes. In der Praxis wurde jedoch nicht immer so verfahren, so daß es historisch sowohl tolerante als auch intolerante Phasen gibt.

Es versteht sich von selbst, daß dieses Nebeneinander der Religionsgemeinschaften unmittelbare Konsequenzen für das christliche Selbstverständnis und den Sendungsauftrag der Kirchen im Orient insofern hat, als die Anerkennung und Achtung des vorgegebenen islamischen Handlungsspielraumes von den Christen verlangt, auf jegliche Mission unter den Muslimen zu verzichten bzw. es in keinem Falle bis zur Konversion/Taufe kommen zu lassen.

Für das Thema „Toleranz" sind auch die Aussagen zum Recht auf Gedanken-, Glaubens- und Redefreiheit von Belang, die sich in der „allgemeinen islamischen Menschenrechtserklärung" finden:

„Jeder kann denken, glauben und zum Ausdruck bringen, was er denkt und glaubt, ohne daß ein anderer einschreitet oder ihn behindert, solange er innerhalb der allgemeinen Grenzen, die die šarīʿa vorschreibt, bleibt. Nicht erlaubt ist die Verbreitung von Unwahrheit und die Veröffentlichung dessen, was der Verbreitung der Schamlosigkeit oder Schwächung der Umma dient: ‚Wenn die Heuchler und diejenigen, die in der Stadt Unruhe stiften, nicht aufhören, werden wir dich bestimmt veranlassen, gegen sie vorzugehen, und sie werden dann nur (noch) kurze Zeit in ihr deine Nachbarn sein. Ein Fluch wird auf ihnen liegen. Wo immer man sie zu fassen bekommt, wird man sie greifen und rücksichtslos umbringen' (Koran 33, 60–61).

[...]

Es gibt kein Verbot der Verbreitung wahrer Informationen und Tatsachen, es sei denn, die Verbreitung stelle eine Gefahr für die Sicherheit der Gesellschaft oder des Staates dar: ‚Und wenn etwas zu ihnen kommt, was Sicherheit oder Furcht betrifft, machen sie es bekannt. Wenn sie es jedoch (für sich behalten und) vor den Gesandten und diejenigen von ihnen bringen würden, die zu befehlen haben, würden diejenigen es wissen, die der Sache wirklich nachgehen können' (Koran 4, 83)."[51]

Hierdurch wird deutlich, wie sehr das Recht auf Redefreiheit in den islamischen Gesamtrahmen der šarīʿa eingebettet ist und gegebenenfalls dementsprechend eingeschränkt werden kann. Dies gilt mit Blick auf die Andersgläubigen hinsichtlich der Möglichkeit zur Mitwirkung beim Entscheidungsprozeß und mit Blick auf die Muslime für den Entscheidungsspielraum. Beides führt zur Frage nach dem Verhältnis von Islam und Demokratie in der Moderne.

Islam und Demokratie

Zentraler Begriff für die Beurteilung westlicher Demokratien durch heutige Muslime ist meist der Begriff der Volkssouveränität in Fragen der Gesetzgebung. Diese wird von den islamischen Kritikern gewöhnlich so verstanden, daß ein Autonomieanspruch von seiten des Menschen unterstellt wird, der in diametralem Gegensatz zur theonomen Ordnung gesehen wird. Konkret bedeutet dies, daß keine Mehrheitsentscheidung (wie groß die Mehrheit auch sei, selbst bei 100% im Idealfall) etwas beschließen darf, was Gottes Gesetz zuwider läuft, denn die Legislative liegt nach islamischer Vorstellung allein bei Gott. Er ist der eigentliche Gesetzgeber; die menschliche Gesetzgebung kann daher nur regulativ und klärend innerhalb dieses vorgegebenen Rahmens wirksam werden.

Gemessen an dieser hehren Aufgabe erscheinen westliche Parlamente dem außenstehenden Beobachter oft wenig überzeugend, wie es bereits 1873 Nasreddin Schah vom Besuch der Nationversammlung in Paris in seinem Tagebuch notiert hat: „Ein Spektakelhaufen von Männern, ein Gewirr schreiender Stimmen, höhnische Rufe, Eskalationen des Zornes, zu wilder Drohung erhobene Arme und geballte Fäuste, alles wüst durcheinander, alle um ein eigenes Vorrecht kämpfend.“[52]

Historisch war die klassisch-islamische Herrschaftsform die des Alleinherrschers, der mild und entschlossen handeln (vgl. Koran 3, 159), wie es recht und billig ist, d. h. gerecht entscheiden (vgl. Koran 4, 58), Güter schützen (vgl. Koran 3, 161), ungerechtfertigte Besitzansprüche der Reichen abwehren (vgl. Koran 59, 7) und eine eigenständige Gerichtsfreiheit den Schriftbesitzern gewähren soll (vgl. Koran 5, 42–48). Dafür kann der Herrscher seinerseits von den Untertanen Gehorsam fordern (vgl. Koran 4, 59).

Im Zuge der Modernisierung des Staatswesens im Orient nach europäischem Muster bemühten sich die islamischen Reformer des 19. und des 20. Jahrhunderts darum, innerhalb des islamischen Systems eine Einrichtung zu finden, die dem Parlament entsprechen könnte. Sie fanden sie in der Konsultation (šūrā), die Muhammad Abduh (gest. 1905) als parlamentarische Demokratie des frühen Islam bezeichnete. Dabei stützte man sich auf die Koranverse: „... und ratschlage mit ihnen über die Angelegenheit!...“ (Koran 3, 159) sowie „die auf ihren Herrn hören, das Gebet verrichten, sich untereinander beraten“ (Koran 42, 38); außerdem verwies man auf das Verhalten des Propheten, der nach der Überlieferung wie kein anderer seine Gefährten um Rat gefragt habe.

Zur Konsultation (šūrā)

Umstritten ist unter den islamischen Gelehrten, ob es sich bei dieser Konsultation um eine dem Herrscher obliegende Pflicht oder nur um eine Empfehlung handelt. „Die überwiegende Mehrheit sprach sich im 19. und 20. Jh. dafür aus, daß es eine Pflicht sei; doch sei er (sc. der Herrscher) an das Urteil des Rates nicht gebunden. Eine legislative Funktion komme der Konsultation nicht zu, denn die Gesetze seien durch Gott ja endgültig vorgesehen. Dem Rat obliege es lediglich – wie jedem islamischen Gelehrten überhaupt – die religiösen Gesetze auszulegen; vor allem habe er die Aufgabe, Angelegenheiten, die im Koran und der Überlieferung nicht geregelt sind, angemessen zu lösen. Die klassischen Gelehrten kannten keinen Aufgabenkatalog dessen, was unter die Zuständigkeit der Konsultation zu fallen habe. Diesbezügliche Überlegungen blieben den modernen Theologen vorbehalten. Sie gelangten zu der Aussage, daß die Konsultation alle wichtigen Dinge zu betreffen habe.

Es war jedoch niemals eine Aufgabe der Konsultation, Entscheidungen zu treffen, Gesetze zu erlassen, die Finanzen oder die Regierung zu kontrollieren, worauf die modernen arabischen Staatsrechtler selbst hinweisen, während manche islamische Theologen, in Verkennung der historischen Tatsachen und gefangen in idealisierenden Vorstellungen, meinen, dies sei alles Aufgabe der Konsultation gewesen. Während in der Zeit der ersten Kalifen die Berater sich aus der nächsten Umgebung des Herrschers rekrutieren, deren Rat er einholte und vielleicht auch in seiner Regierungstätigkeit befolgte, wurde die Konsultation nur im Umaiyadenreich von Andalusien eine feste Institution, also in einem abseits gelegenen Teil der islamischen Welt. Unter den Kalifen des Ostens wurde sie niemals zu einer offiziellen Einrichtung, wenngleich die Gelehrten in der Theorie daran festhielten."[53]

Dank des Rückgriffs auf das šūrā-Konzept praktiziert heute eine beträchtliche Anzahl von Staaten der islamischen Welt einen durch das europäische Vorbild angeregten Parlamentarismus, so daß sich – gemessen am Vorbild – die Frage nach der Zulässigkeit von Parteien stellt.

Zur Zulässigkeit von Parteien

Ein Blick in die politische Verfaßtheit vieler Staaten in der islamischen Welt zeigt, daß dort oft eine Einheitspartei regiert und der Parteienpluralismus westlichen Stils nur in wenigen Staaten praktiziert wird. Hierbei mag sich eine traditionell islamische Abneigung gegenüber „ḥizb" (= Partei) mit gewissen modernen Machtansprüchen einer Führungsmannschaft zum Modell der Einheitspartei ideal verbinden. Denn das Wort „ḥizb", das im Arabischen für „Partei" verwandt wird, „hat im islamischen Bereich den negativen Beigeschmack von Aufspaltung der ‚Umma', der sich alle Muslime, seien es Sunniten, Schiiten oder Anhänger anderer Gruppierungen zugehörig fühlen. Die Gemeinschaft sucht den Konsens in allen Lebensbereichen, ist doch das praktische Leben geprägt von den Vorschriften der Religion."[54]

So gesehen, kann man vielleicht mit A. G. Samarbakhsh[55] folgern, daß die Einheitspartei, die heute in vielen islamischen Ländern, angeführt von einem diktatorisch regierenden Führer, die Richtlinien der Politik bestimmt, eine ideale Adaptation auf nationaler Ebene von dem ist, was die islamische Tradition im Regierungsstil des Kalifen ihr eigen nannte. Das Raïs oder Zaïm hätte dann die Rolle des Kalifen, die Nation träte an die Stelle der umma, und die Massenunterstützung würde die Demokratie westlichen Stils ersetzen.

Vergleicht man die politische Alltagswirklichkeit vieler Staaten der islamischen Welt mit der westlicher Demokratie, so ist auch ein Wort zur Todesstrafe und Folter[56] vonnöten. Es scheint, daß man sich dabei nicht selten weit mehr vom praktischen Vorbild des islamischen Mittelalters inspirieren läßt als vom „Recht auf Schutz vor Folter“[57], das in Art. 7 der „allgemeinen islamischen Menschenrechtserklärung“ unmißverständlich formuliert ist.

Der Vergleich zwischen den islamischen Staaten und den westlichen Demokratien zeigt schließlich, daß in den Verfassungen der meisten islamischen Länder die Gewaltenteilung heute ausdrücklich anerkannt wird, obwohl sie im klassisch-islamischen System nicht vorgesehen war und folglich bei einer möglichst getreuen Nachahmung der „guten, alten Zeit“ als Prinzip auch wieder fallengelassen werden könnte.

Samarbakhshs Versuch, eine Parallele zwischen der Rolle des Kalifen und der des Raïs oder Zaïm heute aufzuzeigen, erinnert an die Tatsache, daß seit 1924 der Kalif abgeschafft ist und die islamische umma infolgedessen kein sichtbares Oberhaupt mehr hat. Die Einheit der umma ist somit das geistige Band der Zusammengehörigkeit aller Muslime, in der politischen Realität aber umfaßt die umma Gläubige, die zu recht unterschiedlichen Nationen und Staaten gehören, weshalb nun ein Wort zum Verhältnis der islamischen Länder untereinander gesagt werden soll.

Zusammenarbeit unter den islamischen Ländern

Im Zuge des Wiedererstarkens des Islam ist in vielen islamischen Kreisen die Forderung laut geworden, die islamischen Staaten/Länder sollten eine Zusammenarbeit anstreben, die ein konkretes sozial- und wirtschaftspolitisches Programm im Namen des Islam und im Unterschied zu nicht-islamischen Ländern zum Ziele haben soll. Exemplarisch können hierfür die Maßnahmen zitiert werden, die in der „politisch-religiösen islamischen Grundsatzerklärung“ vom April 1980 gefordert werden:

„1. Die muslimische Welt soll einen Islamischen Fond für Gegenseitige Hilfe (bait al-mâl) gründen, durch welchen Mittel für muslimische Länder bereitgestellt werden sollen.

2. Die muslimische Welt soll ihre eigenen Geldreserven aufbauen und verwalten; außerdem soll sie geeignete Maßnahmen ergreifen, um ein gemeinsames Währungssystem zu gründen.

3. Unter den muslimischen Ländern soll ein gemeinsamer Markt ins Leben gerufen werden.

4. Die muslimische Welt soll ihre eigenen Institutionen gründen, um den Dienstleistungssektor (z. B. Banken, Versicherungen, Reisen, Schiffahrt, Verpakkung, Transport, Werbung und Verkauf) in eigener Regie zu kontrollieren.

5. Die muslimische Welt soll die Produktionspolitik und die vertraglich abgesicherten Programme zur Entwicklung und Verbesserung von Qualität und Technik der landwirtschaftlichen und industriellen Produktion in den verschiedenen Ländern koordinieren. Das Hauptziel in dieser Hinsicht sollte sein:

5.1.Ausreichende landwirtschaftliche Kapazitäten und Nahrungsmittelreserven zu schaffen,

5.2. Rohstoffe zur Veredelung im industriellen Sektor zu produzieren und

5.3. die Entwicklung der Industrie, insbesondere der Schwer- und Basisindustrie, zu organisieren, um die muslimische Welt bei den wichtigsten Investitionsgütern und Verteidigungswaffen unabhängig zu machen.

6. Die muslimische Welt soll eine gemeinsame Politik ausarbeiten, um gerechte und stabile Preise für ihre Rohstoffe und Bodenschätze zu erhalten. Sie muß das Recht auf vollständige Souveränität hinsichtlich Produktion, Preissystem, Verkauf und Gebrauch besitzen. Die muslimischen Staaten könnten auch einen gemeinsamen Fond organisieren, um ein wirkungsvolles Instrument der Marktintervention und Preisstützung zu haben.

7. Die muslimische Welt soll versuchen, eine grundlegende Änderung des gegenwärtigen internationalen Wirtschafts- und Währungssystems zu erreichen, so daß auch die Entwicklungsländer ein gerechtes und angemessenes Wort beim Entscheidungsprozeß mitreden können.

8. Die muslimischen Staaten sollen einen Muslimischen Weltgerichtshof für alle zwischenstaatlichen Meinungsverschiedenheiten errichten.

9. Die muslimischen Staaten sollen eine Ständige Kommission zur Festlegung einer Informations- und Erziehungspolitik für die gesamte muslimische Welt berufen und die Produktionstechnik und das Know How auf dem Gebiet der Massenmedien stärker entwickeln.

10. Die muslimische Welt soll am Wohlergehen der muslimischen Minderheiten in nichtmuslimischen Ländern aktiven Anteil nehmen. Sie ist verantwortlich dafür, daß muslimische Minderheiten im Besitz der Menschenrechte sind und in voller Freiheit ihren islamischen Lebensstil entwickeln können.

11. Arabisch – die Sprache des Koran – soll zur Umgangssprache der muslimischen Umma gemacht werden und dabei sollte jede Anstrengung unternommen werden, dieses Ziel zu erreichen.“[58]

In diesem Zusammenhang gehört auch die Wachsamkeit und Sorge der Muslime hinsichtlich der Unterdrückung von Muslimen in einigen Teilen der Welt. Mit Sorgfalt wird dabei vor allem registriert, wie es den Muslimen in der Sowjetunion und in der Volksrepublik China geht; auch die Unterstützung muslimischer Befreiungskämpfer in Afghanistan und auf den Philippinen hat hier ihre Wurzel. Schließlich mehren sich (etwa in Ägypten) die Stimmen, die für eine Rückgewinnung ehemals islamischer Gebiete nach der Parole „Jerusalem und Andalusien!“[59] eintreten. Damit ist zugleich eine außenpolitische Ausrichtung des Islam gegenüber der nicht-islamischen Welt angesprochen.

Das Verhältnis des Islam zur nicht-islamischen Welt

Zum „heiligen Krieg"

Wer das Verhältnis des Islam zur nicht-islamischen Welt mit Blick auf die Geschichte erörtert, kommt schnell auf den sog. „hl. Krieg" zu sprechen. Gemeint ist damit der arabische Begriff „ǧihād", der weder „heilig" noch „Krieg", sondern wörtlich „Anstrengung" bedeutet. Als terminus technicus bezeichnet „ǧihād" eine „besondere Anstrengung um der Sache Gottes willen", worunter nach außen vielfach (aber nicht ausschließlich!) auch der Verteidigungskrieg fällt.

Daß „ǧihād" immer wieder mit „Krieg" in Verbindung gebracht wird, hat möglicherweise seinen Grund auch in der Tatsache, daß das islamische Recht die Welt klassisch im großen und ganzen in zwei Lager: „das Haus des Islam" (dār al-Islām) und „das Haus des Krieges" (dār al-ḥarb) einteilt und „ǧihād" als probates Mittel zur Verteidigung des „Hauses des Islam" ansieht. Dabei dient oft der „Kampf um Gottes willen", den der Prophet in Medina gegen die Ungläubigen propagierte (vgl. Koran 9, 5f.14.29; 2, 187ff.; 4, 76–80.91.96; 8, 40; 9, 44f.), als Vorbild, und dafür gilt, daß den in diesem Kampf Gefallenen das Paradies ebenso sicher ist (Koran 8, 66; 9, 112; 4, 97f.; 3, 163; 2, 149), wie den christlichen Märtyrern der Himmel als Belohnung zuteil wird.

In der Praxis wurde manch ein Krieg als „ǧihād" deklariert, obwohl man sich im Einzelfall darüber streiten kann, ob es dabei wirklich ausschließlich um die Sache des Islam und seine Verteidigung gegangen ist. Im Prinzip kann dies auch heute noch geschehen, wenngleich die islamischen Theologen in der neuesten Zeit behutsamer mit solchen Erklärungen umgehen und militärische Aktionen nicht vorschnell als „ǧihād" bezeichnen. Demgegenüber häufen sich die Stimmen, die sagen, die „besondere Anstrengung" (ǧihād) sei vorzugsweise als religiöse Intensivierung zu begreifen, eine besondere Anstrengung des Gebetes und des Fastens etwa, wie es schon immer in der mystischen Literatur des Islam gedeutet worden ist. All dies macht deutlich, daß nicht jeder, der „ǧihād" sagt, an eine militärische Operation denkt, sondern durchaus eine religiöse Anstrengung der inneren Umwandlung mit konkreten Folgen für das Denken, Reden und Tun vor Augen haben kann.

Unbestritten ist in jedem Fall die Verpflichtung des Muslim zur Verteidigung des islamischen Gebietes, woraus die „politisch-religiöse islamische Grundsatzerklärung" ihre Prinzipien für eine islamische Verteidigungspolitik ableitet, die den Erfordernissen der modernen Welt Rechnung trägt.

Zur Verteidigungspolitik

„Die Verteidigungspolitik des Islam und der muslimischen Länder ist die heilige Pflicht aller Muslime. Wenn sich der Islam auch für den Frieden einsetzt, so fordert er doch die Muslime auf, immer bereit zu sein, Angriffe abzuwehren und zurückzuschlagen. Um diese Aufgabe zu erfüllen, sollen die muslimischen Länder:

1. Ihre Verteidigungspolitik maximal entwickeln;

2. danach streben, möglichst rasch durch eine eigene Waffenproduktion von anderen Staaten unabhängig zu werden;

3. auf die größtmöglichste Zusammenarbeit auf allen Gebieten der Verteidigungstätigkeit hinarbeiten;

4. einen Angriff auf irgendein muslimisches Land als Angriff auf die ganze muslimische Welt betrachten."[60]

Diese Forderungen basieren auf der Vision eines einheitlichen Willens aller islamischen Völker innerhalb der umma. Ein Blick auf die tagespolitische Realität aber zeigt demgegenüber, daß nationale, regionale und andere Interessen bislang dieses einheitliche Ideal nicht haben wirksam oder gar Wirklichkeit werden lassen.

Das Ideal und die Wirklichkeit[61]

Das Ideal vom richtigen Verhalten, das hier in Anlehnung an die Handbücher des Islam dargestellt wurde, ist eine Zielsetzung, deren Verwirklichung empirisch höchstens in Ansätzen nachgewiesen werden kann, und dies gilt nicht nur für die Gegenwart, sondern ebenso für die Vergangenheit. Auch die Muslime wissen das und schränken ihrerseits die Idealform des Islam auf die Anfangszeit der umma – eine Zeitspanne von rund 40 Jahren für die Sunniten und noch weniger für die Schiiten; eine Zeitspanne, über die ohnehin nicht allzuviel historisch Sicheres gesagt werden kann – ein. Zu allen anderen Zeiten ist die habgierige, aufsässige, undankbare Natur des Menschen[62] immer wieder durchgebrochen und hat eine geschichtliche Wirklichkeit hervorgebracht, die oft erheblich vom Ideal abweicht. Auch die Vielfalt der Richtungen innerhalb des Islam, von denen die wohl bekannteste die Aufteilung in Sunniten (90% der Muslime) und Schiiten (10% der Musline) ist, hängt mit unterschiedlichen politisch-religiösen Zielsetzungen zusammen und müßte hier näher besprochen werden. Doch auf all das muß in diesem Rahmen verzichtet werden. Ein solcher Verzicht aber erscheint zulässig, weil sämtliche Richtungen trotz unterschiedlicher Auslegung im einzelnen und mancher Uminterpretation bei der praktischen Verwirklichung die hier vorgetragenen Aspekte als Grundorientierung akzeptieren. Insofern lebt dieses Ideal weiter und wird je und je neu in die konkrete Alltagswirklichkeit übersetzt. Daß dies heute vielfach mit der öffentlich erklärten Absicht geschieht, den Islam im Reinformat wieder einzuführen, hängt mit Vorbehalten gegenüber dem aus Europa importierten Fortschritt zusammen, wobei sich diese Vorbehalte gewöhnlich auf den westlichen Lebensstil und die damit verbundenen Wertvorstellungen beziehen und viel weniger auf den technisch-wissenschaftlichen Fortschritt, denn selbst die konservativsten Muslime, die alles, was nicht zu Mohammeds Zeiten üblich war, ablehnen, sprechen sich für moderne Waffen und nicht etwa für die Mohammeds aus.

Auch die ethischen Fragen sind durch den wissenschaftlich-technischen Fortschritt andere geworden als früher. Die Tatsache, daß Rechtsgutachten (Fatwas) dazu immer wieder Stellung nehmen, beweist, daß der Islam nicht unbeweglich stehen geblieben ist, sondern lebt und dadurch immer wieder neue Generationen prägt.

Am meisten wird heute von konservativen Muslimen die Abweichung der Wirklichkeit vom Ideal in der Rechtssprechung beklagt. Sie fordern daher die uneingeschränkte Beachtung der šarīʿa, die in vielen islamischen Ländern durch die Einführung europäischen Rechts für weite Bereiche des öffentlichen Lebens außer Kraft gesetzt worden ist. Sie wollen folglich die šarīʿa als allein gültiges Recht im Lande wieder einführen und treten von daher entschieden in Opposition zu all denen, die Reformen und einer stärkeren Ausrichtung nach europäischem Vorbild das Wort reden. Welche dieser beiden Tendenzen langfristig für den Islam bestimmend sein wird[63], läßt sich im gegenwärtigen Augenblick nicht absehen, so daß man mit Blick auf die Zukunft nur gut islamisch sagen kann: „Allāhu aʿlam" – „Gott (allein) weiß es."

Anmerkungen

1 Georges C. Anawati: Die Botschaft des Korans und die biblische Offenbarung, in Ansgar Paus (Hrsg.): Jesus Christus und die Religionen, Graz–Wien–Köln–Kevelaer 1980 S. 109–159, hier S. 144.

2 ʿAbd al-Qādir ʿŪdah: al-Islām wa-auḍāʿ unā as-sīyāsīya, Kairo 1951, S. 57 [Als Umschrift des Arabischen wird hier die der Deutschen Morgenländischen Gesellschaft verwandt, lediglich innerhalb der Zitate wird die von den entsprechenden Autoren benutzte belassen, wodurch sich eine gewisse Inkonsequenz bei der Schreibung der Fachausdrücke ergibt. Bekannte Namen werden in der bei uns normalerweise üblichen Schreibweise wiedergegeben.]

3 Als einzige deutsche Übersetzung des Koran gibt die von Reclam an, welche Suren mekkanisch und welche medinensisch sind.

4 Von dieser allgemein anerkannten Auffassung in der westlichen Islamkunde weichen neuerdings hinsichtlich der Entstehungsgeschichte des Koran John Wansbrough: Quranic Studies. Sources and methods of scriptural interpretation, Oxford-London etc. 1977 und hinsichtlich des Textverständnisses Günter Lüling: Die Wiederentdekkung des Propheten Muhammad. Eine Kritik am „christlichen" Abendland, Erlangen 1981 ab.

5 Anawati, a.a.O. (Anm. 1) S. 144 f. Anawati bezieht sich hier auf Toshihiko Izutsu: God and Man in the Koran. Semantics of the Koranic Weltanschauung, Tokyo 1964 S. 198 ff. Ähnliche Untersuchungen finden sich auch bei T. Izutsu: The Structure of the Ethical Terms in the Koran. A Study in Semantics, Tokyo 1959, vor allem S. 66–99, wo die „Pagan Moral Ideas in Islamic Dress", nämlich insbesondere S. 67 ff. generosity = jūd, karam etc.; S. 75 ff. courage = shajāʿah; S. 78 ff. loyalty = wafāʿ und S. 89 ff. veracity = ṣidq bzw. falsehood = kadhib abgehandelt werden.

6 Ismail Amin: Der Islam als Weltreligion in Geschichte und Gegenwart, in Der unbekannte Islam, hrsg. von Alfred Jäger u. Armin Wildermuth, Zürich–Einsiedeln–Köln 1982 S. 39–78, hier S. 45f.

7 Hier wird der Koran stets in der Übersetzung von Rudi Paret, Taschenbuchausgabe, Stuttgart–Berlin–Köln–Mainz, 2. Aufl. 1980 zitiert. In den Klammern stehen von Paret eingefügte Interpretationshilfen zum besseren Verständnis des übersetzten Korantextes, d.h. des Textes ohne Klammern. Die Abkürzung w. bedeutet jeweils: wörtlich.

8 Vgl dazu Peter Antes: Ethik und Politik im Islam, Stuttgart–Berlin–Köln–Mainz 1982 S. 41f.

9 Amin, a.a.O. (Anm. 6) S. 67–70. Als weiterführende Literatur ist diesbezüglich zu empfehlen Said Ramadan: Das islamische Recht. Theorie und Praxis, Wiesbaden 1980, bes. S. 38–91 und John Renard: Muslim Ethics: Sources, Interpretations and Challenges, in The Muslim World 69 (1979) S. 163–177.

10 Beide Zahnarztbeispiele und die entsprechenden Fatwas werden mit Quellenangaben behandelt bei Johannes Benzing: Islamische Rechtsgutachten als volkskundliche Quelle, Mainz–Wiesbaden 1977 S. 8.

11 Vgl. dazu Benzing, a.a.O. S. 6f.

12 So ist es durchaus legitim, auch etwa Gebet und Fasten als (bio-)ethische Komponenten zu fassen, wie es J.C. Bürgel: Art. Islam, in Encyclopaedia of Bioethics, ed. by Warren T. Reich, New York–London 1978 S. 785–789 getan hat.

13 Gesamtdarstellungen der islamischen Ethik sind bislang relativ selten. Deshalb sei für Einzelfragen auf den entsprechenden Literaturhinweise in den Anmerkungen bei Antes, a.a.O. (Anm. 8) verwiesen. Darüber hinaus können als Darstellungen islamischer Ethik gelten M.A. Draz: La Morale du Koran. Etude comparée de la morale théorique du Koran, suivie d'une classification de versets choisis, formant le code complet de la morale pratique, Le Caire 1950 und in wesentlich kürzerer Form das Kapitel „Moral coránica", in Livio Tescaroli: El Corán y el Islam. Presentación y revisión: Mikel de Epalza, Madrid–Barcelona 1980 S. 74–91; Jan Hjärpe: Politisk Islam, Stockholm 1980 sowie Afzalur Rahman: Muhammad Blessing for Mankind, London 1979. Mit Blick auf die Rechtsentwicklung vgl. Konrad Dilger: Tendenzen der Rechtsentwicklung, in Der Islam in der Gegenwart, hrsg. von Werner Ende und Udo Steinbach, München, 1984 S. 170–197. Für Spezialisten sind schließlich sehr weiterführend und wertvoll Miskawayh (320/21–420): Traité d'Ethique (Tahḏīb al-ʿaḫlāq wa taṭhīr al-'aʿrāq), trad. franç. avec introd. et notes par Mohammed Arkoun, Damas 1969 und Mohammed Arkoun: Contribution à l'étude du lexique de l'éthique musulmane, in Bulletin d'Etudes Orientales [Institut Français de Damas] XXII (1969) S. 205–237.

14 Adel-Th. Koury: Einführung in die Grundlagen des Islams, Graz–Wien–Köln 1978 S. 223.

15 Vgl. dazu A.J. Wensinck: The Muslim Creed. Its Genesis and Historical Development, London[2] 12965 S. 42.

16 Vgl. dazu wie zum folgenden u. a. Margaret Bainbridge: Life-cycle Rituals of the Turks of Turkey: an outline, in Research Papers. Muslims in Europe Nr. 16 December 1982 [Selly Oak College, Birmingham] S. 1–11.

17 Jürgen Micksch (Hrsg.): Zusammenleben mit Muslimen. Eine Handreichung, Frankfurt/M. 1980 S. 23.

18 Vgl. Art. Maktab, in Handwörterbuch des Islam, hrsg. von A.J. Wensinck u. J.H. Kramers, Leiden 1941, S. 403–405.

19 Wensinck, a.a.O. (Anm. 15) S. 43.

20 P. Clotter: Die Beschneidung im Islam, Cibedo-Texte Nr. 23 vom 15. September 1983 S. 6 [Zu beziehen durch Cibedo, Postfach 174147, D-6000 Frankfurt(M. 17].

21 Vgl. dazu Alfred Jeremias: Der Schleier von Sumer bis heute, Leipzig 1931 und Wiebke Walther: Die Frau im Islam, Stuttgart–Berlin–Köln–Mainz 1980 S. 40f. sowie Susanne Enderwitz: Der Schleier im Islam – Ausdruck von Identität?, in Christoph Elsas (Hrsg.): Identität. Veränderungen kultureller Eigenarten im Zusammenleben von Türken und Deutschen, Hamburg 1983 S. 143–173. Im übrigen wäre zum Vergleich eine Untersuchung zur Schleiermode in Europa sicherlich hilfreich, da deren Ursprung bislang recht unklar ist, jedenfalls so gut wie nichts darüber in den Nachschlagewerken gesagt wird, vgl. diesbezügl. Ludmila Kybalová/Olga Herbenová/Milena Lamarová: Das große Bilderlexikon der Mode. Vom Altertum zur Gegenwart, Gütersloh–Berlin–München–Wien, 2. Aufl. 1975 Stichwort: Schleier S. 364f. oder Erika Thiel: Geschichte des Kostüms. Die europäische Mode von den Anfängen bis zur Gegenwart, Wilhelmshaven, 5. Aufl. 1980 (vgl. das Stichwort Schleier im Sachregister S. 451 und die dort angegebenen Verweisstellen).

22 Abul Aʿla Maududi: Purdah and the Status of Woman in Islam, transl. and ed. by al-Ashʿari, Lahore[4] 1979 S. 121, vgl. dazu auch Antes, a.a.O. (Anm. 8) S. 59f.

23 Z. B. Soubhi Saleh: Réponse de l'Islam aux défis de notre temps. Entretiens, Beyrouth 1979 S. 157ff.

24 Khoury, a.a.O. (Anm. 14) S. 257 [In den Klammern wurde das S = Sure durch „Koran" ersetzt, um die Kontinuität in der Verweispraxis mit dem übrigen Text zu wahren. Dies gilt auch für Anm. 25].

25 Khoury, a.a.O. S. 257f.

26 Vgl. dazu den Art. Mutʿa, in Handwörterbuch (Anm. 18) S. 552–554; Dietrich von Denffer: Mutʿa – Ehe oder Prostitution?, in Zeitschrift der Deutschen Morgenländischen Gesellschaft 128 (1978) S. 299–325 und Werner Ende: Ehe auf Zeit (mutʿa) in der innerislamischen Diskussion der Gegenwart, in Die Welt des Islams XX (1980) S. 1–43.

27 Abdelwahab Bouhdiba: Islam et sexualité, thèse présentée devant l'université de Paris V, le 5 junin 1972, Lille 1973 faßt diese Grundaussage S. 16 so: „La compréhension de la sexualité ne partira donc pas des éxigences internes ressenties par l'individu et par la communauté. Il faut partir de la volonté de Dieu telle qu'elle a été révélée dans le Livre Sacré."

28 Bouhdiba faßt diesen allumfassenden Anspruch, a.a.O. S. 159 so: „Boire, manger, uriner, pêter, déféquer, coïter, vomir, saigner, se raser, se couper les ongles ... tout cela est objet de prescriptions minutieuses."

29 Vgl. dazu die Zusammenfassung bei Bouhdiba, a.a.O. S. 95: „la femme garçonne et l'homme efféminé, l'homophilie masculine et féminine, l'auto-érotisme, la zoophilie ... Toutes ces ‚déviations' impliquent en effet un même refus d'assumer son corps sexué en tant que tel et d'accepter la part de féminité ou de masculinité qu'il implique." Hinsichtlich der Homosexualität gibt es historisch in der islamischen Welt bisweilen auch eine andere Auffassung, vgl. dazu Antes, a.a.O. (Anm. 8) S. 55f., 61f.

30 Vgl. dazu Antes, a.a.O. (Anm. 8) S. 48, 60f.

31 Vgl. dazu Antes, a.a.O. (Anm. 8) S. 63f.

32 Islamic Code of Medical Ethics, Kuweit Document of the First International Conference on Islamic Medicine, Kuweit 1401/1981 S. 66.

33 Ebd. S. 81. Abubakr Gad Ali: Rechtliche Fragen der Hornhautübertragung in islamischen Ländern, med. Diss. der Westfl. Technischen Hochschule Aachen 1974 zitiert S. 42 (maschinenschriftl. Exemplar) ein diesbezügliches Fatwa der Azhar-Universität in Kairo (dt. Übersetzung S. 44f.), wonach Hornhauttransplantationen erlaubt sind. Danach „ist die Hornhautübertragung Moslem auf Moslem gestattet, Nichtmoslem

auf Moslem gestattet, jedoch von Moslem auf Nichtmoslem nicht erlaubt." (ebd. S. 50f.)

34 Ebd. S. 65.
35 Ebd. S. 65.
36 Ebd. S. 79.
37 Vgl. dazu den Art. Taʿzīr, in Handwörterbuch (Anm. 18) S. 746f.
38 Politisch-religiöse islamische Grundsatzerklärung, zit. nach Cibedo-Texte Nr. 4 vom 15. Juli 1980 S. 12–14.
39 Smail Balić: Ruf vom Minarett. Weltislam heute – Renaissance oder Rückfall? Eine Selbstdarstellung, Wien 1979 S. 55.
40 Vgl. Antes, a.a.O. (Anm. 8) S. 18f.
41 Saleh, a.a.O. (Anm. 23) S. 69ff.
42 Vgl. dazu Volker Nienhaus: Islam und moderne Wirtschaft. Positionen, Probleme und Perspektiven, Graz–Wien–Köln 1982 S. 231ff., 249ff.
43 Volker Nienhaus: Katholische Sozial- und islamische Wirtschaftslehre. Gemeinsamkeiten, Unterschiede, Gegensätze, Cibedo-Texte Nr. 7 vom 15. Januar 1981 S. 4.
44 a.a.O. (Anm. 38) S. 14f.
45 Allgemeine islamische Menschenrechtserklärung, übers. von Martin Forstner, Cibedo-Dokumentation Nr. 15/16 vom Juni/September 1982. S. 20.
46 Die folgenden Ausführungen stützen sich vorwiegend auf ʿAbd al-Ḥakīm Ḥasan al-ʿĪlī: al-ḥurriyāt al-ʿāma. Al-fikr wan-niẓām as-sīyāsī fī l-islām, Beirut 1394 H./1974 n. Chr.; Dr. Ṣubḥī al-Maḥmaṣānī: arkān ḥuqūq al-insān, Beirut 1979; Dr. al-Quṭb Muḥammad al-Quṭb Ṭablīya: al-Islām wa-ḥuqūq al-insān, Beirut 1396 H./1976 n. Chr. und Human Rights in Islam. Report of a seminar held in Kuwait, December 1980, organised by the International Commission of Jurists, Kuwait-Geneva 1982 sowie S. M. Haider (Ed.): Islamic Concept of Humans Rights, Lahore 1978.
47 Vgl. dazu al-ʿĪlī, a.a.O. S. 149.
48 Vgl. a.a.O. (Anm. 45) S. 25 (Art. 3a) und al-ʿĪlī, a.a.O. S. 161.
49 Ṭablīya, a.a.O. (Anm. 46) Vorwort Abschnitt d).
50 Vgl. dazu Adel-Th. Khoury: Toleranz im Islam, München–Mainz 1980 und mit Blick auf die konkrete Situation im islamischen Spanien Charles-Emmanuel Dufourcq: La vie quotidienne dans l'Europe médiévale sous domination arabe, Paris 1978.
51 a.a.O. (Anm. 45) S. 31f. (Art. 12 a. d).
52 Naṣr-ad-Dīn (Īrān, Sāhan-šāh): Ein Harem in Bismarcks Reich: das ergötzliche Reisetagebuch des Nasreddin Schah, hrsg. von Hans Leicht, Stuttgart 1983 S. 240–243, hier S. 241.
53 Martin Forstner: Islam und Demokratie, Cibedo-Text 9/10 vom 15. Mai/15. Juli 1981 S. 8. Zur Verwendung des šūrā-Begriffes in arabischen Staatsverfassungen heute vgl. die entsprechenden Passagen bei Monika Tworuschka: Die Rolle des Islam in den arabischen Staatsverfassungen, Walldorf 1976.
54 Forstner, a.a.O. (Anm. 53) S. 9.
55 A. G. Samarbakhsh: Socialisme en Irak et en Syrie, Paris 1978 S. 26ff.
56 Vgl. dazu Mohammed Arkoun: Todesstrafe und Folter im islamischen Denken, in Concilium. Internationale Zeitschrift für Theologie 14. Jahrg. (1978) S. 678–682.
57 a.a.O. (Anm. 45) S. 29.
58 a.a.O. (Anm. 38) S. 15–17.
59 Diese Parole fand sich 1981 mehrfach auf Flugblättern in Kairo, vgl. dazu u. a. Peter Scholl-Latour: Allah ist mit den Standhaften. Begegnungen mit der islamischen Revolution, Stuttgart 1983 S. 522.
60 a.a.O. (Anm. 38) S. 15.
61 Vgl. dazu Antes, a.a.O. (Anm. 8) S. 80ff.

62 Vgl. dazu Peter Antes: Der Mensch vor Gott im Islam, in Mensch, Welt, Staat im Islam, hrsg. von Michael Fitzgerald/Adel Th. Khoury/Werner Wanzura, Graz–Wien-Köln 1977 S. 11–30, hier bes. S. 18ff.

63 Wie unterschiedlich in den Fragen islamischer Ethik die Positionen muslimischer Autoren in der Moderne sind, dokumentiert überzeugend der Band Islam in Transition. Muslim Perspectives, ed. by John J. Donohue and John L. Esposito, New York–Oxford 1982. Mit Blick auf die Ethik der konservativen Muslimbrüder sei hier vor allem auf Martin Forstner: Die Muslimbrüder I (Cibedo-Texte Nr. 24 vom 15. November 1983) und II (Cibedo-Texte Nr. 25 vom 15. Januar 1984) verwiesen.

Wiebke Walther

Die Frau im Islam

1. Rollenbestimmende Faktoren

Mehr als andere Religionen erhebt der Islam den Anspruch, das ganze Leben seiner Anhänger zu durchdringen und zu regulieren. Er ist im Lauf seiner Geschichte diesem Anspruch weitgehend gerecht geworden, auch wenn es – wie in jeder Religion, in jeder Ideologie – eine Diskrepanz zwischen Anspruch und Wirklichkeit gegeben hat und gibt. Doch abgesehen davon hat der Islam nicht allein die Position der Frau in den islamischen Gesellschaften bestimmt. Es gibt Wertvorstellungen ebenso wie Bräuche, die das Leben von Frauen in islamischen Ländern bis heute stark tangieren, etwa den Jungfräulichkeitskult – der im gesamten Mittelmeerraum verbreitet ist –, und in einigen Ländern die Mädchenbeschneidung, die jedenfalls im frühen Islam nicht kodifiziert sind. Zu den durch den Islam bedingten Vorschriften und Rollenzuweisungen kommen wie überall andere Faktoren, etwa die historische und ökonomische Situation des jeweiligen islamischen Landes, die soziale und wirtschaftliche Position der Familie, der die Frau angehört. Natürlich spielen auch individuelle Fähigkeiten, Klugheit, Bildung, deren Entwicklungsmöglichkeiten freilich vom Sozialstatus abhängen, in der Jugend auch Schönheit, eine Rolle. Ein Netz vielfach miteinander verknüpfter Faktoren, das von der alles umhüllenden Decke der Religion nicht zu trennen ist, bestimmt also das Leben islamischer Frauen bis in die Gegenwart.

2. Wertzuweisungen durch Koran und frühe ḥadīṯe

Der Koran behält die Vorstellung von der prinzipiellen Überlegenheit des Mannes über die Frau, die schon in der Antike und im Alten Orient galt und in das Judentum und das Christentum ebenfalls Eingang fand, bei:

> Die Männer stehen über den Frauen, weil Gott sie (von Natur vor diesen) ausgezeichnet hat und wegen der Ausgaben, die sie von ihrem Vermögen (als Morgengabe für die Frauen?) gemacht haben. Und die rechtschaffenen Frauen sind (Gott) demütig ergeben und achten auf das, was (den Außenstehenden) verborgen ist, weil Gott (darauf) acht gibt. Und wenn ihr fürchtet,

> daß (irgendwelche) Frauen sich auflehnen, dann vermahnt sie, meidet sie im Ehebett und schlagt sie! Wenn sie euch (daraufhin wieder) gehorchen, dann unternehmt (weiter) nichts gegen sie! Gott ist erhaben und groß,

heißt es in Vers 34 der 4. Sura, die den Namen „Die Frauen" trägt. Sie enthält eine ganze Anzahl von Verfügungen zum Ehe- und Erbrecht aus der Zeit, als Mohammed als Oberhaupt der Gemeinde in Medina deren Zusammenleben zu regeln hatte.

Der Koran sieht also den Primat des Mannes gegenüber der Frau in erster Linie als gottgegeben, in zweiter Linie durch seine ökonomische Überlegenheit bedingt, und die hat er in den meisten Regionen dieser Erde bis heute.

In einer anderen späten Sura des Korans, die sich auf einen spezifischen Rechtsfall bei der Verstoßung bezieht, heißt es, Männer und Frauen sollten sich gegenseitig in eben diesem Fall in gleicher Güte oder Rechtlichkeit/Billigkeit behandeln, doch stände der Mann bei alledem eine Stufe über der Frau (Sura 2.228).

Schon frühe *ḥadīṯ*-Sammlungen enthalten widersprüchliche Wertschätzungen, von „Die ganze Welt ist etwas Genußvolles *(matāʿ)*, das Genußvollste in ihr aber ist eine rechtschaffene Frau"[1] über den angeblichen Ausspruch Mohammeds einer Frau der Anṣār gegenüber „Ihr (Frauen) seid mir die liebsten Menschen"[2] bis zu dem frauenfeindlichen: „Ich habe keine Versuchung hinterlassen, die schädlicher wäre für meine Gemeinde, als die, die die Frauen für die Männer darstellen"[3].

Wegen der Sonderregelungen, die die Menstrua betreffen (s. S. 100), und weil die Zeugenaussage einer Frau nur halb soviel gilt wie die eines Mannes, d. h. in bestimmten Rechtsfällen zwei weibliche Zeugen einen männlichen ersetzen können (s. S. 118), bescheinigten Frauenfeinde der Frau bald einen religiösen ebenso wie einen intellektuellen Defekt. Doch geschah dies auch in ambivalenter Form: „Ich kenne niemanden unter denen, die an Verstand und Religion unvollkommen sind, die das Herz des Einsichtigen mehr überwältigen als ihr Frauen"[4], soll Mohammed gesagt haben.

Die Vorstellung der alttestamentarischen Schöpfungsgeschichte, daß der erste Mensch Adam war, also ein Mann, findet sich auch im Koran (Sura 2.30 ff; 7.11). Eva erscheint mit Namen, *Ḥawwāʾ*, und als aus einer Rippe des Mannes erschaffen erst in *ḥadīṯen* und wird ebenfalls zur Urmutter der Frau. In patriarchalischem Wohlwollen verbindet sich hier die resignative Einsicht in die Andersartigkeit der Frau, wenn man so will, in eine – nicht näher definierte – weibliche Identität, mit der Empfehlung, diese in Güte zu respektieren:

> Behandelt die Frauen gut! Das Weib ist aus einer Rippe erschaffen und der verbogenste Teil der Rippe ist der obere. Wenn du versuchst, ihn gerade zu biegen, zerbrichst du ihn, aber wenn du ihn so läßt, wie er ist, bleibt er krumm; so behandelt die Frauen gut![5]

3. Die Position der Frau im Kult und in religiösen Vorstellungen

Der Koran wendet sich in einigen Versen mit ethischen Weisungen an Frauen wie Männer in gleicher Weise:

> Was muslimische Männer und Frauen sind,
> Männer und Frauen, die gläubig, die (Gott) demütig ergeben,
> die wahrhaft, die geduldig, die bescheiden sind,
> die Almosen geben, die fasten,
> die darauf achten, daß ihre Scham bedeckt ist
> und die Gottes ohne Unterlaß gedenken –
> für sie (alle) hat Gott Vergebung und gewaltigen Lohn bereit (Sura 33.35).

Die religiösen Pflichten gelten mit Beschränkungen, die biologische Besonderheiten betreffen, für die Frau genauso wie für den Mann. So soll die Frau während ihrer Menstruation – ebenso wie Kranke – im Ramaḍān nicht fasten. An einer Stelle im Koran heißt es, die Menstruation sei eine Plage *aḏā* (Sura 2.222). Auch vom Gebet und vom *ṭawāf* (Umrundung der Kaʿba) während der Pilgerfahrt ist sie während dieser Tage ausgeschlossen. Sie darf den Koran nicht anrühren, darf auch höchstens ein oder zwei Verse aus ihm rezitieren zum Schutz gegen den Teufel. Die Moschee ist ihr verboten, nach Sura 2.222 sind es auch sexuelle Beziehungen. Doch führt, anders als im Judentum, der Kontakt mit einer menstruierenden Frau nicht zur Unreinheit, noch wird die Übertretung der Reinheitsgebote im Diesseits bestraft. Die gleichen Bestimmungen gelten für die Wöchnerin. Erst durch die große Waschung *ġusl* am Ende dieser Zeit gilt die Frau wieder als rein. Die Vorstellung von der kultischen Unreinheit der Menstrua gab es, wie bei vielen Naturvölkern, schon im altarabischen Heidentum[6].

Davon, daß es schon früh Dispute darüber gegeben haben muß, ob Frauen das Haus verlassen dürften, um in der Moschee zu beten – theoretisch kann der Muslim das rituelle Gebet, abgesehen vom obligatorischen Freitagsgebet, zu Hause ebenso gut verrichten wie in der Moschee –, zeugt die *ḥadīṯ*-Literatur. So berichten *ḥadīṯe* davon, daß die Frauen zur Zeit Mohammeds auch in stockdunkler Nacht zum Gebet gingen[7]. Doch findet sich schon früh die Empfehlung, sie sollten die Moschee nach Beendigung des Gottesdienstes so rechtzeitig verlassen, daß sie von den männlichen Gläubigen nicht mehr zu einem Gespräch eingeholt werden könnten, und sie sollten getrennt von diesen, in einer hinteren Reihe, beten[8]. Daß auch hier die Autorität des Mannes entscheidend war, bezeugen Traditionen des Inhalts, wenn eine Frau ihren Mann darum bitte, solle er ihr den Moscheebesuch erlauben[9].

Die Pilgerfahrt darf eine Frau nur unternehmen, wenn sie von ihrem Mann oder einem nahen männlichen Verwandten begleitet wird.

Das Amt des Imāms haben Frauen in größeren Harems, vor einer ausschließlich weiblichen Gemeinde, innegehabt.

Das Paradies mit seinen Freuden wird Frauen wie Männern im Koran verheißen (z. B. Sura 9.72; 4.122; 16.30ff.; 40,8; 43.69). Allerdings macht die *ḥadīṯ*-Literatur schon früh ihren Eintritt ins Paradies nicht nur von der Einhaltung der kultischen Pflichten abhängig: „Wenn eine Frau ihre fünf Gebete verrichtet, ihren Monat fastet, ihre Scham hütet und ihrem Mann gehorcht, dann sagt man ihr: ‚Betritt das Paradies durch welche Pforte du willst'"[10]. Früh ist auch der *ḥadīṯ*: „Ich stand an der Tür des Paradieses, da waren die meisten, die eintraten, Arme. Und ich stand an der Höllenpforte, da waren die meisten, die eintraten, Frauen"[11]. Das wird so begründet: „Sie verleugnen ihren Mann und verleugnen Wohltaten. Und wenn du einer von ihnen die ganze Zeit Gutes tätest und sie sähe dann bei dir etwas, würde sie sagen ‚Ich habe nie etwas Gutes gesehen'"[12]. Die Frauenfeindlichkeit unter der frühen Gemeinde wuchs offenbar besonders nach der Berührung mit der christlichen Askese[13].

Anders als man im Christentum oft behauptet hat, erkennt der Islam der Frau – wie natürlich dem Mann – eine Seele zu.

Nach *koranischer* Vorstellung ist Eva nicht, als Verführerin Adams im Paradies, die Schuldige am Sündenfall und damit der Vertreibung des Menschen aus dem Paradies, sondern der Satan verführte beide (Sura 2.35ff.; 7.19ff.). Aber die jüdisch-christliche Vorstellung von der Urschuld der Frau drang schon relativ bald in den Islam ein. So zitiert der arabische Frei- und Schöngeist Ǧāḥiẓ (gest. 868/9) in seinem *Kitāb al-Ḥayawān*, dem „Buch der Tiere", ein längeres Gedicht des christlichen Dichters ʿAdī ibn Zayd (6. Jh.) über dieses Thema. Unter Berufung auf Kaʿb al-Aḫbār, einen zum Islam konvertierten jemenitischen Juden (gest. 652 oder 654), zählt Ǧāḥiẓ je zehn Strafen auf, die über Eva, Adam und die Schlange, also gleichwertig, verhängt worden seien. Bezeichnend ist, daß zu den Strafen für Eva hier auch typisch islamische Gebote gehören, nicht nur Besonderheiten des weiblichen Organismus: „Der Schmerz der Defloration, die Wehen, die Todesqualen (bei der Geburt?), die Verschleierung des Gesichts, Schwangerschafts- und Wochenbettbeschwerden, die Beschränkung aufs Haus, die Menstruation, die Tatsache, daß ‚die Männer über den Frauen stehen' (im Wortlaut von Sura 4.34, W. W.), und daß die Frauen beim Koitus unten liegen"[14]. Schon in Ibn Qutaibas (gest. 889) Adabwerk *ʿUyūn al-Aḫbār*, „Die Quellen der Berichte", ist Evas Strafregister zum Strafregister der Frau geworden und um einige typisch islamische Bestimmungen und Wertvorstellungen reicher:

> Gott hat die Frau mit zehn Eigenschaften bestraft: Mit Wochenbett- und Menstruationsbeschwerden, mit Unreinheit in ihrem Leib und ihrer Scham, dadurch, daß das Erbteil von zwei Frauen soviel ist wie das eines Mannes und die Zeugenaussage von zwei Frauen soviel wie die eines Mannes, dadurch, daß sie an Verstand und Religion unvollkommen ist, daß sie während der Menstruation nicht betet, daß über keine Frau die Heilsformel gesprochen wird, daß sie am Freitagsgebet und an der Gemeinschaft *(ǧa-*

mā'a) nicht teilnehmen, daß aus ihnen kein Prophet erwuchs, daß sie nicht reisen darf ohne einen nahen Verwandten *(walī)*[15].

In Ṭabarīs (gest. 923) großem Geschichtswerk wird eine Anzahl nur im Detail differierender Versionen des „Sündenfalls" angeführt, in denen jeweils Eva, verleitet von der Schlange oder dem in ihr inkarnierten Satan, Adam verführt und sie mit ihren biologischen Spezifika dafür bestraft wird[16]. Die Vorstellung von der Urschuld der Frau wurde also schon bald adaptiert und integriert[16a].

4. Familienrechtliche Bestimmungen der Šarī'a

Der Islam reformierte bestehende Bräuche vor allem im Ehe-, im Scheidungs- und im Erbrecht, das heißt, er brachte der Frau in mancher Hinsicht eine Besserstellung.

Traditionen lassen erkennen, daß den Muslims zu Lebzeiten Mohammeds und in den ersten Jahrhunderten danach seine Wertschätzung für die Frauen bewußt war: „Wir hüteten uns zu Lebzeiten Mohammeds, mit unseren Frauen zu sprechen und ungezwungen zu sein, aus Furcht, es könnte (etwas) gegen uns offenbart werden. Aber als der Prophet gestorben war, sprachen wir mit ihnen und waren ungezwungen (wie früher)"[17].

Der Koran empfiehlt die Ehe: „Verheiratet diejenigen von euch, die (noch) ledig sind, und die Rechtschaffenen von euren Sklaven und Sklavinnen!" (Sura 24.32). In der frühen *ḥadīṯ*-Literatur wird die Ehe als *sunna* des Propheten und als die (notwendige eine) Hälfte des Glaubens bezeichnet. Ehefeindliche Ansichten scheinen wiederum durch die christliche Askese in den Islam gedrungen zu sein, können aber auch soziale Ursachen haben[18].

Im Islam ist die Ehe kein Sakrament wie in der katholischen Kirche, doch hat sie durchaus einen gewissen sakralen Charakter, denn in Sura 4.21 ist von „einer festen Verpflichtung" *(mīṯāq ġalīẓ)* die Rede, die die Frauen von den Männern empfangen haben. Sie beruht auf einem zivilrechtlichen Vertrag, der wie im römischen Recht in der Frühzeit des Islams noch nicht schriftlich niedergelegt werden mußte. Vertragspartner sind der Bräutigam und der *walī*, der Vormund der Braut, meist ihr Vater oder der nächste männliche Verwandte, notfalls der Richter selbst. Nur die Ḥanafiten erkennen eine von der Frau selbst, ohne die Mitwirkung eines Vormunds, geschlossene Ehe als gültig an. Allerdings gilt eine solche Ehe als *makrūh* „mißbilligt". Die ḥanafitische Rechtsschule betont aus diesem Grunde auch das Prinzip der *kafā'a*, der Ebenbürtigkeit beider Partner im Hinblick auf soziale Herkunft, religiösen Status und Sozialstatus. Das letztere impliziert die Gleichwertigkeit der Berufe von Ehemann und Brautvater. In indischen Sayyid-Familien darf eine Frau nur in eine Sayyid-Familie heiraten. In Marokko, wo der malikitische *maḏhab* herrscht, wurde der Grundsatz der *kafā'a* zusätzlich eingeführt, als man der Frau das Recht auf eigene Partnerwahl zugestand[19].

Nach šāfiʿitischem Recht muß die Frau um ihre Zustimmung zur Eheschließung gefragt werden, etwas was auch die *sunna* empfiehlt und was im vorislamischen Arabien nicht üblich war. Allerdings genügte bei einer jungfräulichen Braut Schweigen als Zeichen der Zustimmung, weil man sie für zu schüchtern hielt, sich zu äußern. Zwei freie männliche oder ein männlicher und zwei weibliche Zeugen müssen beim Vertragsabschluß zugegen sein. Minderjährige Jungen wie Mädchen konnten, bis das Eherecht in den letzten Jahrzehnten in vielen islamischen Ländern reformiert wurde, vom Vater oder Großvater auch gegen ihren Willen zu einer Ehe gezwungen werden. Sie konnten zwar, wenn sie volljährig wurden, die Auflösung der Ehe durch einen Richter verlangen, doch hatte das Mädchen dann die Jungfräulichkeit verloren, war vielleicht auch schon durch Kinder an den Mann und seine Familie gebunden.

Einige frühe *ḥadīṯe* lassen Mohammed empfehlen, wer um ein Mädchen anhalte, solle es sich vorher ansehen. Doch wird deutlich, daß hier gegen bestehende Bräuche angegangen werden sollte: Der Erzähler sieht das Mädchen jeweils aus einem Versteck, und Mohammed sanktioniert dies im Nachhinein als allgemein ratsam[20].

Die wichtigsten Bestimmungen zur Ehe im Islam finden sich in Sura 4.3. Zu dem, was in Band I, S. 133f. dazu gesagt wird, ist zu ergänzen, daß es meist die patrilokale Polygynie war, die nun Brauch wurde. Die Braut wurde in das Haus ihres Schwiegervaters gebracht, in dessen Großfamilie aufgenommen und hatte sich in sie einzufügen. Auf dem Land ist das oft bis heute üblich.

Aus dem Wortlaut von Sura 4.3 wird deutlich, daß hier die Versorgung der Witwen und Waisen im Vordergrund stand, die nach den Schlachten der Muslims in den ersten Jahren des Islams notwendig wurde. Der Vers wurde nach der Schlacht bei Uḥud offenbart, bei der viele Muslime fielen. Mohammed, der als Waise aufgewachsen war, fühlte sich oft als Anwalt Unterprivilegierter. Er selbst gab seiner Gemeinde ein Beispiel und heiratete zwei Witwen gefallener Muslims. Ein später offenbarter Vers (Sura 4.129) sagt:

> Und ihr werdet die Frauen (die ihr zu gleicher Zeit als Ehefrauen habt), nicht (wirklich) gerecht behandeln können, ihr mögt noch so sehr darauf aus sein. Aber vernachlässigt nicht (eine der Frauen) völlig, so daß ihr sie gleichsam in der Schwebe laßt. Und wenn ihr euch (auf einen Ausgleich) einigt und gottesfürchtig seid, (ist es gut).

Der Vers schränkt also „das in 4.3 ausgesprochene Gebot, bei einer Mehrzahl von Ehefrauen, diese gerecht zu behandeln, auf die Grenzen ein, die durch die menschliche Unvollkommenheit gezogen sind“[21]. Reformatoren seit Mohammed ʿAbduh haben daraus gefolgert, daß der Koran im Grunde doch die Monogynie zur Pflicht mache.

Sura 4.22, 23 legen fest, welche Verwandtschaftsbeziehungen eine Ehe ausschließen[22]. Die Ehe mit ungläubigen Männern und Frauen ist verboten (Sura 2.221, auch 60.10). Ein Mann darf aber eine Jüdin oder Christin heiraten (5.5). Der umgekehrte Fall dagegen wird untersagt, wahrscheinlich weil die Kinder der Religionszugehörigkeit des Vaters zu folgen haben.

Der Koran bestimmt, daß der Mann der Frau eine Brautgabe zu zahlen habe: „Gebt den Frauen ihre Morgengabe *(ṣaduqātihinna)* als Geschenk (so daß sie frei darüber verfügen können)! Wenn sie euch aber freiwillig davon etwas überlassen, könnt ihr es unbedenklich (für euch selber) verbrauchen" (Sura 4.4) In der Ǧāhiliyya kam diese Gabe *mahr* lange Zeit dem Vater oder auch dem *walī* der Braut zu, wahrscheinlich als Kompensation dafür, daß der Familie der Braut die Söhne, die sie gebären würde, verloren gingen. Geläufigerer Terminus für die Brautgabe ist im Koran *uǧūr* „Lohn" (Sura 4.25; 5.5; 33.50; 60.10). In Sura 4.24 wird deutlich definiert, wofür er der Frau zusteht:

> Und (verboten sind euch) die ehrbaren (Ehe-)Frauen außer was ihr (an Ehefrauen als Sklavinnen) besitzt... Dies ist euch von Gott vorgeschrieben. Was darüber hinausgeht, ist euch erlaubt, (nämlich), daß ihr euch als ehrbare (Ehe)männer, nicht um Unzucht zu treiben, mit eurem Vermögen (sonstige Frauen zu verschaffen) sucht. Und gebt ihnen für das, was ihr von ihnen (sexuell) genossen habt *(istamtaᶜtum)*, ihren Lohn als Pflichtteil!

Die Schiiten sahen allerdings in diesem Vers die Rechtfertigung der *mutᶜa*, der Ehe auf Zeit[23], und interpolierten nach *istamtaᶜtum: ilā aǧalin musammā* „für eine bestimmte Zeit".

Über die Höhe des Brautgeldes macht der Koran keine Angaben. Schon früh kursierten Überlieferungen etwa des Inhalts, Mohammed habe entschieden, einem mittellosen Mann könnten seine Korankenntnisse als Brautgabe dienen, Überlieferungen, die ebenfalls strategisch eingesetzt worden sein mochten. Denn das Brautgeld wurde offenbar recht bald zu einem Kriterium für den Sozialstatus der Braut. Daß eine Ehe ohne *mahr* ungültig ist, steht schon bei Buḫārī[24]. Er ist ein wesentlicher Bestandteil des Ehevertrages. Die Rechtsschulen legen je nach den regionalen Gegebenheiten Mindest- und Höchstsätze fest, doch zeigen erhalten gebliebene Eheverträge, daß die Höchstsätze stark überschritten werden konnten. Trat der Mann von der Ehe zurück, bevor sie vollzogen war, hatte die Frau Anspruch auf die Hälfte des Brautgeldes oder ein angemessenes Geschenk (Sura 2.236f.). Ansonsten konnte der *mahr* beim Abschluß des Ehevertrages entweder genau definiert *(mahr musammā)* oder, als *mahr al-miṯl*, nicht fixiert werden. In beiden Fällen richtete er sich nach (für den Bräutigam freilich nur präsumptiver) Jugendlichkeit, Schönheit, Klugheit und Tugend der Braut und natürlich ihrem Sozialstatus. Daß ein Teil der Brautgabe erst übergeben werden muß, wenn es zum *ṭalāq*, zur Verstoßung, kommt, war besonders bei den Ḥanafiten üblich, wohl als Schutz der Frau vor einem unbedachten Schritt des Mannes.

Zum Ehealter macht der Koran keine Angaben, aber wir wissen, daß ʿĀʾiša, Mohammeds Lieblingsfrau, mit ihm verlobt wurde, als sie sechs Jahre alt war. Sie war neun, als sie zu ihm zog, und soll noch mit Puppen gespielt haben[25]. So besagt ein später *ḥadīṯ*, ein Mädchen würde mit neun Jahren zur Frau, ein anderer leitet aus der Thora her, wer eine zwölfjährige unverheiratete Tochter habe, die einen Fehltritt begehe, dem würde dieser Fehltritt selbst zugerechnet[26]. Freilich ist hier die frühere körperliche Reife von Mädchen in südlichen Ländern zu bedenken. Später legte man fest, daß ein geistig gesunder Muslim mit der Pubertät heiratsfähig wurde. Tatsächlich bedeutet das arabische *nikāḥ* für „Ehe" eigentlich „Koitus".

Eine Höherbewertung der Jungfrau gegenüber der Deflora findet sich in späteren *ḥadīṯen*[27], in der *šarīʿa* nur insofern, als sie dem polygyn verheirateten Mann empfiehlt, einer jungfräulichen Braut sieben Nächte zu widmen, der Deflora nur drei, bevor er seine Nächte wieder gleichmäßig auf seine Frauen aufteile.

Nach dem islamischen Recht hat die Frau einen Anspruch auf Wohnung, Nahrung und Kleidung in der Ehe, unabhängig von ihrem eigenen Vermögen, solange sie sich ihm gegenüber treu und gehorsam zeigt. Ist er der Grund für ihren Ungehorsam, weil er die Brautgabe nicht wie erforderlich zahlt, oder verläßt sie ihn, weil er grausam zu ihr ist, ist er trotzdem zur Unterhaltszahlung verpflichtet. Verweigert der Mann die Unterhaltszahlung, hat sie das Recht, sie von ihm zu fordern. Doch darf sie nach ḥanafitischem Recht nicht die Scheidung verlangen, selbst wenn er weiterhin hartnäckig die Zahlung unterläßt. Theoretisch kann die Frau nicht gezwungen werden, durch eigene Arbeit oder von ihrem Vermögen zum Unterhalt der Familie beizutragen. Die Realisierung dieser Vorschrift dürfte allerdings von den jeweiligen sozialen Verhältnissen abgehangen haben. Nach der *šarīʿa* gibt es in der islamischen Ehe auch keine Gütergemeinschaft. Die Frau konnte und kann in der Ehe frei über ihr Vermögen verfügen. Allerdings setzt die Verwaltung eines größeren Besitzes ein gewisses Maß an Bildung ebenso wie an Öffentlichkeitserfahrung voraus, und dies hat man der Frau in späteren Jahrhunderten kaum noch zugestanden. Spätere Bräuche werden auch aus späteren *ḥadīṯ*-Sammlungen deutlich (s. S. 111 f.).

Da der Mann nach dem Gesetz verpflichtet ist, jeder Frau einen eigenen Haushalt oder doch eigene Räume in seinem Haus einzurichten, wurde die Polygynie zumeist das Privileg der Wohlhabenden. Freilich hatte so ein Mann, und das kommt vor allem auf dem Land bis in die Gegenwart vor, das Recht, zu seiner kinderlosen oder alternden Frau eine zweite oder dritte Ehefrau dazuzuheiraten. Apologeten der Polygynie in der Gegenwart verteidigen sie damit, daß sich die legale zweite oder dritte Ehefrau eines Mannes jedenfalls besser stände als eine (vor dem Gesetz nicht abgesicherte) Geliebte.

War die Gefahr eines Zerwürfnisses zwischen den Ehepartnern festzustellen, dann bestimmte nach Sura 4.35 der Richter je einen Schiedsrichter aus der Familie des Mannes und der Frau, die versuchen mußten, das Paar zu versöhnen.

Gelang das nicht, mußten sie die Schuldfrage klären. Lag die Schuld auf seiten der Frau, sollte der Mann die nach Sura 4.34 statthaften Disziplinierungsmaßnahmen ergreifen (ermahnen, im Ehebett meiden, schlagen). Wurde der Mann für schuldig befunden, schied der Richter die Ehe.

Der Tod eines der beiden Ehegatten bedeutet auch im Islam das Ende einer Ehe. Häufigste Form der „Scheidung" war der *ṭalāq*, eigentlich die Verstoßung, positiver ausgedrückt, die Freilassung der Frau durch den Mann[28]. In vorislamischer Zeit war der *ṭalāq* selbstverständliches und oft geübtes Recht des Mannes. Im Koran findet sich eine Anzahl von Bestimmungen, die schon durch die Ermahnungen sie einzuhalten, verdeutlichen, daß Mohammed hier reformierte und sich vermutlich auch gegen Widerstände durchsetzen mußte. Die früheste Verfügung scheint Sura 4.20 zu sein. Sie verbietet dem Mann, den *ṭalāq* dazu zu benutzen, der Frau etwas von der Brautgabe wegzunehmen. Auch die Wartezeit *ʿidda* für die Dauer von drei Menstruationen nach dem Aussprechen des *ṭalāq* (Sura 2.228) wurde erst durch Mohammed eingeführt, um die Frau abzusichern, falls sich herausstellte, daß sie ein Kind erwartete. Der Mann hatte in dieser Zeit das Recht, die Frau auch gegen ihren Willen zurückzunehmen (s.a. Sura 2.28f., 65.1ff.). Sura 65.6f. gebietet, wie der Mann die Frau während der Wartezeit zu behandeln habe und läßt tatsächliche Gewohnheiten erkennen:

> Laßt die (entlassenen) Frauen (während ihrer Wartezeit) da wohnen, wo ihr (selber) wohnet, so wie es euren (wirtschaftlichen) Verhältnissen entspricht! Schikaniert sie nicht in der Absicht, sie in die Enge zu treiben! Und wenn sie schwanger sind, dann macht (die nötigen) Ausgaben für sie, bis sie ihr Kind zu Welt gebracht haben! Wenn sie für euch (gemeinsame Kinder von euch) stillen, dann gebt ihnen ihren Lohn! Und beratet euch miteinander in rechtlicher Weise!... Wer über genügend Mittel verfügt, soll die Ausgaben (für seine entlassene Frau) dementsprechend reichlich bemessen. Wer dagegen in seinem Lebensunterhalt beschränkt ist, soll von dem (Wenigen) ausgeben, was Gott ihm gegeben hat. Gott verlangt von niemand mehr, als was er ihm gegeben hat...

Aus früher Zeit stammt der *ḥadīṯ*: „Unter den erlaubten Dingen ist der *ṭalāq* Allāh das verhaßteste"[29]. Das islamische Recht legt jedoch fest – bevor es in den letzten Jahrzehnten gerade auf diesem Gebiet reformiert wurde, wenn auch nirgendwo durch die Abschaffung des *ṭalāq* – daß der erwachsene, geistig gesunde Muslim jederzeit das Recht hat, seine Frau ohne Angabe von Gründen, ohne einen Richter hinzuzuziehen, ja ohne die Frau überhaupt zu informieren, zu verstoßen. Die grundlose Verstoßung gilt allerdings als *makrūh*, mißbilligt. Der der Sunna konforme *ṭalāq, ṭalāq as-sunna,* in der für die Frau günstigeren Form *aṭ-ṭalāq al-aḥsan* bestand darin, daß der Mann die Scheidungsformel – hier gab und gibt es verbale Varianten – einmal aussprach zu einer Zeit, wo die Frau (sofern sie sich im reproduktiven Alter befand) nicht menstruierte und sich dann, während der dreimonatigen Wartezeit, ihrer sexuell enthielt. Gab er durch Worte oder sein Verhalten, vor allem indem er wieder mit ihr kohabitierte, zu erkennen, daß er die Ehe fortsetzen wollte, war die Formel ungültig. In der für die Frau weniger günstigen Form des *ṭalāq, aṭ-ṭalāq al-ḥasan,* konnte der Mann die Formel dreimal während je einer Reinheitsperiode der Frau aussprechen. Unwiderruflich gültig wurde sie erst beim dritten Mal. Hier wurde also die Wartezeit für die Frau, die ja keinerlei Einspruchsrecht besaß, in die Länge gezogen. Daneben existierte die eigentlich mißbilligte Form des *ṭalāq al-bidʿa*, die den koranischen Verfügungen zuwiderläuft, aber trotzdem praktiziert wurde. Hier sprach der Mann die Formel entweder dreimal unmittelbar nacheinander oder nur einmal aus. Das konnte auch während der Menstruation der Frau geschehen. Nur das schiitische Recht verlangt die Hinzuziehung von zwei Zeugen, wenn der *ṭalāq* gültig sein soll.

Auch wenn der Mann einen Eid ablegte, sich seiner Frau vier Monate lang sexuell zu enthalten, und den Eid einhielt, galt das als *ṭalāq* (Sura 2.226).

Wollte der Mann die Frau, die er verstoßen hatte, wiederheiraten, konnte er das nur tun, wenn sie mit einem anderen verheiratet und von diesem wieder verstoßen wurde (Sura 2.230), eine Verfügung, die vermutlich vor einem unbedachten Aussprechen des *ṭalāq* schützen sollte.

Die Frau hatte nur wenige Möglichkeiten, sich auf ihren Wunsch von ihrem Mann scheiden zu lassen. Aus dem Heidentum übernommen wurde der *ḫulʿ*, der Loskauf, beruhend auf Sura 2.229. Die Frau konnte sich, in gegenseitiger Übereinstimmung mit dem Mann, aus ihrer Ehe freikaufen, etwa durch die teilweise oder vollständige Rückgabe des *mahr*. Sie konnte auch durch ihren *walī* in ihren Ehevertrag einen Passus aufnehmen lassen, der den Mann verpflichtete, sie unter bestimmten Voraussetzungen, etwa, wenn er eine zweite Ehefrau dazunahm oder sie schlug, freizulassen: *ṭalāq at-tafwīḍ*. Ob und inwieweit solche Möglichkeiten wahrgenommen wurden oder werden, hängt vom Selbstbewußtsein der Frau ebenso ab wie vom Sozialstatus einer geschiedenen Frau. Während mir in Ägypten 1977 von kompetenter Seite gesagt wurde, nur wenige Frauen hätten den Mut zu solchen Forderungen, bezeugt Fyzee den *ṭalāq at-tafwīḍ* für Indien in den fünfziger Jahren als relativ häufig[30]. Türkische Frauen machten sich im 19. Jahrhundert das ḥanafitische Recht, das auch einen in Volltrunkenheit ausgesprochenen *ṭalāq* für gültig erklärt, dahingehend zunutze, daß sie mit zwei Zeugen zum *qāḍī* gingen, die aussagten, der Mann hätte seine Frau verstoßen, als er betrunken war[31].

Unter bestimmten Voraussetzungen, etwa wenn die Frau vor dem Richter *nachweisen* konnte, daß ihr Mann impotent, geisteskrank, anderweitig schwer erkrankt oder nicht imstande war, für ihren Unterhalt aufzukommen, konnte sie eine Auflösung der Ehe durch den Richter verlangen.

Das Sorgerecht für die Kinder erhält nach ḥanafitischem Recht die Mutter für den Jungen bis zum Alter von sieben Jahren, für Töchter bis zur Pubertät oder zum Alter von neun Jahren, manchmal bis zu einer Eheschließung. Heiratet sie allerdings wieder, fällt das Sorgerecht automatisch an den Vater der Kinder. Kann dieser nachweisen, daß seine geschiedene Frau sich unmoralisch verhält oder die Kinder vernachlässigt – etwa, das ist aus Ägypten im 19. Jahrhundert bezeugt, weil sie aus finanziellen Gründen zu einer vollen Erwerbstätigkeit gezwungen ist[32], – wird oder wurde der Frau das Sorgerecht entzogen. Die Vormundschaft für die Kinder liegt stets bei ihrem leiblichen Vater, auch solange sie bei der Mutter aufwachsen.

Erbberechtigt wurde die Frau erst im Islam. Daß sie nur die Hälfte dessen erhält, was ein ihr im Verwandtschaftsverhältnis zu dem Verstorbenen gleichgeordneter männlicher Familienangehöriger erbt[33], wird bis heute damit gerechtfertigt, daß der Mann eine Brautgabe erbringen und außerdem für den Unterhalt der Familie aufkommen muß, während Frauen solche Verpflichtungen nicht haben.

5. *Die soziale Rolle der Frau*

a) In der Familie

Koran und *sunna* sind, ausgehend von der übergeordneten Position des Mannes, ausgesprochen familienfreundlich. Sura 4.1 gebietet: „Fürchtet Gott, in dessen Namen ihr einander zu bitten pflegt, und die Blutsverwandtschaft *(al-arḥāma)*" (vgl. auch Sura 47.22; 2.83; 17.26 u.ö.). Dem Mann wird empfohlen, seinen weiblichen Familienangehörigen seine Fürsorge zuteil werden zu lassen. Der Koran zählt es zu den Gnadenzeichen Gottes, daß er dem Mann aus seiner Rippe Gattinnen erschaffen habe (Sura 16.72). Dem, der seine Frauen und Kinder als Augentrost empfindet, werden die Freuden des Paradieses verheißen (Sura 25.74 u ö). Der Koran mißbilligt, daß Männer, denen die Geburt einer Tochter angekündigt wird, ein finsteres Gesicht ziehen und dem Schicksal grollen, ja sie lebendig im Sand verscharren wollen (Sura 16.58f.). Er läßt die Ursache erkennen: soziale Not (Sura 17.31), allerdings auch die Furcht vor Schande (Sura 16.59), und verbietet ein solches Verhalten.

Eine Vorrangstellung genießt schon in frühen *ḥadīṯen* die Mutter: Ein Mann fragt den Propheten, wer den höchsten Anspruch auf seine, des Mannes, gute Gefährtenschaft habe, dieser entgegnet: „Deine Mutter" und beantwortet auch die beiden nächsten Fragen des Mannes, wer danach komme, in gleicher Weise. Erst auf die vierte Frage des Mannes entgegnet der Prophet: „Dein Vater"[34]. In frühen Sammlungen noch nicht findet sich der bekannte *ḥadīṯ*: „Das Paradies liegt zu den Füßen der Mütter"[35].

Im „Kapitel über das gute Verhalten" *(Adab)* in Buḫārīs *Ṣaḥīḥ* stehen an erster Stelle *ḥadīṯe*, die zur Pietät gegenüber den Eltern *birr al-wālidain* und zur Pflege verwandtschaftlicher Beziehungen *ṣilat ar-raḥim* auffordern. *Ḥadīṯe* besagen, wer zwei Schwestern und/oder Töchter habe, solle sie gut behandeln, damit er ins Paradies komme[36]. Daß überkommene Wertvorstellungen durch neue ersetzt werden sollten, wird auch deutlich, wenn in *Adab*-Werken darauf verwiesen wird, daß aus kleinen Mädchen Mütter, Schwestern und Tanten würden[37].

Doch bezeugen *ḥadīṯe* aus einer späten Sammlung, daß divergierende Meinungen über den Wert von Töchtern jahrhundertelang konserviert wurden:

> Wer eine Tochter hat, den schützt Allah vor dem Höllenfeuer, wer zwei Schwestern hat, den läßt er durch sie das Paradies betreten, wer drei Töchter oder Schwestern hat, der ist vom *ǧihād* und der *ṣadaqa* entbunden[38].

Die sozioökonomischen Ursachen einer solchen Einstellung werden hintergründig deutlich: Der Mann hatte sich für die Ehre seiner weiblichen Familienangehörigen verantwortlich zu fühlen, hatte für sie zu sorgen, bis sie, wenn sie heirateten, in das Haus ihres Schwiegervaters zogen, und wenn sie Söhne gebaren, die Familie ihres Mannes, nicht die eigene, stärkten. Er hatte auch für sie aufzukommen, wenn sie nach einer Scheidung zu ihm zurückkehrten. Diese sozialen Verpflichtungen konnten, sicherlich abhängig von der wirtschaftlichen Situation einer Familie, auch zu Sprichwörtern und Traditionen des Inhalts führen: „Lob sei Gott, Töchter zu begraben, ist eine von den edlen Taten“[39], oder „Für eine Frau gibt es zweierlei Schutz, den Ehegatten und das Grab. Da wurde gefragt: ‚Und was ist besser?‘ Er antwortete: ‚Das Grab‘“[40].

Späte Traditionen geben Empfehlungen über die unterschiedlichen Formen der Sozialisation und Bildung, die man Söhnen und Töchtern angedeihen lassen sollte: „Der Sohn hat seinem Vater gegenüber ein Recht darauf, schreiben, schwimmen und Speerwerfen zu lernen und stets gut ernährt zu werden“[41]. „Lehrt sie, die Frauen, nicht schreiben, lehrt sie spinnen und die Sura ‚Das Licht‘“[42] (die 24. Sura, zu deren Beginn die Strafe für *zinā*ʾ [s. S. 114] und später Verhüllungsgebote dargelegt werden). Jungen dagegen sollte man die Sura „Der Tisch“, die 5. Sura, beibringen[43], die diverse rituelle Gebote über das Schlachtopfer, Speisen, die Gebetsordnung u. a. m. enthält.

Erst späte *ḥadīṯe* sanktionierten die Mädchenbeschneidung: „Die Beschneidung *(al-ḫitān)* ist Sunna für die Männer, eine gute Gabe für die Frauen“[44]. Es gibt aber auch den späten *ḥadīṯ*: „Wer für drei Töchter zu sorgen hat, ihnen eine gute Erziehung zuteil werden läßt *(addabahunna)*, sie verheiratet und ihnen Gutes tut, dem gebührt das Paradies“[45].

Wie die gute muslimische Ehefrau beschaffen sein müsse, formuliert eine Überlieferung aus einer frühen Sammlung: „Die ihn erfreut, wenn er sie ansieht, ihm gehorcht, wenn er befiehlt, und sich ihm nicht widersetzt in Dingen, die er für sie und für sich ablehnt“[46]. Islamische Sexualethik, die die Sexualität in der Ehe voll bejaht, spricht aus einem auf ʿAlī zurückgeführten *ḥadīṯ* über die ideale Ehefrau: „Die beste Frau für euch ist die, die ihre Scham in Keuschheit hütet, (aber) ihrem Mann in Sinnenlust zugetan ist“[47].

Der Koran sagt zu den Beziehungen zwischen Mann und Frau in der Ehe:

> Und zu seinen Zeichen gehört es, daß er euch aus euch selber Gattinnen geschaffen hat, damit ihr bei ihnen wohnet. Und er hat bewirkt, daß ihr einander in Liebe und Güte zugetan seid. Darin liegen Zeichen für Leute, die nachdenken (Sura 30.21).

Ein früher schiitischer *ḥadīṯ* fügt die ideale, harmonische Ehe so in den religiösen Rahmen:

> Wenn der Knecht (Gottes) seine Gattin anschaut, und sie ihn, dann schaut Gott sie gnädig an. Und wenn er ihre Hand nimmt, und sie seine, dann fallen ihnen ihre Sünden *(ḏunūb)* durch die Finger. Wenn er sie bedeckt (mit ihr schläft), dann umgeben sie die Engel bis hoch zu den Wolken des Himmels, und alle Wonne und alles Begehren werden zu Wohltaten (groß) wie Berge. Und wenn sie empfängt, dann gebührt ihr der Lohn des Fasters, des Aufrechten, dessen, der für Gott den Glaubenskrieg kämpft. Und wenn sie gebärt, dann weiß niemand, welcher Augentrost ihnen (bis dahin) verborgen war[48].

Im 12. Teil der „Neubelebung der Religionswissenschaften" des Theologen al-Ġazālī, der „Von der Ehe" handelt, werden deren Vorzüge vor allem in der Fortpflanzung, aber auch sozial und biologisch disziplinierend, – fördernd und psychologisch gesehen:

1. Erzielung von Nachkommenschaft,
2. Beruhigung der Sinnlichkeit,
3. Führung des Haushalts durch die Frau,
4. Vermehrung der verwandtschaftlichen Beziehungen,
5. die mit der Sorge um die Familie verbundene Selbstüberwindung[49].

Al-Ġazālī sagt vom „weiblichen Umgang", daß er „den Unmut verscheucht und den Geist ausruhen läßt". Andererseits spricht er unter Punkt 5 von

> der Aufopferung und Selbstüberwindung, die mit der Obhut und Fürsorge für die Frauen verbunden ist, da es gilt, ihre Sinnesart zu ertragen, sich von ihnen manches bieten zu lassen, sie zum Guten anzuhalten und den Weg der Religion zu führen, in erlaubter Weise den Unterhalt für sie zu beschaffen und die Kinder ordentlich zu erziehen[50].

Auch hier also wieder eine ambivalente Einstellung zur Frau.

Der vierte „Vorteil" wird im Text erklärt: „Durch die Familie der Frau und durch den sich aus den verwandtschaftlichen Beziehungen ergebenden Machtzuwachs Vorteil zu erlangen".

Als die häuslichen Tätigkeiten der Frau, durch die sie den Mann entlasten solle, zählt al-Ġazālī die wohl fast überall in den mittleren und unteren Schichten der Bevölkerung üblichen auf: Kochen, kehren, das Bett machen, die Gefäße reinigen und sonst alles instand halten[51].

Da die Frau als Verkörperung der bösen Natur *(nafs)* des Menschen gesehen wird, deren Disziplinierung dem Mann obliegt, kommt ihm nahezu die gesamte Verantwortung über sie zu: er muß sich und sie über die Bestimmungen unterrichten, die für die Menstrua gelten; er ist nach Sura 66.6 damit beauftragt, sie vor der Hölle zu bewahren. Er soll aber auch zärtlich zu ihr sein und hat die Pflicht, ihr sexuelle Erfüllung zuteil werden zu lassen, so oft sie sie braucht, denn „ihre (der Frau) Bewahrung ist für ihn Pflicht“[52]. Im Widerspruch dazu steht allerdings die Auslegung der Weisungen für die gleichmäßige Behandlung der Frauen in einer polygynen Ehe. Sie betreffen zwar den Unterhalt und die Zahl der Nächte, die jeder Frau zustehen, doch wird Sura 4.129 vor allem auf das körperliche Begehren bezogen, das der Mann nicht für alle seine Frauen gleichmäßig aufbringen könne[53]. Verwiesen wird auf die Vorliebe Mohammeds für ʿĀʾiša und wie seine anderen Ehefrauen diese Vorliebe respektierten. Nicht nur, wenn die Frau sich ihrem Mann gegenüber widerspenstig zeigt, sondern auch, wenn sie eine religiöse Verfehlung begeht, ist der Mann gehalten, sie zu bestrafen, indem er sich ihrer enthält[54].

Eine Frau dagegen darf sich, *ḥadīṯen* zufolge, ihrem Mann nicht verweigern, sonst verfluchen sie die Engel bis zum Morgen[55], sie darf es nicht, selbst wenn sie auf dem Rücken eines Kamels sitzt[56].

Daß das in Sura 4.34 formulierte Züchtigungsrecht des Mannes gegenüber seiner widerspenstigen Frau nicht unumstritten war, aber auch, wie es ausgeübt werden konnte, zeigen frühe *ḥadīṯe*, etwa: „Warum schlägt einer von euch seine Frau (auch: wie einen Sklaven oder ein Pferd), um sie dann später wieder zu umarmen?“[57] Vielleicht sollte zur Relativierung hinzugesetzt werden, daß August Bebel noch 1880 konstatierte, daß es in § 701 des Allgemeinen Preußischen Landrechts noch von 1894 (es hatte mit Modifizierungen seit 1794 Gültigkeit) heißt:

> Wegen bloß mündlicher Beleidigungen oder Drohungen ingleichen wegen geringerer Thätlichkeiten sollen Eheleute gemeinen Standes nicht geschieden werden.[58]

Wie sehr mit dem ökonomischen und politischen Niedergang der islamischen Länder die Autorität des Mannes gegenüber der Frau wuchs und er sich über Vorschriften der *šarīʿa* hinwegsetzen konnte, wird aus dem Kapitel „Über die Ehe“ in der späten *ḥadīṯ*-Sammlung von al-Muttaqī al-Hindī (gest. 1567) deutlich. Der Verfasser war indischer Herkunft, lebte aber dreißig Jahre in Mekka und exzerpierte ägyptische *ḥadīṯ*-Werke. In seinem *Kanz al-ʿummāl* heißt es, der Mann könnte von seiner Frau verlangen, daß sie sein Bett nicht fliehe, sich seinen Gewohnheiten beuge, seinem Befehl folge, nicht ohne seine Erlaubnis das Haus verlasse, ihm nichts zufüge, was er verabscheue, nur faste, wenn er es ihr gestatte[59]. Das letztere bezieht sich auf die nach der Menstruation nachzuholenden Fastentage, die ebenfalls sexuelle Enthaltsamkeit einschlossen. Wenn der Ehemann die Autorität über seine Frau habe (*iḏā malaka ʿiṣmataha*, wörtlich: Eigentümer ihrer Keuschheit sei), dann stehe ihr von ihrem Vermögen nur das zu, was er ihr erlaube[60]. Hiermit ist wohl das umrissen, was unter *bait aṭ-ṭāʿa*, wörtlich „das Haus des Gehorsams", subsumiert wird, ein Terminus, der sich in der arabischen *ḥadīṯ*- und *Adab*-Literatur der ersten Jahrhunderte des Islams nicht findet. In sozialkritischer moderner arabischer, vor allem ägyptischer, Literatur ist er Gegenstand herber Kritik[61].

In derselben späten Sammlung gibt es auch (angebliche) Aussprüche Mohammeds, wenn überhaupt einem Menschen geboten werden könnte, vor einem anderen Menschen anbetend auf die Knie zu fallen, dann der Frau vor dem Mann, bis zu der Ungeheuerlichkeit: Wenn der Körper eines Mannes vom Scheitel bis zur Sohle mit eiternden Schwären bedeckt sei, habe sie doch ihre Pflicht ihm gegenüber noch nicht erfüllt, wenn sie den Eiter mit ihrer Zunge beseitige[62]. Beides findet sich schon in al-Ġazālīs Abhandlung „Über die Ehe" unter dem Abschnitt „Die Pflichten der Frau gegenüber dem Mann". Das zweite wird hier aber – in einem auf ʿĀ'iša zurückgeführten *ḥadīṯ* – von einer jungen Frau, die den Propheten nach den Pflichten der Frau in der Ehe fragt, mit der Begründung, sie würde viel umworben, wolle aber nicht gern heiraten, als gegen die Ehe sprechend interpretiert[63]. Diese kritische Einkleidung fehlt im späten *ḥadīṯ*-Werk.

b) Harem, Geschlechtertrennung und der Verstoß gegen sie

Die weiblichen Familienangehörigen eines Mannes ebenso wie die Räume, in denen sie sich aufhielten, hießen *ḥarīm*, ein Wort, das über das Türkische in der Form „Harem" auch ins Deutsche gedrungen ist. *Ḥarīm* bedeutet eigentlich „geheiligter, unverletzlicher Ort" und ist abgeleitet von der Wurzel *ḥ-r-m*, „verboten, tabuisiert, heilig sein". Da nach traditioneller islamischer Vorstellung die Ehre eines Mannes in seinen weiblichen Angehörigen am tiefsten verletzt werden konnte und er für die Wahrung dieser Ehre verantwortlich war, hatten zum Harem eines Hauses außer dem Hausherrn nur noch seine Söhne – die ihre Ehefrauen in ihn einbrachten –, männliche Verwandte und Diener, die für eine Ehe nicht in Frage kamen *(maḥram)* und allenfalls ein männlicher Arzt Zutritt. Begründet wird die Segregation der Frau mit einem Koranvers, der sich eindeutig auf die Frauen des Propheten bezieht: „… und wenn ihr die Frauen des Propheten um (irgend) etwas bittet, das ihr benötigt, dann tut das hinter einem Vorhang! Auf diese Weise bleibt euer Herz und ihr Herz eher rein (wörtl.: das ist reiner für euer Herz und ihr Herz)" (Sura 33.53), ferner:

> Es ist keine Sünde für sie (d. h. die Gattinnen des Propheten) (ohne Vorhang mit Männern zu verkehren), wenn es sich um ihren Vater, ihre Söhne, ihre

> Brüder, die Söhne ihrer Brüder und ihrer Schwestern, ihre Frauen (d. h., die Frauen, mit denen sie Umgang pflegen?) und ihre Sklavinnen handelt. Fürchtet Gott (ihr Frauen) (Sura 33.55).

Der Wortlaut des gesamten Verses 33.53 macht deutlich, daß er auf eine konkrete Situation im Leben des Propheten Bezug nahm. Die frühe islamische Historiographie führt die Hochzeit Mohammeds mit Zainab bint Ǧaḥš, der ehemaligen Frau seines Adoptivsohns Zaid ibn Ḥārit̲a, und das Verhalten der Gäste während der Feier als Grund an[64]. Im sassanidischen Iran waren Herrscher, auch generell sozial hochstehende Persönlichkeiten, durch einen Vorhang von ihren Untergebenen getrennt. Vom ersten Umayyadenkalifen, Muʿāwiya, wird ebenfalls berichtet, daß er öfter hinter einem Vorhang verborgen seine Regierungspflichten gegenüber seiner Umgebung wahrnahm. Harems, die europäischen Vorstellungen von diesem Begriff entsprechen, also Paläste, mit denen hohe höfische Würdenträger, angefangen bei den Regenten, ihren Sozialstatus dadurch kundtaten, daß sie hier eine große Zahl von Frauen, von Verschnittenen bewacht und im übrigen in einer streng hierarchischen Ordnung, unter ihrer höchsten, auch sexuellen, Autorität und relativ abgeschnitten von der Außenwelt, leben ließen, gab es schon im Alten Orient und in Byzanz. Die Sanktionierung für ihren Fortbestand fand die höfische Gesellschaft des Islams in den oben genannten Versen der 33. Sura.

Vers 53 läßt aber auch erkennen, daß die Geschlechtertrennung im vorislamischen Arabien noch nicht so rigoros gewesen sein kann, wie sie es in späteren Jahrhunderten allgemein wurde. Es kam, wie oben anhand von späten *ḥadīt̲en* gezeigt wurde, zu einem immer stärkeren Ausschluß der Frau aus dem öffentlichen Leben.

Bezeichnend ist, daß al-Ġazālī die Möglichkeit des Moscheebesuchs und des Ausgangs für Frauen in das Kapitel über „Eifersucht" einordnet. Er sagt über den Usus seiner Zeit im Osten des arabischen Reiches:

> Auch gegenwärtig ist es einer ehrbaren Frau erlaubt, mit Einwilligung ihres Mannes auszugehen, sicherer aber ist es, wenn sie zu Hause bleibt. Auch soll sie nicht ohne wichtigen Grund ausgehen, denn auszugehen, nur um etwas zu sehen und ohne gewichtigen Grund, schadet dem Ansehen und hat üble Folgen. Wenn sie aber ausgeht, muß sie vor den Männern die Augen niederschlagen[65].

In späterer Zeit, ja, wie moderner arabischer Literatur zu entnehmen ist, bis in die erste Hälfte dieses Jahrhunderts[66], war es für Frauen der oberen und mittleren Schichten der städtischen Gesellschaft arabischer Länder selbstverständlich, daß sie das Haus ihres Mannes, nachdem sie als Braut hinein gebracht wurden, erst bei ihrem Tode wieder verließen. In traditionellen indischen Sayyid-Familien darf eine Frau bis heute das eheliche Haus nur einmal verlassen: auf der Bahre.

Nach Sura 24.30,31 (s. u. S. 115) sind nicht miteinander verheiratete Männer und Frauen gleichermaßen gehalten, vor einander die Augen niederzuschlagen. Doch hielt man dieses Keuschheitsgebot offenbar für Frauen für relevanter als für Männer. Es ist angebracht, in diesem Zusammenhang die Strafe der Šarīʿa für außereheliche, also auch voreheliche, sexuelle Beziehungen *(zinā')* darzulegen. Sie betrafen, solange es die Sklaverei gab, auch den Intimverkehr eines Mannes mit einer Sklavin, die ihm nicht gehörte, und gelten für Mann und Frau gleicherweise. Nach Sura 24.2 besteht sie in hundert Peitschenhieben in Gegenwart von Zeugen. Hierdurch wurde Sura 4.15 abrogiert:

> Wenn welche von euren Frauen etwas Abscheuliches *(al-fāḥišata)* begehen, so verlangt, daß vier von euch (Männern) gegen sie zeugen! Wenn sie (tatsächlich) zeugen, dann haltet sie im Haus fest, bis der Tod sie abberuft oder Gott ihnen eine Möglichkeit schafft (ins normale Leben zurückzukehren)!

Relativ früh wurde aus dem jüdischen Recht statt der hundert Peitschenhiebe die Steinigung als *ḥadd*-Strafe für ein solches Paar übernommen, im Grunde also die Todesstrafe. Doch ist die Bestrafung in dieser harten Form wohl nur selten realisiert worden, weil es schwierig war, die vier vollgültigen männlichen Zeugen beizubringen, die den Akt in allen Details glaubhaft bezeugen können mußten, wenn sie nicht selbst einer *ḥadd*-Strafe unterzogen werden wollten. Aus der Literatur, etwa der Rahmengeschichte von *Tausendundeiner Nacht*, ist allerdings bekannt, daß ein Mann, der seine Frau oder Sklavin mit einem Liebhaber entdeckte und das Paar sofort tötete, straffrei ausging. Es scheint also, daß das Gewohnheitsrecht dem betrogenen Ehemann Selbstjustiz möglich machte. In Belutschistan und den Tribal Areas von Pakistan kommt Selbstjustiz in solchen Fällen bis heute vor.

Geschichten aus *Tausendundeiner Nacht* belegen auch, daß Männer wie Frauen, vor allem in der Niedergangszeit der arabischen Länder, Mittel und Wege fanden, diese strengen Bestimmungen zu umgehen, falls man nicht annehmen will, daß es sich hier um eine Art „Antiliteratur" handelt[67]. Prostitution im übrigen war zwar verboten, doch hat es sie wohl immer gegeben.

c) Verschleierung

Für eine strikte Verschleierung der Frau gibt es im Koran keine Vorschrift. In den beiden Koranversen, die zur Rechtfertigung der Verschleierung herangezogen werden, geht es im Grunde nur um ein bestimmtes Maß an züchtiger Verhüllung. In der 33. Sura, die einige Sonderbestimmungen für die Gattinnen des Propheten enthält, wird Mohammed geboten:

> Prophet! Sag deinen Gattinnen und Töchtern und den Frauen der Gläubigen, sie sollen, (wenn sie austreten) sich etwas von ihrem Gewand (über den Kopf) herunterziehen. So ist es am ehesten gewährleistet, daß sie (als ehrbare Frauen) erkannt und daraufhin nicht belästigt werden (Sura 33.59).

Ibn Saʿd gibt als Ätiologie an, daß Mohammeds Frauen, wenn sie in Medina nachts aus dem Haus gingen, um ihr Bedürfnis zu verrichten, belästigt worden seien, denn unverhüllte Frauen wurden für Sklavinnen gehalten[68]. Ein anderer Koranvers wird bis heute oft als Begründung für ein Verschleierungsgebot ebenso wie als ethische Weisung für die Geschlechterbeziehungen außerhalb einer Ehe herangezogen:

> Und sag den gläubigen Frauen, sie sollen (statt jemanden anzustarren, lieber) ihre Augen niederschlagen, und sie sollen darauf achten, daß ihre Scham bedeckt ist, den Schmuck, den sie am Körper tragen, nicht offen zeigen, soweit er nicht (normalerweise) sichtbar ist, ihren Schal sich über den (vom Halsausschnitt nach vorn heruntergehenden) Schlitz (des Kleides) ziehen und den Schmuck, den sie am Körper tragen, niemandem offen zeigen, außer ihrem Mann, ihrem Vater, ihrem Schwiegervater, ihren Söhnen... (Sura 24.31).

Es folgt eine Aufzählung von Personen, die für eine freie Frau aus verschiedenen Gründen als Ehepartner nicht in Frage kommen. Der vorhergehende Vers erteilt den männlichen Gläubigen eine ähnliche Weisung zur Züchtigkeit: „Sag den gläubigen Männern, sie sollen (statt jemanden anzustarren, lieber) ihre Augen niederschlagen, und sie sollen darauf achten, daß ihre Scham bedeckt ist (wörtl. sollen ihre Scham bewahren). So halten sie sich am ehesten sittlich und rein. Gott ist wohl darüber unterrichtet, was sie tun“ (Sura 24.30).

Es fällt auf, daß an keiner der beiden Stellen von einer Verschleierung des Gesichts die Rede ist. Sura 24.31 setzt sogar voraus, daß manche Körperstellen normalerweise zu sehen sind. Gegner der Verschleierung wie der bereits zitierte Ǧāḥiẓ im 9. Jahrhundert haben darauf verwiesen, daß Männer und Frauen im Zustand des *iḥrām* während der Pilgerfahrt Gesicht und Hände entblößen sollen. Allerdings ist aus verschiedenen Ländern des Vorderen Orients in vorislamischer Zeit, etwa dem Zweistromland und Iran, bekannt, daß Frauen der Oberschichten sich verschleierten, ja daß die Sklavin, die das tat, sich strafbar machte, weil sie ihre sozialen Schranken überschritt. Der Schleier kennzeichnete also Standesunterschiede. So wurde er vor allem für Damen der oberen Schichten der muslimischen städtischen Gesellschaft sehr bald üblich, im übrigen aber auch, aus verständlichen Gründen, für Christinnen und Jüdinnen, die in muslimischen Städten lebten. Bei den Beduinen, auch auf dem Lande, generell überall, wo Frauen schwere körperliche Arbeit zu verrichten hatten, war der Schleier eher hinderlich, wurde die Verschleierung also zunächst nicht so strikt gewahrt. Alten

Frauen erlaubt der Koran eine weniger strenge Verhüllung (Sura 24.60), sie genossen generell größere Bewegungsfreiheit.

d) Zur Rolle der Frau in der Gesellschaft

Bei der Herausbildung des Islams spielten Frauen eine nicht unerhebliche Rolle: Mohammeds erste Frau, Ḫadīǧa, eine reiche Kaufmannswitwe, die selbst Handel trieb, etwa 15 Jahre älter als er, gab ihm seelischen Rückhalt, als er seine ersten Offenbarungen empfing und in Mekka angefeindet wurde. Seine Lieblingsfrau ʿĀ'iša, die er, wie andere Frauen, erst nach Ḫadīǧas Tod heiratete, wurde Ursache von Offenbarungen und nach Mohammeds Tod Quelle vieler *ḥadīṯe* über ihn. Ihre Rolle in der Kamelschlacht im Jahr 656 allerdings, in der sie mit einigen frühen Anhängern Mohammeds gegen ʿAlī zu Felde zog, aber unterlag, lieferte konservativen Muslims noch in diesem Jahrhundert eine Begründung dafür, daß sich Frauen nicht ins öffentliche Leben und in politische Auseinandersetzungen mischen sollten[69]. Mohammeds Tochter Fāṭima, die erste Frau seines Vetters und Schwiegersohns ʿAlī und Mutter seiner Enkel Ḥasan und Ḥusain, wird schon durch ihre Beinamen az-Zahrā' „Die Leuchtende", al-Baṭūl „Die Jungfrau" und sogar Umm Abīhā „Die Mutter ihres Vaters" als Kristallisationsgestalt gläubiger Verehrung vor allem für die Schia gekennzeichnet. Im heutigen Iran steht sie, in idealisierter Form, im Mittelpunkt von Publikationen, die sie als das Vorbild schiitischer Frauen und Mädchen darstellen.

Verschleierung und Segregation der Frau im Islam sind durch die Jahrhunderte regional, sozial und auch individuell unterschiedlich praktiziert worden. Zwar nahm der ohnehin mehr indirekte Anteil der Frau am gesamtgesellschaftlichen Leben mit dem Niedergang der islamischen Länder mehr und mehr ab, doch machte andererseits die Teilung der Gesellschaft in eine Männer- und eine Frauengesellschaft immer bestimmte „Frauenberufe" erforderlich: die Heiratsvermittlerin oder Brautwerberin, die Badefrau für Frauenbäder, die Trödlerin, die die Harems belieferte, die „Kämmerin", eine Art Friseuse, die Leichenwäscherin für weibliche Tote, die, da sie eine Form religiöser Handlung vollzog, Ansehen genoß und genießt[70]; wie wohl überall gab (und gibt) es die Hebamme. Auf dem Lande arbeiten Frauen bis heute auf dem Feld, auch als Tagelöhnerinnen, und helfen in der Tierhaltung mit.

In den höfischen Harems gab es in späterer Zeit, etwa in der Türkei und in Indien, nicht nur eine streng abgestufte Hierarchie, sondern „Berufe" für Frauen, die in den männlichen Bereichen Männern überlassen waren, bis hin zu weiblichen Wachbataillonen. Schon aus Harems der frühen Abbasidenzeit wird von der *Qahramāna*, der „Hofmeisterin", berichtet. Daß von höfischen Harems aus auch Politik gemacht, Intrigen gesponnen, schwache Regenten gesteuert, Bauten und Wohlfahrtsunternehmen finanziert wurden, wird ebenfalls von der frühen Abbasidenzeit bis hin zu den Osmanen überliefert[71]. Trotz eines früh überlieferten *ḥadīṯ*: „Ein Volk, das seine Angelegenheit einer Frau anvertraut, wird nie Erfolg haben“[72], hat es vereinzelt und für kürzere Zeit auch Regentinnen gegeben, etwa die Ṣulayḥidin Arwā mit dem Thronnamen Sayyida (1052–1137) im Jemen; im 13. Jahrhundert die Mamlukensultanin Šağarat ad-Durr in Ägypten, und die Sultanin Rāḍiya Sulṭān in Indien, beide Angehörige türkischer Sklavendynastien. Im niedergehenden Niẓām-Shāhī-Staat in Ahmadnagar kam im Verlauf von Machtkämpfen nach dem Tod ihres Mannes im Jahr 1580 bis zu der Einnahme des Staats durch die Moghuln 1600 mehrfach die Königinwitwe Čand Bībī an die Macht. In Bhopal übernahm 1820 nach dem Tod ihres Mannes die Königinwitwe Qudsiyya Bēgam die Herrschaft für ihre minderjährige Tochter Sikandar Bēgam. Nach deren Inthronisierung 1845 herrschten bis zur freiwilligen Abdankung von Sulṭān Ğahān Bēgam 1926 in drei aufeinander folgenden Generationen Bēgams im Sultanat Bhopal.

Höfische Sklavinnen konnten von der frühen Abbasidenzeit an, je mehr die freie Frau aus der Öffentlichkeit ausgeschlossen wurde, und vor allem wenn sie zusätzlich zu äußeren Reizen über Klugheit und eine künstlerische und/oder wissenschaftliche Bildung verfügten, zu Ansehen und Einfluß gelangen, waren aber letztlich doch von der Willkür ihrer Herren abhängig[73].

Bei einem generell der patriarchalischen Familienordnung entsprechenden System der Namengebung fallen die Namen einiger bekannter Persönlichkeiten auf, die nach ihren Müttern benannt wurden, deren soziale Position also offenbar in dieser oder jener Weise durch die ihrer Mutter determiniert wurde. Aus vorislamischer Zeit werden etwa der Dichter Ibn al-ʿItnāba und der für seine rhetorischen Fähigkeiten bekannte Ibn al-Qirriyya genannt. Während der aus der frühen islamischen Geschichte bekannte Sohn ʿAlīs von einer Ḥanafitin Muḥammed Ibn al-Ḥanafiyya und der als Ibn ad-Dāya „der Sohn der Amme“ bekannte Historiker der Ṭūlūnidenzeit (dessen Vater Milchbruder des Kalifen al-Muʿtaṣim war) ihre Namen möglicherweise aus einer leicht ironisierenden Distanzierung erhielten, scheint bei anderen eher der hohe soziale Rang der Mutter oder Vorfahrin entscheidend gewesen zu sein. Der andalusische Grammatiker Ibn al-Qūṭiyya (gest. 977) „der Sohn der Gotin“ etwa hatte eine gotische Prinzessin in seiner Ahnenreihe. Der Historiker Ibn Bībī, auch Ibn Bībī al-Munağğima „der Sohn der Dame Sterndeuterin“, im 13. Jahrhundert hieß so nach seiner Mutter, die aus einer angesehenen Familie in Nishapur stammte und zu ihrer Zeit als Autorität auf dem Gebiet der Astrologie galt.

Arabische biographische Lexika berichten auch von Frauen, die im wissenschaftlichen Leben, etwa als Rechtsgelehrte, Traditionskennerinnen, eine Rolle spielten[74]. Bezeichnend ist, daß die Geschlechtertrennung in Lexika und andere wissenschaftliche Werke Eingang in der Form fand, daß die Frauen jeweils in einem gesonderten Teil vorgestellt werden. Von Frauen, die sich als Sängerinnen und Dichterinnen, auch Kalligraphinnen, vor allem in der höfischen Szene hervortaten, weiß die arabische *Adab*-Literatur[75]. Es existiert eine ganze Anzahl von Frauen signierter Korane und *ḥilyas*, das sind Aufzählungen von Eigenschaften des Propheten auf kalligraphischen Schmuckblättern, die im Volksglauben als segenspendend verehrt werden[76]. Mystikerinnen wurden schon im 8. Jahrhundert bekannt. Die berühmteste war Rābiʿa al-ʿAdawiyya (gest. 801). „Man kann sogar sagen, daß der Sufismus der Entwicklung weiblicher Aktivitäten günstiger war als andere Zweige des Islams"[77].

Einen Beruf dürfen Frauen im Islam meist bis heute nicht ausüben, den des *qāḍī*. Nach der *šarīʿa* ist die Frau begrenzt rechtsfähig. Bei Eingehung eines Schuldverhältnisses können nach Sura 2.282 zwei Frauen einen Mann als Zeugen ersetzen, wenn zwei männliche Zeugen nicht beizubringen sind, „... damit für den Fall, daß die eine von ihnen sich irrt, die andere diese (an den wahren Sachverhalt) erinnere". Dasselbe gilt für die Bezeugung eines *zināʾ* und eines Ehevertragsabschlusses. Da Frauen Eigentum besitzen dürfen, konnten sie sich, das ist seit dem 19. Jahrhundert belegt[78], als stille Teilhaberinnen an Unternehmen beteiligen, ja selbst solche betreiben. Ob sie sich dabei in der Öffentlichkeit von männlichen Familienangehörigen vertreten ließen, ist nicht bekannt.

Ein beliebter, die Frauen generell charakterisierender Topos der arabischen „hohen" wie der Volksliteratur, der *kaid an-nisāʾ* „die List der Frauen", anknüpfend an Worte der Josefssura (Sura 12.28), läßt vermuten, daß religiös legitimierte Subordination durchaus nicht nur zur Submission, sondern auch zur Subversivität führte, daß aber die wohl durchgängig männlichen Tradenten wie Adressaten solcher Geschichten sich größerenteils an ihnen freuten.

6. *Zur gegenwärtigen Situation*

Islamische Reformer seit dem vorigen Jahrhundert konzentrierten sich sehr stark auch auf die Position der Frau in Familie und Gesellschaft. Qāsim Amīn (1869–1908) begründete die Lage der Frau in den islamischen Ländern um 1900 mit der jahrhundertelangen Despotie, die Stagnation und Verfall bewirkt und der Frau doppelte Unterdrückung gebracht habe[79]. Mohammed ʿAbduh (1849–1905)[80] bezog in seine Reformgedanken auch die Verse des Koran ein, die sich auf Polygynie und *ṭalāq* beziehen. Er, wie der Tunesier aṭ-Ṭāhir al-Ḥaddād (1899–1935) forderten, diese Verse in ihrer historischen Bedingtheit zu verstehen[81] und sie heute, den veränderten Zeitverhältnissen gemäß, neu zu interpretieren. Die im Koran formulierte Überlegenheit des Mannes etwa sahen diese Reformer nur in seinen größeren körperlichen Kräften. Mit dem Hinweis auf die Rolle der Frau als Erzieherin der kommenden Generation forderte man vor allem bessere Bildungsmöglichkeiten für Mädchen. Sie wurden, abhängig von der politischen Situation des jeweiligen Landes, seit etwa 1870 allmählich geschaffen. Bis in die Gegenwart hat ihre Zahl, natürlich variierend von einem Land zum anderen, stark zugenommen. Trotzdem besuchen bis heute meist weniger Mädchen Schulen oder gar Universitäten als Jungen[82]. UNESCO-Statistiken zufolge lag die weibliche Analphabetenrate 1990 im arabischen Raum zwischen 26,9% im Libanon und 73% im Südjemen[83].

Während des Ersten Weltkriegs und danach wurden die ersten Frauenorganisationen gegründet, die sich bis in die Gegenwart für die Erweiterung der Bildungs- und Berufsmöglichkeiten für Frauen, für deren politische Rechte und für Reformen des Familienrechts einsetzen.

Der Einstieg ins Berufsleben gelang der islamischen Frau in stärkerem Maß erst nach dem Ersten Weltkrieg und war abhängig von wirtschaftlichen und sozialen Notwendigkeiten des jeweiligen Landes. Immer noch zeigt sich aufgrund der Tabuisierung eines freieren Umgangs zwischen den Geschlechtern die Tendenz zu bestimmten Frauenberufen, etwa Lehrerin in Mädchenschulen, Ärztin, Krankenschwester in pädiatrischen oder gynäkologischen Stationen. Auch in Industriebetrieben setzt man Arbeiterinnen gern in eigenen Abteilungen ein, weil das mit konventionellen sozialen Ehrbegriffen eher zu vereinbaren ist. Arabische Staaten, die den Anspruch auf Progressivität erheben, versuchen mit unterschiedlichem Erfolg, auch als Indiz ihrer Haltung, Frauen in Berufen einzusetzen, die keinerlei Beziehungen zu ihren traditionellen Tätigkeiten haben, etwa als Verkehrspolizistin, sogar als Richterin und Diplomatin. Noch immer sind in manchen islamischen Ländern Fernsehansagerinnen umstritten. Generell ist das soziale Wertsystem, das auch heute noch die Ehre einer Familie abhängig sieht von der Sittsamkeit ihrer weiblichen Angehörigen und daraus folgend Geschlechtertrennung, eine strenge geschlechtsspezifische Sozialisation, Frühheiraten für Mädchen und ihre Behütung, die zur Überwachung werden kann, erst durch den Vater, dann durch den Ehemann, vorsieht, vor allem in den mittleren und unteren Schichten der Bevölkerung der Berufstätigkeit der Frau nicht zuträglich. So ist die Berufstätigkeitsrate der arabischen Frau weitaus niedriger als in anderen Entwicklungsländern. Sie lag 1975 bei 7,9%[84] –, ist aber inzwischen leicht gestiegen. Arbeit in der Landwirtschaft wird von solchen Statistiken meist nicht erfaßt.

Die *šarīʿa* wurde nur in Saudi-Arabien in unveränderter Form beibehalten. Libyen hat sie 1971 wieder eingeführt, jedoch mit Modifikationen zugunsten der Frau, etwa im Hinblick auf das Ehealter, die Einschränkung des *ṭalāq*, größere Möglichkeiten für die Frau, eine Scheidung zu verlangen. Auch im Sudan ist die *šarīʿa* seit einigen Jahren wieder voll rechtskräftig. In Iran wurden die Modifikationen, die Schah Reza Pehlevi zum islamischen Familienrecht erlassen hatte, im Sommer 1979 außer Kraft gesetzt. Die übrigen islamischen Länder bekennen sich zwar zum Geist der *šarīʿa*, sind jedoch seit längerem bestrebt, den Erfordernissen der Gegenwart durch Modifikationen entgegen zu kommen. Nur die Türkei hat 1926 die *šarīʿa* durch das Schweizer Zivilrecht in kaum adaptierter Form ersetzt. Obwohl es innerhalb der europäischen Rechtssysteme der damaligen Zeit relativ konservativ im Hinblick auf die Position der Frau war, aber doch, wie der Islam,

Gütertrennung in der Ehe vorsah[85], konnte es sich, besonders auf dem Lande, nur schwer durchsetzen. In anderen Ländern betreffen Modifizierungen vor allem die Einschränkung der Polygynie. Verboten wurde sie lediglich in Tunesien 1956. Im Südjemen ist sie seit dem Familiengesetz von 1974 nur noch in Sonderfällen zugelassen. Der *ṭalāq* wurde zwar nirgendwo ganz beseitigt, doch wurde der Frau auf diesem Gebiet generell mehr juristischer Schutz gewährt. Zudem hat sie mehr Möglichkeiten, selbst die Scheidung zu fordern. Tunesien und der Südjemen haben auch den *mahr* auf einen geringen Betrag begrenzt. Das Ehealter wurde, meist auch zum Schutz vor einer Bevölkerungsexplosion, da Empfängnisverhütung der generellen Kinderfreundlichkeit des Islams, vor allem in den unteren Schichten der Bevölkerung widerspricht, stark heraufgesetzt[86]. Bei allen Reformen ist jedoch zu bedenken, daß jahrhundertealte Traditionen und Denkweisen nicht von heute auf morgen durch Gesetze beseitigt oder verändert werden können. So wird etwa die Limitierung des *mahr* in Tunesien auf einen Dinar meist dadurch umgangen, daß die Brauteltern das traditionell zusätzlich zum *mahr* übliche Brautgeschenk in größerer Höhe verlangen.

Erst nach dem Ersten Weltkrieg begannen Frauen der Oberschicht vor allem in den Metropolen islamischer Länder damit, ostentativ den Schleier abzulegen. Seit etwa zehn Jahren ist auf diesem Gebiet im Zuge einer neuen Identitätssuche eine gegenläufige Bewegung zu verzeichnen. Muslimische Frauen, die islamische Kleidung tragen, begründen dies heute oft damit, sie wollten nicht, wie Frauen in Europa und den USA, männliche Sexualobjekte sein. Die Geschlechtertrennung zeigte sich zunächst auch bei moderneren öffentlichen Verkehrsmitteln mit eigenen Frauenabteilen in Straßenbahnen; sie ist bis heute meist bei Wahlen zu beobachten: Männer und Frauen wählen gesondert.

Reaktionen gegen Reformierungsbestrebungen kamen und kommen aus orthodox-islamischen Kreisen. Da die Entwicklung der letzten Jahrzehnte besonders bei den mittleren und unteren Schichten der Bevölkerung die Vorstellung bestärkt hat, daß Frauenemanzipation nach europäischem oder amerikanischem Vorbild meist nur den Interessen der Oberschicht entsprang und dieser nutzte, stößt sie heute, als den einheimischen Traditionen widersprechend, oft auf wachsenden Widerstand. Es scheint auch, daß das Sich-bedroht-Fühlen durch die Industrialisierung mit ihrem differenzierten sozialen Wertesystem ebenso wie politische Bedrohung, etwa im Fall der Palästinenser, besonders bei den mittleren und unteren Schichten der Bevölkerung zu einer verstärkten Betonung der traditionellen Wertvorstellungen gerade im Hinblick auf die Rolle der Frau führt[87]. Jedenfalls gewinnen fundamentalistische Positionen gerade in der Frauenfrage in letzter Zeit zunehmend an Bedeutung.

Anmerkungen

1 *Aḥmad ibn Ḥanbal,* Musnad, Miṣr 1313, II, 168; eine Auflistung von Stellenangaben relevanter ḥadīṯe bringt *A.J. Wensinck*, A Handbook of early Muḥammadan tradition, Leiden 1927, s.v. „Women".
2 *Al-Buḫārī,* Kitāb al-Ǧāmiʿ aṣ-ṣaḥīḥ, ed. L. Krehl u. Th. W. Juynboll, Leiden 1862–1908, 67, 112.
3 Ebda., 67, 17.
4 Ebda., 6, 6.
5 Ebda., 60, 1.
6 EI², Ḥayḍ (Bousquet) III 315.
7 *Buḫārī* (Anm. 2), Ṣaḥīḥ, 10, 163.
8 Ebda., 10, 165.
9 Ebda., 10, 166.
10 Musnad Aḥmad, (Anm. 1) I, 191.
11 Ebda., V, 209f. u.ö.
12 *Buḫārī,* Ṣaḥīḥ (Anm. 2), 16, 9.
13 Vgl. *C.H. Becker*, Islamstudien, I, Leipzig 1924, 407.
14 *Al-Ǧāḥiẓ,* Kitāb al-Ḥayawān, ed. Muḥammad Sāsī al-Maġribī at-Tūnisī, IV, Miṣr 1325/1907, 65f.
15 *Ibn Qutaiba,* ʿUyūn al-aḫbār, IV, Kairo 1930, 113.
16 *Ṭabarī,* Ta'rīḫ, ed. Muḥammad Abū'l-Faḍl Ibrāhīm, Miṣr o.J., 106ff.
16a Ausführlichere Darstellung in W. Walther, Mythen über das erste Menschenpaar, den Sündenfall mit seinen Folgen und die Konstituierung menschlichen Lebens in der islamisch-arabischen Literatur, in: Forschungsforum. Berichte aus der Otto-Friedrich-Universität Bamberg. Orientalistik. 2 (1990), 9ff.
17 *Buḫārī,* Ṣaḥīḥ (Anm. 2), 67, 80.
18 Zu sozialen Nöten als Grund für Ehefeindlichkeit vgl. *H. Bauer*, Von der Ehe, das 12. Buch von al-Ġazālī's „Neubelebung der Religionswissenschaften", übers. u. erl., Halle 1917, 39ff.
19 EI² Kafā'a (Linant de Bellefonds) IV 404.
20 Z.B. Musnad Aḥmad (Anm. 1), III, 334, 360 u.ö., vgl. auch *Wensinck*, Handbook (Anm. 1), s.v. „Marriage"; zur Position der Frau im islamischen Familienrecht vgl. *J.L. Esposito*, Women in Muslim family law, Syracuse, New York 1982.
21 *R. Paret*, Kommentar zu 4.129.
22 Vgl. *Watt/Welch*: Islam I, 135.
23 EI(H), Mutʿa (Heffening); zur Diskussion um die *mutʿa* heute vgl. *W. Ende*, Ehe auf Zeit *(mutʿa)* in der innerislamischen Diskussion der Gegenwart, in: Die Welt des Islams 20 (1980), 1–43; zu 4.24 vgl. *H. Motzki*, Wal-muḥṣanātu mina n-nisā'i illā mā malakat aimānukum (Koran 4.24) und die koranische Sexualethik, in: Der Islam 63 (1986), 193–218. *S. Murata*, Temporary Marriage (*mutʿa*) in Islamic Law, London 1987; *S. Haeri*, Law of Desire. Temporary Marriage in Iran, London 1989.
24 *Buḫārī,* Ṣaḥīḥ (Anm. 2), 67, 8 u.ö.; vgl. auch EI² Mahr (Spies) VI 78–80 – EI(H), Mahr.
25 *Buḫārī,* Ṣaḥīḥ (Anm. 2), 78, 81; *Ibn Saʿd*, Kitāb aṭ-Ṭabaqāt al-kabīr, VIII, ed. C. Brockelmann, Leiden 1908, 40ff.
26 *al-Muttaqī al-Hindī,* Kanz al-ʿummāl fī sunan al-aqwāl wal-afʿāl, VIII, Haydarabad 1312, Nr. 4683, 4721.
27 Ebd., Nr. 4935, 4937 und öfter.
28 EI(H), Ṭalāq (Schacht); *Esposito* Women, (Anm. 20) 28ff.
29 *Wensinck* Handbook, (Anm. 1) s.v. „Divorce"; *Bauer/Ġazālī,* (Anm. 18) 105.

30 *A. A. Fyzee*, Outlines of Muḥammedan Law, London u. a. [2]1955, 135.
31 *Esposito* (Anm. 20), 31, nach *S. Vesey-Fitzgerald*, Muhammedan law, an abridgment, London 1931, 73.
32 *J. E. Tucker*, Women in nineteenth-century Egypt, Cambridge, London u. a. 1985, 57f.
33 Detaillierter in: *Watt/Welch*: Islam I, 136.
34 *Buḫārī*, Ṣaḥīḥ (Anm. 2), 78, 1.
35 Z. B. Kanz al-ʿummāl (Anm. 26), VIII, Nr. 4748.
36 *Buḫārī*, Ṣaḥīḥ (Anm. 2), 78, 1.
37 Z. B. *Baihaqī*, Kitāb al-maḥāsin wal-masāwī, ed. F. Schwally, Gießen 1902, 599f.; *Ibšīhī*, Kitāb al-Mustaṭraf fī kull fann mustaẓraf, II, Miṣr 1320/1902, 9f., vgl. auch *W. Walther*, Altarabische Kindertanzreime, in: M. Fleischhammer (Hg.), Studia orientalia in memoriam Caroli Brockelmann, Halle 1968, 223ff.
38 Kanz al-ʿummāl (Anm. 26), VIII, Nr. 4708.
39 Ebda., Nr. 4684 (*al-ḥamdu lillāh dafn al-banāt min al-makrumāt*).
40 Ebda., Nr. 4453, 4475.
41 Ebda., Nr. 4648.
42 Ebda., Nr. 4302.
43 Ebda., Nr. 4261.
44 Ebda., Nr. 4613.
45 Ebda., Nr. 4681.
46 Musnad Aḥmad (Anm. 1), IV, 446, 447.
47 *Ibn Qutaiba* ʿUyūn (Anm. 5), IV, 2.
48 *E. Griffini* (Hg.), „Corpus iuris" di Zaid ibn ʿAlī, testo arabo, Milano 1919, 194f.
49 *Bauer/Ġazālī* (Anm. 18), 12.
50 Ebda., 32; 35.
51 Ebda., 35; 34.
52 Ebda., 83f., 90.
53 Ebda., 85f.
54 Ebda., 88.
55 Musnad Aḥmad (Anm. 1), II, 439, 480.
56 Kanz al-ʿummāl (Anm. 46), VIII, Nr. 113 u. ö.
57 *Buḫārī* (Anm. 2), 67, 85, Musnad Aḥmad (Anm. 1), II, 255 u. ö.
58 Allgemeines Landrecht für die preußischen Staaten, hgg. von H. Rehbein und O. Reincke, Berlin [5]1894, 101.
59 Kanz al-ʿummāl (Anm. 26), VIII, Nr. 4094.
60 Ebda., Nr. 4097, 4119.
61 Vgl. z. B. einige Erzählungen in: *Y. aš-Šārūnī* (Hg.), al-Laila aṯ-ṯāniya baʿd al-alf, Kairo 1975.
62 Kanz al-ʿummāl (Anm. 26), VIII, Nr. 4091.
63 *Bauer/Ġazālī* (Anm. 18), 112, 113.
64 *Ibn Saʿd* (Anm. 25), VIII, 74f.
65 *Bauer/Ġazālī* (Anm. 18), 81.
66 Z. B. für Ägypten die Gestalt der Amīna in *Naǧīb Maḥfūẓ'* Romantrilogie Bain al-Qaṣrain, Qaṣr aš-Šauq und as-Sukkariyya, Kairo 1956/7 und öfter; für Marokko die Muttergestalt in *Driss Chraibi*, Diese Zivilisation, Mutter!, Zürich, auch Leipzig 1982.
67 Vgl. *W. Walther*, Das Bild der Frau in Tausendundeiner Nacht, in: Hallesche Beiträge zur Orientwissenschaft 4 (1982), 69ff.
68 Ibn-Saʿd, (Anm. 25) VIII, 126.
69 *W. Walther*, Die Frau im Islam, Stuttgart, Berlin u. a. 1980, 71ff.; vgl. auch die Artikel ʿĀ'isha (Montgomery Watt), Fāṭima (Veccia Vaglieri) und Khadīdja (Montgomery

Watt) in EI² I 307f., II 841 – 50, IV 898f., sowie *C. Waddy*, Women in Muslim History, London, New York 1980.

70 Vgl. *A. Petersen*, Ehre und Scham, das Verhältnis der Geschlechter in der Türkei, Berlin 1985, 28.

71 Vgl. *Walther*, Frau (Anm. 69), 77f.

72 *Buḫārī*, Ṣaḥīḥ (Anm. 2), 92, 18, Musnad Aḥmad (Anm. 1), V, 38, 43.

73 *Walther*, Frau (Anm. 64), 75ff.

74 Z.B. *al-Ḫaṭīb al-Baġdādī*, Ta'rīḫ Baġdād, Kairo 1931, XIV, die Viten Nr. 7800–7831; *as-Saḫāwī*, aḍ-Ḍau' al-lāmiʿ li-ahl al-qarn at-tāsiʿ, XII, al-Qāhira 1355; der Syrer *ʿU. R. al-Kaḥḥāla* hat ein Lexikon bekannter Frauen der arabisch-islamischen Geschichte und Kulturgeschichte nach älteren Quellen zusammengestellt u. d. T. Aʿlām an-nisā', I–V, Damaskus 1378/1959. Für das moderne Indien s. *Patricia Jeffery*, Purdah. Muslimische Frauen in Indien, Berlin 1985.

75 *Walther*, Frau, 108ff.

76 Vgl. *A. Schimmel*, And Muḥammed is His Messenger, the Veneration of the Prophet in Islamic piety, Chapel Hill, London 1985, 36.

77 *A. Schimmel*, Mystische Dimensionen des Islams, Köln 1985, 603.

78 *Tucker* Women, (Anm. 32), 83ff.

79 In seinen Büchern Taḥrīr al-mar'a, Kairo 1899, und al-Mar'a al-ğadīda, Kairo 1901.

80 Vgl. *J. M. S. Baljon*, Modern Muslim Koran interpretation, 1880–1960, Leiden 1961, und *C. C. Adams*, Islam and Modernism in Egypt: a study of the modern reform movement inaugurated by Muḥammad ʿAbduh, New York ²1968; EI², Iṣlāḥ. (Merad, Algar, Ahmad) IV 141 – 71.

81 In seinem Buch Imra'atunā fī š-šarīʿa wal-muğtamaʿ, Tunis ²1972; vgl. auch *R. Paret*, Die Frauenfrage in der arabisch-islamischen Welt (1934), in: J. v. Ess (Hg.), *R. Paret*, Schriften zum Islam, Stuttgart, Berlin u. a. 1981, 135–205.

82 Vgl. die Statistiken in: *A. Sabbagh*, Frauen im Islam, Würzburg 1986, 170ff.

83 *J. Abu Nasr, N. F. Khoury, H. T. Azzam* (Hg.), Women, employment and development in the Arab world, Berlin, New York u. a. 1985, 8.

84 Ebda., 22.

85 Vgl. *N. Abadan-Unat*, Der soziale Wandel und die türkische Frau, in: *N. Abadan-Unat* (Hg.), Die Frau in der türkischen Gesellschaft, Frankfurt 1985, 13f.

86 Ausführlichere Darstellung der Rechtsreformen in: *N. Anderson*, Law Reform in the Muslim world, London ²1976; für Pakistan und Ägypten (ohne Berücksichtigung der Novelle von 1981) in: *Esposito*, Women (Anm. 20), 49ff. Für den praktischen Bedarf hat das Bundesverwaltungsamt Köln seit den siebziger Jahren in seinen „Merkblättern für Auslandtätige und Auswanderer" Überblicksdarstellungen über das Ehe- und Familienrecht in den meisten islamischen Staaten veröffentlicht.

87 Vgl. zum Thema „Frau im Islam in der Gegenwart" auch den Sammelband *L. Beck, N. Keddie* (Hg.), Women in the Muslim world, Cambridge, London 1978. Die Literatur zum Thema ist in den letzten Jahren so angewachsen, daß sie in eigenen Bibliographien erfaßt wird, etwa: *S. R. Meghdessian*, The Status of the Arab woman. A select Bibliography, London 1980; vgl. auch: UNESCO, Social Science Research and women in the Arab world, Paris, London 1984; M. Paris, Femmes et sociétés dans le monde arabo-musulman. Aix en Provence 1989. Eine ganze Anzahl von soziologischen und sozialanthropologischen Feldstudien zur Situation von Frauen in Randgebieten der islamischen Welt, von Schwarzafrika über den Balkan bis nach Südostasien, enthält *B. Utas* (Hg.), Women in Islamic societies, social attitudes and historical perspectives, London, Malmö u. a. 1983; sehr ausgewogen von einer Insiderin *N. Hijab*, Womanpower, the Arab debate on women at work, Cambridge, New York u. a.

1988; vielseitig: N. Minai, Schwestern unterm Halbmond. Muslimische Frauen zwischen Tradition und Emanzipation. München 1990 (Engl. Original 1981).

88 Davon zeugt z. B. die Neuauflage von Schriften der Vertreterin des islamischen Fundamentalismus in Ägypten aus den fünfziger Jahren, Zainab al-Ġazālī: Muḥammad al-Ġazālī/Ibn al-Hāšimī (Hg.), ad-Dāʿiya Zainab al-Ġazālī – Masīrat ǧihād wa-ḥadīṯ min aḏ-ḏikrāyāt min ḫilāl kitābātihā, al-Qāhira 1989; Ibn al-Hāšimī (Hg.), Zainab al-Ġazālī, Humūm al-marʿa al-muslima wa-d-dāʿiya Zainab al-Ġazālī, Al-Qāhira 1990. Vgl. auch M. Akkent, A. Neusel, S. Tekeli (Hg.), Aufstand im Haus der Frauen, Berlin 1991, zu fundamentalistischen Positionen in der Türkei.

Khalid Durán

Die Muslime und die Andersgläubigen

1. Die brisante Verstrickung von Geschichte und Theologie

Das Verhältnis von Muslimen zu Andersgläubigen ist selten problemlos. Der Islam ist eine missionarische Religion, die sich weiterhin ausbreitet. Für die Ausbreitung sorgt einmal die Bevölkerungsexplosion in den meisten Staaten mit muslimischer Mehrheit, aus denen Millionen Menschen in andere Gegenden der Welt auswandern, die zum Teil niemals zuvor eine muslimische Minderheit in ihrer Mitte gekannt haben. Zum anderen breitet sich der Islam durch die Bekehrung vieler Menschen in zahlreichen Ländern immer noch aus, teilweise handelt es sich sogar um Massenübertritte.

Diese Verlagerungen sorgen für eine neue Problematik und werfen die Frage nach den Möglichkeiten eines harmonischen Zusammenlebens von Muslimen und Andersgläubigen auf. Viel diskutiert ist die Perspektive einer allseitig bereichernden Integration – im Gegensatz zu den Extremen von Assimilation und Isolation.

Hinsichtlich des Auskommens mit anderen Religionsgemeinschaften enthält der Islam sowohl erleichternde als auch erschwerende Elemente.

Diese „Wesensmerkmale" sind teils theologischer, teils quasi-theologischer Natur. Wieder andere sind so tief in der muslimischen Geschichte verankert, daß sie als integrale Bestandteile des normativen Islams anzusehen sind.

Da ist einmal die Wunschvorstellung von der islamischen Glaubensgemeinschaft als Modellfall für die übrige Menschheit, entsprechend den koranischen Kernsätzen *kuntum ḫayra ummatin uḫriğat li n-nās* („Ihr seid die beste Gemeinschaft, die je für die Menschheit hervorgebracht wurde")[1] und *innā ğaʿalnākum ummatan waṣaṭ* („Fürwahr, Wir haben euch zu einem Volk der Mitte gemacht;" – des gesunden Mittelmaßes)[2]. Das ist durchaus dem jüdischen Selbstverständnis vom „auserwählten Volk" vergleichbar, nur daß eben Volk nicht für Rasse, sondern für Glaubensgemeinschaft steht.

Laut Koran ist die Auserwähltheit der Muslime mit der Auflage verbunden, die gesamte Menschheit schließlich in das Heil einzubeziehen. Da es sich um eine Verwirklichung in dieser Welt handelt, sind Macht und Herrschaft logischerweise hilfreich und erstrebenswert, wenn nicht gar eine unabdingbare Voraussetzung. Wilfred Cantwell Smith z. B. sah hierin eine Wesensgleichheit von Islam und Marxismus[3]. Dieser Aspekt gehört zur Theologie des Islams.

Quasi-theologisch ist die – weitgehend durch historische Wechselfälle bestimmte – Überzeugung, daß Gott Frommsein mit weltlicher Macht belohne: Die Muslime waren zu Beginn des Islams politisch so erfolgreich, weil sie so gottesfürchtig waren. Spätere Generationen, die ihre Glaubenspflichten vernachlässigten, verloren ihre politische Vorrangstellung. So jedenfalls sahen es viele, wahrscheinlich sogar die Mehrheit der Muslime weltweit. Im Zorn über die Lauheit seiner Gläubigen läßt der Allmächtige sie von Nicht-Muslimen unterwerfen oder gar vernichten, gemäß der Warnung im Koran, daß Gott sein Volk durch ein anderes ersetzen werde, wenn die Gläubigen nicht richtig spurten. Erst die Rückkehr zum Glauben kann diesen Beschluß ändern. – Gedanken, die Muḥammad Iqbāl 1912–13 in seinen großen Gedichten „Klage" und „Antwort" dramatisch ausgesprochen hat. Auf diese Weise wird z. B. das dramatische Ende des Islam in Spanien erklärt, ebenso die Vernichtung Bagdads durch die Mongolen und die Beherrschung des größten Teils der muslimischen Welt durch die europäischen Kolonialmächte. Die Eroberung Jerusalems erst durch die Kreuzfahrer und später durch die Israelis wird als göttliche Strafe für die moralische Verworfenheit der Muslime betrachtet. Die Rückbesinnung auf den Islam in den siebziger und achtziger Jahren dieses Jahrhunderts geht zumindest teilweise auf den für die Araber katastrophalen Ausgang des Krieges von 1967 mit den Israelis zurück. So jedenfalls sehen es die Betroffenen selbst. Viele Gläubige fürchten ernsthaft für die Heiligen Stätten in Arabien, so lange es nicht zu einer reumütigen Umkehr unter den Muslimen komme[4].

Obgleich das Kalifat nicht eigentlich theologisch verankert ist, kann es doch als ein unveräußerlicher Ausdruck des normativen Islams gelten. Das Kalifat steht als Symbol der weltlichen Macht des Islams. Als solches kann es verschiedenartige Formen annehmen. Darunter fallen auch neuartige Ausdrucksformen wie etwa die Ende der sechziger Jahre geschaffene ICO (*Islamic Conference Organization* = Organisation Islamischer Staatskonferenzen), die im wesentlichen auf saudi-arabische Initiativen zurückgeht, mittlerweile aber 45 Staaten umfaßt.

Entscheidend ist die Glaubenssatz-ähnliche Vorstellung, daß dem Islam weltliche Herrschaft gebühre. Obschon etliche muslimische Gelehrte erkannt haben, daß hierbei historische Zufälligkeiten mit dem Glauben *per se* verwechselt werden, haben ihre kritischen Betrachtungen zu diesem Thema doch nur wenig Breitenwirkung. Der frühe Islam war keine Religion der Katakomben. Statt dessen triumphierten die Muslime bereits zu Lebzeiten des Religionsstifters. Die rasante Expansion des frühen islamischen Weltreichs gewöhnte die Gläubigen an das Schauspiel eines nicht nur religiös, sondern auch politisch triumphierenden Glaubens. Die Muslime wurden durch ihre so überaus glorreiche Frühgeschichte gewissermaßen verwöhnt. Spätere Niederlagen taten dem einmal entstandenen Image nur wenig Abbruch. Der damals entstandene „Prinzenkomplex" ist bisher kaum bewältigt worden. Eine „Vergangenheitsbewältigung" ist auf Intellektuellenkreise ohne staatliche Macht beschränkt. Selbst in den Bildungsschichten herrscht, zumindest unterschwellig, weiterhin das im indischen Reich der Moghulkaiser so treffend zum Ausdruck gekommene persische Motto vor: *padaram ṣulṭān būd* („Ich bin der Sohn eines Herrschers", wörtlich „mein Vater war Sultan")[5].

2. Die unbewältigte koloniale Vergangenheit

Dem europäischen Kolonialismus wird zu Unrecht bisweilen die Alleinschuld an der Zerrissenheit vieler islamischer Staaten zugeschrieben. Ebenso ungerechtfertigt wäre es aber, den Trennfaktor Kolonialismus unterzubewerten. Die Devise „teile und herrsche" bot sich wegen der bereits bestehenden Gegensätze vieler der unterjochten Länder geradezu an. Es wurde dann aber auch mehr als reichlich Gebrauch davon gemacht.

In Gebieten mit starkem muslimischen Bevölkerungsanteil waren die Muslime tatsächlich häufig die "Haupträdelsführer" anti-kolonialen Aufruhrs. Als Gegenmaßnahme bevorzugten Engländer, Franzosen, Holländer und Spanier andere Bevölkerungsgruppen und verurteilten die Muslime zu – zumindest vorübergehender – Bedeutungslosigkeit.

Extremstes Beispiel dafür sind die Philippinen, wo die zuvor fast über den gesamten Archipel dominierenden Muslime in die Unzugänglichkeit der wilden Südinsel Mindanao verjagt wurden. In Indien wurde die muslimische Verwaltungsspitze durch Hindus ersetzt; in den meisten westafrikanischen Ländern traten frisch zum Christentum bekehrte Küstenbewohner (bis dahin Animisten) an die Stelle der muslimischen Oberschicht aus dem Norden. In Indonesien wurde ebenfalls die neue Elite weitgehend aus den Konvertiten zum Christentum rekrutiert, Konvertiten, die ebenfalls zumeist aus animistischen „Restbeständen" stammten, oder aber sogar dem Islam abgewonnen waren.

In all den genannten Gebieten zogen sich die meisten Muslime sozusagen in einen Schmollwinkel zurück und versperrten sich gegen das neue Bildungssystem. Sie fürchteten, ihre Kinder könnten in den Missionsschulen zum Glaubensabfall verleitet werden, was in der Tat häufig genug geschah. Ferner wurden im kolonialen Bildungswesen die Amtssprachen der Muslime – wie etwa Arabisch, Persisch, Urdu, Haussa – durch die Sprachen der neuen Herrscher ersetzt, oder aber einheimische Sprachen wie Bhahasa Indonesia oder Kiswaheli einer weiteren Durchsetzung durch das Arabische entzogen. Mangelnde Kenntnis des Englischen, Französischen oder Holländischen wirkte sich alsbald nachteilig für die Muslime aus, da Christen und Hindus ihnen nunmehr voraus waren. Dieser Bildungsvorsprung konnte nur sehr allmählich aufgeholt werden, vielerorts, besonders in Westafrika, besteht er noch fort. Auch Ostafrika war davon betroffen, obwohl sich die deutsche Kolonialverwaltung erst einmal auf die Muslime als „Mittler" gestützt hatte. Unter britischer Kolonialherrschaft wurde der Spieß umgedreht und die Muslime in Tanzania litten bis lange nach der Unabhängigkeit darunter, weder arabische noch englische Bildung zu besitzen. Selbstverständlich gab es bei all diesen Entwicklungen zahlreiche Ausnahmen.

Die bildungsmäßige Benachteiligung zog wirtschaftliche Rückständigkeit nach sich, so daß sich in all den genannten Gebieten die Muslime ohnehin diskriminiert fühlen würden, selbst wenn keine religiösen Bedenken wegen der politischen Entmachtung des Islams bestünden.

Seit Erlangen der Unabhängigkeit wird daher von muslimischen Mehrheiten mancherorts eine Diskriminierung der Minderheiten betrieben, zumindest durch Sonderprivilegien für Muslime. Deutlichstes Beispiel dafür ist Malaysia, weil es sich bei den Nicht-Muslimen überdies um ethnische Minderheiten handelt (Chinesen, Inder). Die Bevorzugung der *bhumiputra* („Landessöhne") im Staatsapparat ist aber auch eine Förderung des Islams. Hier mischt sich also Chauvinismus mit Islamismus auf ganz unverhohlene Weise. In Indonesien handelt es sich erstrangig um Chauvinismus, weil der indonesische Staat seit der Unabhängigkeit von muslimischen Verfechtern des Säkularismus getragen wird. Zu ihnen gesellen sich indonesische Christen, die aus ethnischen Gründen ebenfalls gegen die Chinesen eingestellt sind und sie diskriminieren. Dennoch stellen die Islamisten die Speerspitze der anti-chinesischen Front dar. Ihnen geht die herrschende Schicht Indonesiens – mit ihrem mangelnden Einsatz für den Islam – nicht weit genug in der Zurechtweisung der wohlhabenden Händlerklasse chinesischer Herkunft. Daher kann man auch hier von einer Zweckehe von Chauvinismus und Islamismus sprechen.

In diesem Zusammenhang darf nicht unerwähnt bleiben, daß sich die islamistische Theorie eindeutig gegen jede Form von Chauvinismus stellt. Einziges Kriterium für die volle Gleichberechtigung eines jeden Bürgers, gleich welcher rassischer Herkunft, soll ja der Glaube und die Rechtschaffenheit sein. In der Praxis sind jedoch gerade die Islamisten oft die schlimmsten Scharfmacher. Hierin liegt einer der wesentlichen Widersprüche des Islamismus, der selbst in der Propagandaliteratur deutlich zutage tritt.

3. Der Proporz-Teufel in neuen Staaten der Dritten Welt mit konfessionell gemischter Bevölkerung

Unzulängliche Statistiken geben Anlaß zu schier endlosen Kontroversen über den genauen Prozentsatz von Muslimen und Nicht-Muslimen, so daß im Falle einiger Staaten nicht mit Bestimmtheit gesagt werden kann, ob die Muslime dort in der Mehrheit oder Minderheit sind. Beispiele dafür sind Nigeria und Tanzania. Christliche Schätzungen veranschlagen die Muslime in Nigeria bisweilen mit nicht mehr als 35 Prozent, während muslimische Schätzungen bei 75 Prozent liegen. Bei konfessionell weniger gebundenen Wissenschaftlern gilt es als sicher, daß sowohl in Nigeria als auch in Tanzania die Muslime nicht weniger als die

Hälfte der Bevölkerung ausmachen und wahrscheinlich mit 55 bis 60 Prozent zu veranschlagen sind.

Stark weichen auch die Schätzungen für Kamerun voneinander ab. Christlich bestimmte Angaben sprechen von nicht mehr als 10 bis 15 Prozent Muslimen, obwohl diese mit Sicherheit nicht weniger als 20 bis 25 Prozent der Bevölkerung ausmachen (nach muslimischen Schätzungen fast die Hälfte).

Das könnte fortgesetzt werden, Land für Land. Hat Kenia 25 Prozent Muslime oder nur 15 Prozent? Machen die Kopten 8 bis 9 Prozent der Ägypter aus, wie von katholischen Wissenschaftlern in Kairo bestätigt, oder 20 bis 25 Prozent, wie viele Kopten behaupten? Man sollte meinen, verläßliche Erhebungen müßten beruhigend wirken. Mehrere Regierungen befürchten jedoch im Gegenteil, daß ein unparteiischer und exakter Zensus schwere Unruhen auslösen könnte. Womöglich würde sich nicht nur eine der Parteien betrogen fühlen, sondern sämtliche. In den Staaten südlich der Sahara könnten religiöse Führer sowohl der Christen und Muslime als auch der Animisten blutige Proteste auslösen – gegen vermeintliche Zensus-Manipulationen durch die Behörden. Das Problem bleibt so oder so bestehen, solange die Muslime (und fast ebenso häufig die Christen) nicht von ihrem Machtdenken Abstand nehmen, solange sie fortfahren, ihr Heil in der zahlenmäßigen Überlegenheit zu suchen, um die Herrschaft des Islams zu sichern.

In einigen Fällen, wie etwa im Sudan, wo die Ungewißheit über das Zahlenverhältnis mit zum Bürgerkrieg beigetragen hat, wären genaue statistische Angaben vielleicht erlösend. Die Klarheit könnte dann entweder zu Kompromißbereitschaft Anlaß geben, oder aber endgültige Sezession bewirken. Beides wäre dem jahrzehntealten Bürgerkrieg vorzuziehen[6].

Entscheidend ist eine weitverbreitete muslimische Mentalität, die Seelenheil mit zahlenmäßiger Stärke gleichsetzt. Der Gedanke, daß die Zahl der Muslime bald die Milliardengrenze überschreiten wird, wirkt auf allzu viele Muslime berauschend. Zu häufig werden Betrachtungen darüber angestellt, daß dies nicht genug sei, da es bereits eine Milliarde Chinesen gäbe, die chinesischen Muslime nicht mitgerechnet. In Indien, Pakistan und Bangladesh hat diese Denkweise besonders schwerwiegende Folgen, da sich viele Muslime ständig vor Augen halten, daß es bald auch eine Milliarde Hindus geben wird.

Das hat verheerende Auswirkungen auf die Bemühungen um Geburtenkontrolle, denen bereits eine indische Regierung – die Indira Gandhis – zum Opfer gefallen ist, speziell wegen der muslimischen Wählerstimmen. Geburtenkontrolle ließe sich von einer theologisch-islamischen Warte aus leichter rechtfertigen als etwa im katholischen Bereich. Tatsächlich haben muslimische Religionsgelehrte mühelos und überzeugend für Geburtenkontrolle plädieren können, da selbst der Prophet Mohammed sich zumindest zum *coitus interruptus* positiv äußerte und eigentlich eine zwei- bis dreijährige Wartezeit nach jeder Geburt empfahl[7].

Das ägyptische Beispiel zeigt, wie das Herrschaftsdenken mit seinen Zahlenspielen zum Teufelskreis werden kann. Wegen einer gewissen Benachteiligung der Kopten im Staatsdienst findet man sie in den freien Berufen besonders stark vertreten. Unter den Apothekern sind sie wohl in der Mehrzahl. Damit obliegt ihnen im wesentlichen der Vertrieb der Verhütungsmittel. Viele Muslime greifen deshalb nicht zu, weil ihnen die delikate Ware nicht von Glaubensbrüdern geboten wird. Eine oft gehörte Verallgemeinerung lautet: „Die (Kopten) nehmen selbst das Zeug nicht, wollen es aber uns Muslimen andrehen, damit wir weniger Kinder haben als sie und sich das Zahlenverhältnis zu ihren Gunsten verändert".

Koptische Fundamentalisten wiederum werfen den Behörden vor, das wahre Zahlenverhältnis zu verheimlichen, da die Kopten mehr als doppelt so viele seien, wie offiziell angegeben. Würde die wirkliche Stärke der Kopten bekannt, könnte es zu libanesischen Zuständen kommen, heißt es.

Muslimische Intellektuelle, darunter auch Theologen, äußern sich durchaus auch kritisch zu dieser Sucht nach zahlenmäßiger Überlegenheit. Nicht in der Quantität liege das Heil, sondern in der Qualität[8]. Dieses Argument zieht jedoch bei den Massen bisher wenig. Soweit sich Geburtenkontrolle dennoch durchsetzt, und allmählich beginnt sie mancherorts Erfolge zu zeigen, ist das auf wirtschaftliche Erwägungen zurückzuführen, die dort am stärksten entwickelt sind, wo die Industrialisierung am fortgeschrittensten oder aber die Allgemeinbildung am weitesten gediehen ist.

4. Die historische Vorstellung von der Zweiteilung der Welt

Diese Dimension des normativen Islams wird von reformfreudigen Muslimen recht oft als das erkannt, was sie ist, nämlich ein historisch gewachsener Zusatz, der nicht zu den eigentlichen Urquellen gehört. Manche sprechen sogar von einem Ballast der Geschichte, den man besser über Bord werfe. Fast alle, auch die kritischsten Denker, sehen darin eine geschichtliche Notwendigkeit. Der pakistanische Nationaldichter Muḥammad Iqbāl (gest. 1938), der als Religionsphilosoph für die gesamte muslimische Welt von Bedeutung ist, sprach sogar vom „arabischen Imperialismus", der dem frühen Islam anhaftete. Er sah darin eine Zweckmäßigkeit; denn nur so konnte die Heilsbotschaft Verbreitung finden. Sicher gelte es nun, neue Formen zu finden[9].

In dieser und ähnlichen Wertungen erscheint die imperiale Vergangenheit wie die Vorstufe einer Rakete, mit der diese ins Weltall befördert wird. Ist das Raumschiff erst einmal ins Weltall eingetreten, wird die nunmehr verbrauchte Vorstufe abgestoßen.

Für die Mehrzahl der Rechtsgelehrten ist das so jedoch nicht ersichtlich. Nicht wenige teilen noch immer gern die Welt in zwei antagonistische Regionen auf: *dār as-salām*, „Haus des Friedens", auch *dār al-islām* genannt, und *dār al-ḥarb*, „Kriegsgebiet". Selbstverständlich liegt diesem Weltbild die Vorstellung zugrunde, daß die *dār as-salām* immer weiter ausgedehnt und die *dār al-ḥarb* nach und nach reduziert werden müsse.

Problematisch an diesem Weltbild ist, daß Muslime dort, wo sie eine nichtregierende Minderheit sind, oder aber als Mehrheit von Nicht-Muslimen beherrscht werden, eigentlich in der *dār al-ḥarb* leben. Muslime brauchen nicht in der Mehrheit zu sein, um ihr Gebiet als *dār as-salām* ansehen zu können, aber sie sollten Regierungsgewalt ausüben.

Zu früheren Zeiten wurde der Freitagsgottesdienst im Namen des Kalifen abgehalten, wie auch heute noch in Marokko, wo der König als *amīr al-mu'minīn*, „Befehlshaber der Gläubigen", bezeichnet wird, also eine Kalifenrolle einnimmt. Durch den Freitagsgottesdienst im Namen des muslimischen Landesherren wird ein Gebiet zur *dār as-salām*. Wird der muslimische Herrscher durch einen nichtmuslimischen ersetzt, verwandelt sich das Gebiet in einen Teil der *dār al-ḥarb*. Eigentlich sollten die Gläubigen dann in die *dār as-salām* auswandern[10].

Diese Auswanderung *(hiğra)* knüpft an das Vorbild des Propheten an, der mit seinen Getreuen aus Mekka nach Medina zog, um dort die Herrschaft anzutreten. Obwohl dort die Muslime erst einmal in der Minderheit waren, führten sie doch den Vorsitz im Stadtstaat. Damit wurde Medina zur *dār as-salām*, bekriegt von Mekka, welches zu der Zeit noch *dār al-ḥarb* war.

In späteren Zeiten gab es viele Kontroversen darüber, ob ein von nichtmuslimischen Mächten erobertes Gebiet, in dem die Gläubigen ihre Religion weiterhin ungestört ausüben konnten, *dār al-ḥarb* oder noch immer *dār as-salām* sei. In weiten Teilen Spaniens war nach der christlichen Eroberung den Muslimen ihre Religionsausübung erst einmal gestattet, wie auch später in vielen Kolonialgebieten. Kritisch wurde es z. B. in Algerien, wo die Franzosen nach 1830 zahlreiche Moscheen in Kirchen umwandelten. Nicht wenige Nordafrikaner sind Nachfahren spanischer Muslime, die nach der kastilischen Eroberung Andalusiens die Auswanderung *(hiğra)* antraten. Sie hatten Spanien verlassen, bevor die Massenausweisungen stattfanden, die ja zumeist bereits zum Christentum bekehrte Muslim-Abkömmlinge betrafen.

Die Ausweitung des Kalifatsbegriffs hin auf eine dem Papsttum vergleichbare Rolle durch die Spätosmanen machte es den Muslimen in den von christlichen Mächten eroberten Gebieten Osteuropas möglich, ihre Heimat weiterhin als *dār as-salām* anzusehen, da sie den Freitagsgottesdienst weiterhin im Namen des osmanischen Kalifen abhielten, wie das durch Staatsverträge gewährleistet war. Dennoch kam es auch dort zu religiös motivierten Auswanderungen in die Türkei, später dann gewiß aus anderen Gründen, wie etwa aufgrund von Drangsalierungen durch die neuen Machthaber gegen die als „Türken" geltenden jugoslawischen, bulgarischen oder griechischen Muslime.

Auch im britisch besetzten Indien hielten die Muslime nach der Abschaffung des Moghulkaisertums den Freitagsgottesdienst im Namen des osmanischen Kalifen ab. Als dieser von den Briten bekriegt wurde, bildete sich eine Massenbewegung zur Rettung des Kalifats *(khilāfat movement)*. Zehntausende von Muslimen aus dem heutigen Indien und Pakistan wanderten damals nach Afghanistan aus – eine Massentragödie, da viele in den Einöden umkamen[11].

Bei einigen muslimischen Gemeinden Chinas ist es üblich geworden, neben dem Freitagsgottesdienst das an anderen Tagen übliche einfache Mittagsgebet zu sprechen. Für den Fall, daß ihr Teil Chinas noch als *dār as-salām* gelte, halten sie den Freitagsgottesdienst ab, für den Fall, daß es nunmehr als *dār al-ḥarb* anzusehen sei, sprechen sie das einfache Mittagsgebet, da ein Freitagsgottesdienst in der *dār al-ḥarb* nicht als solcher gilt.

Deutlicher kann die Problematik des muslimischen Verhältnisses zum Mehrheits- oder Minderheitsstatus kaum zutage treten. Dem muß allerdings hinzugefügt werden, daß für die Mehrzahl der Muslime in der heutigen Welt die Kategorien von *dār as-salām* und *dār al-ḥarb* keine Rolle mehr spielen. Viele kennen diese Begriffe gar nicht mehr. Dennoch sind in ihrem Bewußtsein sozusagen Restbestände jener Vorstellungen zurückgeblieben, die dafür sorgen, daß viele im Minderheitenstatus nichts anderes als nur ein Provisorium sehen können. Eines Tages werde man in die mehrheitlich muslimische Heimat zurückkehren. Die religiös bedingte Sehnsucht nach der „reinen" Heimat verstärkt noch den bei vielen Fremdarbeitern ohnehin gepflegten „Mythos von der Rückkehr". Als Alternative sehen viele die Aussicht darauf, daß der Islam dereinst auch in der neuen Heimat triumphieren werde, sei es durch verstärkten Zuzug, sei es durch Bekehrung der Einheimischen. Solch eine Bekehrung wird jedoch regional stets unterschiedlich sein.

5. Die vielfachen Triebkräfte des „Muslimischen Separatismus"

Das eingangs geschilderte Trachten nach Verwirklichung des Islams durch Herrschaft belastet vielerorts das Verhältnis zwischen muslimischer Minderheit und der jeweiligen Mehrheit im Staat. Dort, wo Muslime provinzielle Mehrheiten bilden, besteht häufig eine Tendenz, sich aus dem Staatsverband zu lösen und einen muslimischen Teilstaat zu gründen. „Klassisches" Beispiel dafür ist Pakistan. Als die Briten 1947 ihr anglo-indisches Vizekönigtum aufgaben, formierten sich die mehrheitlich muslimischen Randgebiete zum „Staat der Reinen" – Pakistan. Das eigenartige Staatsgebilde aus zwei weit voneinander entfernt liegenden Landesteilen trennte sich 1971 in zwei separate Staaten: Bangladesh und Pakistan. Ein mehrheitlich muslimischer Bundesstaat, Kašmīr, wurde von Indien annektiert. Seither wird von Pakistan Selbstbestimmung für Kašmīr gefordert, was einer Abgabe Kašmīrs an Pakistan gleichkäme. Darüber kam es 1948 und 1965 zu Kriegen zwischen Indien und Pakistan sowie zu immer wieder aufflammenden Grenzscharmützeln. Die Mehrheit der muslimischen Kašmīrīs würde wahrscheinlich für Pakistan optieren.

Mehr als zwei Millionen muslimische Inder wanderten als Folge der Teilung des Subkontinents nach Pakistan aus, wo sie noch heute *muhāǧir* genannt werden – ein Wort, das sich von dem zuvor erklärten Begriff *hiǧra* ableitet. Ein *muhāǧir* ist also etwas anderes als ein Flüchtling, der aus einem muslimischen Staat in einen anderen flieht. Es ist ein religiöser Begriff, der erstmals für die Gefährten des Propheten Mohammed gebraucht wurde, die mit ihm von Mekka nach Medina auswanderten, des Glaubens wegen.

Die in Indien verbliebenen Muslime werden bald 100 Millionen sein, fast so viel, wie alle muslimischen Araber zusammen. Sie stellen damit nicht nur eine der größten muslimischen Gemeinden dar, sondern überhaupt die größte religiöse Minderheit in der Welt. Das ist eine für islamische Verhältnisse neuartige Situation. Bewußtseinsmäßig läßt sich das nicht mehr als „temporär" abtun, wie man das während der Kolonialzeit vielfach tat. Aus der neuen Situation ergibt sich für Muslime eine Herausforderung, die noch nicht voll verarbeitet ist. Die starke Bildungsschicht unter den muslimischen Indern strahlt auf die übrige islamische Welt aus, so daß die hier entstandenen Denkansätze Schule machen dürften. Die vorherrschenden Tendenzen sind einander diametral entgegengesetzt. Einerseits hat gerade der Islamismus (Fundamentalismus) seine wichtigsten Antriebe aus Indien erhalten, andererseits ist es hier auch zu einer Verkraftung des Säkularismus durch Muslime gekommen. Die Bejahung des Säkularismus durch muslimische Inder führte zu einer theologischen Kreativität, die in der übrigen islamischen Welt nicht ihresgleichen hat[12].

Ansonsten ist diese Art von muslimischem Separatismus hauptsächlich in Westafrika anzutreffen. Welch einen Störfaktor sie in jener jungen Staatenwelt darstellt, zeigt die Besorgnis des ersten Präsidenten von Ghana, Kwame Nkrumah, der die Loslösung des muslimischen Nordteils seines Landes fürchtete *(Ghana – An Autobiography)*[13]. Auch der frühere Präsident Algeriens, Ahmed Ben Bella, der während jahrzehntelanger Haft gründlich über Probleme des Islams in der Gegenwart reflektieren konnte, warnte in einem Anflug von Selbstkritik vor dem Gespenst des muslimischen Separatismus[14]. Separatistische Tendenzen in Jugoslawiens mehrheitlich muslimischen Bundesländern Bosnien und Makedonien wurden von der kommunistischen Regierung Tito blutig unterdrückt, traten Ende der achtziger Jahre jedoch wieder hervor.

Damit nicht zu verwechseln sind separatistische Tendenzen auf ethnischer oder historischer und kultureller Grundlage, bei denen die Separatisten auch Muslime sind – mehr oder weniger zufällig. Dazu gehört der Separatismus in Jugoslawiens mehrheitlich von Albanern bewohnter Provinz Kosovo, die an Albanien grenzt. Hier gäbe es Separatismus auch dann, wenn die Albaner in Kosovo keine Muslime wären. Ausschlaggebend sind Nationalität und Sprache. Aus rein religiösen Gründen wäre sogar der Verbleib in Jugoslawien vorzuziehen, das mehr Religionsfreiheit gewährt als das stalinistische Albanien.

Der Separatismus in Thailands Südregion, Pattani genannt, ist ebenfalls primär ethnisch und kulturell bedingt, da die Bewohner Pattanis Malayen sind, die im malaysischen Staatsverband besser zu Hause wären als in Thailand, vergleichbar der ungarischen Minderheit in den an Ungarn grenzenden Regionen Rumäniens. Allerdings spielt in Pattani die islamische Religionszugehörigkeit zusätzlich eine wichtige Rolle, da die Pattani-Muslime sich vom buddhistischen Thai-Staat diskriminiert fühlen. Ähnlich verhält es sich in der an Bangladesh grenzenden Region Burmas, in der Muslime stellenweise die Mehrheit bilden – Muslime, die ursprünglich aus dem Gebiet des heutigen Bangladesh zugewandert sind. Sie sind also keine Burmesen und sprechen noch immer Bengali als Muttersprache. Da der buddhistisch ausgerichtete burmesische Staat sie unterdrückt und auch in ihrer Religionsausübung behindert, erhält dieser Separatismus eine starke religiöse Färbung.

Die Südphilippinen sind wahrscheinlich der bekannteste Fall von muslimischem Separatismus, doch liegt auch hier die Sachlage anders als in Indien/Pakistan. Die *moros* (span. Mauren) genannten philippinischen Muslime haben sich fast fünfhundert Jahre lang gegen kulturelle Überfremdung wehren müssen. Spanier und Amerikaner wollten sie zwangsbekehren, die Zentralregierung der unabhängigen Philippinen wollte sie der verwestlichten Staatskultur unterordnen. Inzwischen wird auch von vielen katholischen Philippinos der Bildungsschicht den *moros* bescheinigt, daß sie die besseren Philippinos seien, bzw. die „letzten" Philippinos, die einzigen mit noch einheimischer Kultur. Heute braucht man Kulturprodukte der *moros*, um sich als Philippino überhaupt noch identifizieren zu können.

Nach jahrhundertelangen Verfolgungen, während derer sie von einer Mehrheit zu einer Minderheit wurden, wollen die Muslime ihre malayische Ursprünglichkeit abgesichert sehen, zumindest durch weitgehende Autonomie, wenn nicht durch einen unabhängigen Teilstaat. Wichtigster Streitpunkt war lange Zeit die Umsiedlung von Katholiken aus der übervölkerten Nordinsel Luzon auf die Südinsel Mindanao, wo die *moros* nach und nach ihr Land an Siedler aus dem Norden verloren. Hier steht Selbstbehauptung elementarster Art so sehr im Vordergrund, daß Fragen der prinzipiellen Einstellung einer muslimischen Minderheit zum mehrheitlich nicht-muslimischen Staat zweitrangig oder drittrangig sind. Ähnliches gilt für den Freiheitskampf der Eritreer gegen die äthiopische Kolonialherrschaft. Unter den Eritreern ist nur eine knappe Mehrheit muslimisch, während die politische Ausrichtung der wichtigsten Guerillaverbände sozialistisch bestimmt ist. Hier kann man kaum von muslimischem Separatismus sprechen. Hintergründig spielen auch in Indien/Pakistan/Bangladesh, in Jugoslawien und in Westafrika ökonomische sowie ethnisch-sprachliche Motive eine gewichtige Rolle[15]. Es wäre aber irreführend, wollte man darüber die einschneidenden Einflüsse aus der islamischen Geistesgeschichte vernachlässigen.

6. Die mangelhafte Rezeption des Säkularismus

Eine Schwierigkeit sondergleichen stellt für Muslime, gleich ob Mehrheit oder Minderheit, die negative Rezeption des Begriffs Säkularismus dar. Fundamentalistische, orthodoxe und auch viele liberale Muslime stimmen darin überein, daß der Säkularismus ein Produkt der christlich-europäischen Welt sei, das unter Muslimen keinen Platz haben könne. Hier hat die weitverbreitete Methode des Vergleichs zwischen christlicher Praxis und islamischer Theorie eine neuartige Barriere geschaffen. Der sunnitische Islam kenne keine Kirche und habe deshalb auch keinen Bedarf für eine Trennung von Kirche und Staat. Die Existenz islamischer Pseudo-Kirchen (*Al-Azhar, Al-Qarāwiyīn, maǧlis al-ʿulamā, rābiṭat al-ʿālam al-islāmī*, etc.) wird dabei geflissentlich übersehen. Am europäischen Säkularismus nimmt man nur seine atheistischen Seitensprünge wahr und übersetzt deshalb säkularistisch als *lā-dīnī* (areligiös), verstanden als „unmoralisch". Arabische Übersetzungen wie *ʿālamānī* (weltlich) oder *'ilmānī* (wissenschafts-bezogen) haben dieses Mißverständnis nicht zu beheben vermocht. Das nicht sonderlich gelungene kemalistische Experiment mit dem „Laizismus" schadete ebenfalls nur, da es mit einem Anti-Arabismus einherging. So ist der Säkularismus anrüchig geworden – und säkularistisch zu einem Schimpfwort. Die Bösen heißen Zionisten, Säkularisten und Kommunisten.

Nur wenige hervorragende Denker sind zu einem positiven Verständnis vorgestoßen. Dazu gehörte der Führer der marokkanischen Unabhängigkeitsbewegung ʿAllāl Al-Fāsī, der sehr wohl verstand, daß Säkularismus eine Schutzmaßnahme für die Religion gegen politischen Mißbrauch beinhaltet[16]. Da Indien den Säkularismus zum Staatsprinzip erhob, der Staat aber nicht in der Lage war, seine muslimische Minderheit wirksam vor Massakern durch die Hindumehrheit zu schützen, wurde die ablehnende Haltung der Muslime zum Säkularismus noch bestärkt. Die Sezession der Bengalis von Pakistan wurde von der Hindu-Minderheit in Bangladesh geschlossen unterstützt, ferner wurde der neue Staat mit indischer (hinduistischer) Schützenhilfe geschaffen. Anfangs kam es zu einer gewissen Abkehr von mittelöstlichen Kultureinflüssen und zu einer Rückbesinnung auf die indischen Wurzeln. Die Bengali-Übersetzung von Säkularismus lautet *dharma niropekkobad*, was soviel wie „Neutralität in religiösen Belangen" bedeutet.

Dharma niropekkobad wurde in revolutionären Liedern besungen und zu einem der sechs Staatsprinzipien von Bangladesh erhoben. Damit sollte zum Ausdruck gebracht werden, daß künftig die Hindu-Minderheit sich nicht mehr vor der Muslim-Mehrheit zu fürchten habe, so wie man auch hoffte, daß die Muslim-Minderheit im indischen Bundesstaat West-Bengalen von der dortigen Hindu-Mehrheit nunmehr besser behandelt werden würde. Nachfolgende Regierungen von Bangladesh strichen jedoch *dharma niropekkobad* wieder aus der Verfasssung, und zwar auf Druck fundamentalistischer Geldgeber in Arabien, die durch ihre massive Unterstützung den jungen und übervölkerten Staat hochpäppelten bzw. ihm das Überleben ermöglichten.

Eine Überlebenschance im Säkularismus sucht Nigeria, besonders seit dem mühsam niedergeschlagenen Sezessionsversuch des christianisierten Südostens (Biafra). Die Fehlinterpretation des Säkularismus durch religiöse Kreise, vor allem der Islamisten, erschwert diesen Versuch ungemein. Anstatt als eine Methode zum besseren Auskommen miteinander – von Mehrheit und Minderheit – zu dienen, wirkt die Berufung auf den Säkularismus zusätzlich belastend, da ein Teil der Muslime dahinter einen Versuch zur Ausschaltung des Islams als lebensgestaltender Kraft vermutet.

Muslimisches Herrschaftsdenken tritt deutlich in der Opposition zur in Syrien und im Irak regierenden Baᶜth-(Baᶜṯ-)Partei hervor, die in Theorie und Praxis säkularistisch ist. Die Tatsache, daß diese „Partei der arabischen Wiedergeburt" von dem syrischen Christen Michel ᶜAflaq gegeründet wurde, diskreditiert sie von vornherein in den Augen der Islamisten und auch vieler anderer Muslime. Aflaqs spätere Konversion zum Islam wird nicht ernst genommen, sie entsprang auch mehr seiner nationalistischen Vorstellung vom Islam als höchstem Ausdruck des Arabertums. Außerdem ist er mit seiner Konversion nicht hausieren gegangen; vielen ist sie offensichtlich nicht einmal bekannt. Stattdessen stören sich die Schiᶜiten, die im Irak wahrscheinlich in der Mehrheit sind, daran, daß die Baᶜth-Partei dort der sunnitischen Minderheit als Macht-Vehikel dient. In Syrien revoltieren viele Sunniten deshalb, weil die Baᶜth-Partei dort von der dem Schiᶜitentum entfernt verwandten Minderheit der Aleviten (ᶜAlawiyya) getragen wird. Der Grundgedanke des Baᶜth-Säkularismus, nämlich sunnitische, schiᶜitische, alevitische und christliche Bürger gleichzustellen, ist allerdings durch die repressive Politik beider Regime unglaubhaft gemacht worden[17].

7. Schwerpunkte islamischer Mission und Migration

Traditionell wird die geographische Ausdehnung der islamischen Welt als „von Marokko bis Indonesien" reichend beschrieben. Selbst Muslime machen sich noch immer häufig diese Beschreibung zu eigen. Religionskarten zeigen meist eine Art grünen Gürtel um den größten Teil der Welt, mit Ausnahme des amerikanischen Kontinents. Tatsächlich trifft dieses Bild die wirkliche Situtation nur noch ungenau; denn inzwischen grünt es längst auch in Amerika und Westeuropa.

Der Islam übt nach wie vor eine starke Anziehungskraft auf Menschen in vielen Teilen der Welt aus. Auch ist er in der zweiten Hälfte dieses Jahrhunderts wieder verstärkt zu einer missionarischen Religion geworden, indem sich mehrere muslimische Organisationen und Gruppen die erprobten Methoden der christlichen Mission zu eigen gemacht haben. Zwar hatten Muslime bereits in früheren

Jahrhunderten erfolgreich missioniert, doch war viel davon im Laufe der Zeit in Vergessenheit geraten. Die den christlichen Missionen abgeschauten Organisationsmuster – verbunden mit dem Ölreichtum der siebziger Jahre – führten zu einer bemerkenswerten Ankurbelung der islamischen Missionstätigkeit, wenngleich sich all das mit den Anstrengungen und Mitteln der christlichen Mission noch immer nicht vergleichen läßt[18].

In den achtziger Jahren lassen sich vier geographische Schwerpunkte der Islamkonversion feststellen:

1) Die USA mit der Massenbewegung der schwarzamerikanischen Konvertiten, die gemeinhin als „Black Muslims" bekannt geworden sind, sich selbst aber „afrikanisch-amerikanische" Muslime nennen. Hier haben wir es mit wenigstens zwei Millionen Neu-Muslimen zu tun, zu denen sich noch einmal zwei Millionen Sympathisanten gesellen. Das ist bei weitem die stärkste, beständigste und wichtigste neu-muslimische Minderheit in der Welt. Zwar ist eine gewisse Expansionsgrenze erreicht, ein langsames Wachstum hält jedoch an.

2) In Afrika südlich der Sahara kommt es ebenfalls noch zu zahlreichen Konversionen, wenn auch nicht in dem Maße, wie manchmal beschrieben worden ist. Akademische Studien haben inzwischen belegt, daß insgesamt gesehen das Christentum in Afrika stärker zunimmt als der Islam, doch dürfte der Unterschied nicht groß sein[19]. Beide wachsen noch immer, beide verlieren aneinander, weil Christen zum Islam und Muslime zum Christentum übertreten. Beide verlieren gemeinsam an afrikanische Kulte oder Philosophien der Authentizität. Aus der Sicht einer neuen afrikanischen Bildungsschicht sind beide, Christentum und Islam, „fremde" bzw. ausländische Religionen. Der Neo-Animismus wird ebenso von gebürtigen Christen (z. B. Zaires Staatspräsident Mobutu Sese Seko) wie von gebürtigen Muslimen getragen (z. B. dem senegalesischen Filmemacher Sembéne Ousmane)[20].

Dennoch dringt der Islam weiter vor, und zwar in Gebiete im südlichen Afrika, die vor wenigen Jahrzehnten noch keine nennenswerten muslimischen Minderheiten aufzuweisen hatten.

3) In Indien sind in den achtziger Jahren wieder einige Zehntausend Unberührbare zum Islam übergetreten. Bereits bei seinem ersten Vordringen nach Indien im achten und neunten Jahrhundert hatte der Islam vom Antagonismus der Kasten im Hinduismus profitiert, da es zu Massenübertritten von Hindus aus den untersten Kasten kam. Da die neue muslimische Gesellschaft dann aber ihrerseits ein wenig dem Kastengeist erlag, geriet die Konversionswelle bald ins Stocken. Im zwanzigsten Jahrhundert entschieden sich die Unberührbaren vielmehr für Buddhismus und Christentum. Neuerliche Übertritte von Unberührbaren zum Islam sind deshalb als ein isoliertes Phänomen zu betrachten, dessen Beständigkeit außerdem zweifelhaft ist. Der betroffenen Menschengruppe ist offensichtlich nicht bekannt, wie wenig Wirklichkeit dem islamischen Egalitarismus im benachbarten Pakistan zukommt, wo die meisten Kastenlosen in diesem

Jahrhundert im Christentum Zuflucht genommen haben, weil die muslimische Gesellschaft sie dort kaum weniger diskriminiert als in Indien die hinduistische Gesellschaft. Von hinduistischer Seite werden außerdem Anstrengungen unternommen, die Neu-Muslime zurückzugewinnen. In der Lok Sabha, Indiens Bundestag, wurde viel Aufhebens um die Bekehrung der Kastenlosen zum Islam gemacht. Man sah darin eine ausländische Einmischung, weil die Unberührbaren angeblich durch arabische Ölgelder für den Islam gewonnen wurden.

Es läßt sich jedenfalls kaum bestreiten, daß die egalitäre Botschaft des Korans noch immer eine Ausstrahlung hat und zur Bildung neuer Minderheiten führt, bzw. bereits bestehende muslimische Minderheiten durch Konversionen eine Stärkung erfahren.

4) In Westeuropa und den USA wächst der Islam nicht nur durch Zuwanderer aus dem Orient, sondern auch durch die Übertritte von Einheimischen. Diese sind in der Regel schwerer zu erfassen, da es sich in der Mehrzahl um Esoteriker handelt, die über das Sufitum zum Islam gelangen. Dabei kommt es zu erheblichen Fluktuationen; denn nicht wenige der Neubekehrten wenden ihrem neuen Glauben bereits nach einigen Jahren wieder den Rücken. Vorläufig dürfte hier das Wachstum des Islams mehr in der Qualität als in der Quantität liegen; denn unter den Neubekehrten gibt es eine unverhältnismäßig hohe Zahl von Menschen mit außerordentlichem Bildungsniveau, die häufig wichtige Positionen innehaben. Während also der Neo-Islam in „Schwarzamerika" und in Indien eine Protestbewegung der Unterdrückten bzw. Minderprivilegierten darstellt, ist er in Westeuropa recht elitär – elitär und esoterisch[21].

Festzuhalten ist, daß es kein Volk gibt, das nicht seine eigenen Muslime aufzuweisen hätte. So gibt es muslimische Eskimos und Indianer, ebenso wie muslimische Japaner und Koreaner, Italiener und Spanier. Bemerkenswert ist ferner die Zahl jüdischer Persönlichkeiten, die trotz des unglückseligen Konflikts zwischen Arabern und Israelis zum Islam stoßen. Konvertiten zum Islam finden sich gelegentlich sogar unter Armeniern und Griechen, so wie es umgekehrt auch vereinzelte Konvertiten zum Christentum in sonst rein islamischen Gesellschaften gibt, ja sogar einige wenige arabische Konvertiten zum Judentum lassen sich ausfindig machen.

Die Kolonialmächte England und Frankreich, Belgien und Holland erlebten seit Mitte des 19. Jahrhunderts einen Zustrom von Muslimen aus den besetzten Gebieten Asiens und Afrikas. Am frühesten und stärksten setzte diese Einwanderung in England ein, so stark sogar, daß bereits Königin Elisabeth I. sich darüber entsetzte, wenngleich für sie die Hautfarbe der neuen Untertanen wesentlicher war als deren Religionszugehörigkeit. Sie befürchtete, Großbritannien würde bald mehrheitlich von dunkelhäutigen Menschen besiedelt werden und ordnete daher eine Massenrückführung der Neuankömmlinge in ihre asiatischen und afrikanischen Herkunftsländer an. Seither steht Frankreich an der Spitze der westeuropäischen Staaten mit einem beachtlichen Bevölkerungsanteil an Muslimen. Ihre Zahl dürfte dort mehr als zwei Millionen betragen, gefolgt von der Bundesrepublik Deutschland mit etwas weniger als zwei Millionen, England mit rund anderthalb Millionen sowie den Niederlanden und Belgien mit jeweils knapp einer halben Million (1988).

Die stärkste Gruppe unter den muslimischen Zuwanderern stellen die Maghrebiner dar, mit wenigstens drei Millionen in Westeuropa, unter denen die Algerier an der Spitze stehen, dicht gefolgt von den Marokkanern und, mit Abstand, den Tunesiern. Sie konzentrieren sich in Frankreich, Belgien, Holland, Spanien und Deutschland. Zweitstärkste Nationalität sind die Türken mit mehr als zwei Millionen. Neben der Bundesrepublik Deutschland und Österreich sind sie auch in England, Frankreich und Skandinavien vertreten. Mehr als eine Million Muslime kommen aus dem indischen Subkontinent (Bangladesh, Indien, Pakistan). Sie sind überwiegend in Großbritannien ansässig geworden.

Etwa 150000 Iraner verteilen sich im wesentlichen über Deutschland, Frankreich und Spanien. Eine ähnlich hohe Zahl von muslimischen Jugoslawen bevorzugt die Bundesrepublik Deutschland, Skandinavien, Österreich und Frankreich.

In Deutschland befanden sich 1988 gut anderthalb Millionen Türken, 56000 Marokkaner, 44000 Tunesier, gefolgt von Jugoslawen, Iranern und Arabern der verschiedensten Nationalitäten (hauptsächlich Palästinenser und Libanesen), sowie kleineren Gruppen von Afghanen (16000), Pakistanern und Schwarzafrikanern.

In den skandinavischen Staaten waren 1988 Nordafrikaner, Pakistaner, Türken und Jugoslawen etwa gleichstark vertreten, ebenso in der Schweiz. In Frankreich, Spanien und Italien kamen noch Gruppen von Schwarzafrikanern (Senegal, Mali, Somalia) hinzu.

Wichtigste Ballungszentren für die muslimischen Einwanderer wurden Westberlin, London, Paris, Marseille, Manchester, Frankfurt, Birmingham, Düsseldorf.

Die Mehrzahl der Zuwanderer gelangte als ungelernte Arbeiter in die Fabriken und Bergwerke Westeuropas. Für die zweite Generation, die bereits im Lande Geborenen, wurde die Vorstellung der Eltern von einer Rückkehr in die Heimat zum Mythos. Die Abnahme der einheimischen Bevölkerung in den meisten der westeuropäischen Staaten sowie die noch immer hohe Geburtenrate der muslimischen Einwanderer deuten auf eine unverminderte Zunahme des muslimischen Bevölkerungsanteils hin[22].

8. US-Islam – die Problematik einer vielschichtigen Minderheit

Auf dem amerikanischen Kontinent findet sich die prozentual stärkste Konzentration von Muslimen in Guayana, sowohl dem ehemals britischen als auch dem ehemals holländischen, jetzt Surinam genannten. Hier ist der Islam durch die von den Kolonialherren seinerzeit als Arbeiter ins Land gebrachten Inder und Indonesier vertreten. Von schätzungshalber ein bis zwei Millionen Muslimen in Brasilien sind die weitaus meisten Nachkommen arabischer Einwanderer, überwiegend aus Syrien und dem Libanon. Auch im übrigen Lateinamerika handelt es sich bei den Arabern meist um *sirio-libaneses*, gefolgt von kleineren Gruppen von Ägyptern, Irakern und Palästinensern. Obwohl die große Mehrheit der arabischen Einwanderer Christen sind – in Mexiko und Peru fast ausschließlich – gibt es doch auch nicht unbedeutende muslimische Gemeinden unter ihnen, sowohl Sunniten als auch Schiʿiten, hauptsächlich in Brasilien und Argentinien.

Konvertiten, die allerdings zahlenmäßig kaum nennenswert sind, kommen hier eher aus den Bevölkerungsteilen europäischer Herkunft und weniger aus den Nachkommen der Afrikaner. In Guayana mit seiner halb indisch- und halb afrikanisch-stämmigen Bevölkerung hat der Rassenkonflikt unter den beiden Gruppen ein Übergreifen des Islams von der braunen auf die schwarze Bevölkerung verhindert.

Unter den brasilianischen Sklaven gab es vergleichsweise mehr Muslime als anderswo in Amerika. Das Kommen und Gehen freier Afrikaner, das es in diesem Maß anderswo in der westlichen Hemisphäre kaum jemals gab, trug weiterhin zu einer Penetration des Islams in Brasilien bei. Da die Muslime dank ihrer höheren Bildung besonderes Ansehen unter der schwarzen Bevölkerung genossen, traten nicht wenige Sklaven in Brasilien zum Islam über. Unter der schwarzen Bevölkerung waren die Muslime eine Zeitlang tonangebend. Ein Sklavenaufstand im frühen 19. Jahrhundert führte zu dem Kuriosum einer Islamischen Republik von Bahia, die allerdings kaum ein volles Jahr dauerte, bis sie von der portugiesisch-brasilianischen Armee zerschlagen wurde. Soweit bekannt, war dies die erste „Islamische Republik" in der Geschichte überhaupt. (Die zweite entstand in den frühen zwanziger Jahren des 20. Jahrhunderts in Nordmarokko als „Islamische Republik des Rif".)

Die Portugiesen gingen so gründlich gegen den Sklavenaufstand vor, daß nicht einmal mehr die Erinnerung an die „Islamische Republik von Bahia" fortbesteht. Von jenem einheimischen Islam lassen sich kaum noch Spuren feststellen. Stattdessen haben „heidnische" Kulte aus Afrika sich so stark durchgesetzt, daß selbst Teile der weißen Bevölkerung davon erfaßt sind und der katholische Glaube zunehmend zersetzt wird.

Allein das kleine Orange County in Südkalifornien weist eine muslimische Bevölkerung von 20000 Personen auf, in der Mehrzahl wohlhabende Araber aus den Golfstaaten mit einem starken Anteil an Studenten. Die der Größe nach nächste Gruppe sind die Iraner, gefolgt von Pakistanern.

Südkaliforniens Universitäten wie Santa Barbara und Irvine, vor allem aber die University of Southern California in Los Angeles, ziehen Zehntausende von Golfarabern an, die hier hauptsächlich Betriebswirtschaft studieren, in jüngster

Zeit aber auch in Erziehungswissenschaft und den Sozialwissenschaften allgemein stärker anzutreffen sind. Damit diese Studentenmassen dem arabisch-islamischen Kulturerbe nicht entfremdet werden, hat Saudi-Arabien eine Reihe von Lehrstühlen gestiftet, die so klangvolle Namen tragen wie „König-Faisal-Lehrstuhl" oder „König ʿAbd-al-ʿAziz-Lehrstuhl". Prinz Muḥammad Bin Saʿud ist an der saudischen Botschaft in Washington Islam-Beauftragter. Dr. Khalil (Ḫalīl), der ihm sozusagen als Manager zur Seite steht, hat selbst in Südkalifornien in Erziehungswissenschaften promoviert und verkörpert damit eine neue Generation von in den USA ausgebildeteten Saudis.

Beide haben mehr als genug zu tun. Sie betreuen nicht nur ihre zahlreichen Landsleute, sondern tragen außerdem dafür Sorge, daß die einheimischen Konvertiten dem orthodoxen Islam verpflichtet und nicht von Khomeinis Sendboten abgeworben werden. Zu diesem Zweck werden nicht nur Publikationen auf arabisch und englisch herausgegeben. Einigen Dutzend Glaubensbrüdern aus den USA wird alljährlich die Pilgerfahrt nach Mekka bezahlt, ausgewählten Ehrengästen sogar der gesamte Aufenthalt im Königreich.

Washington und Umgebung ist ebenfalls eine der wichtigsten Muslim-Konzentrationen in den USA, vor allem ist es die Schaltstelle für islamische Aktivitäten im ganzen Land. Die in geschmackvollem ägyptischen Stil erbaute Moschee im Botschaftsviertel ist gewissermaßen zum Wahrzeichen des Islams in Nordamerika geworden, nicht ohne Probleme, denn zum einen ist die geräumige Moschee längst zu klein, so daß sogar ein häßlicher Anbau die Gläubigen längst nicht mehr alle aufnehmen kann, zum andern veranstalten die Khomeini-Anhänger jeweils Gegengottesdienste auf der Straße davor. Starker Polizeieinsatz verhindert Ausschreitungen, nicht aber das Lautsprecher-Duell der Prediger, die sich gegenseitig zu übertönen suchen. Von Andacht bleibt bei diesen Kraftproben jeden Freitagmittag nicht viel übrig.

In Washington stellt sich die ethnische Reichhaltigkeit der islamischen Welt zur Schau, bedingt nicht nur durch die Botschaften und zahlreichen internationalen Organisationen, sondern auch durch das vielschichtige Arbeitsangebot. Washington ist nicht nur Hauptstadt, es ist auch eine expansive *boom city*, die aus allen Nähten platzt und daher für Asylanten große Anziehungskraft hat. Unter den überwiegend muslimischen Taxifahrern kann man u. a. auf einen ehemaligen Staatssekretär im afghanischen Außenministerium und auf einen iranischen General des Schahs treffen, neben Legalen und Illegalen aus Äthiopien und Sierra Leone, Elfenbeinküste und Nigeria, Ghana und Pakistan.

Unter den sieben Universitäten der Hauptstadt üben die George-Washington-University, die Georgetown-University und die American University besondere Anziehungskraft auf Professoren und Studenten aus der islamischen Welt aus. Bemerkenswert ist, daß sich diese Elite, samt zahlreichen Flüchtlingen der Oberschichten Irans und Afghanistans, in denjenigen Außenbezirken Washingtons konzentriert, die bereits zum Nachbarstaat Virginia zählen. Virginia dürfte, zumindest stellenweise, die stärkste Ballung von Muslimen in den USA aufweisen. Auffällig ist der Gegensatz zu den im Staat Maryland gelegenen Außenbezirken mit ihrem starken jüdischen Bevölkerungsanteil. Jenes Gebiet, Montgomery County, gilt als der Landkreis mit den höchsten Einkommensquoten in den ganzen Vereinigten Staaten. Hier ballen sich die wichtigsten Institutionen des Judentums. Zahlreiche jüdische Flüchtlinge aus Iran haben den Bevölkerungsanteil noch erhöht. Diese Ansammlung jüdischen Kapitals und jüdischer Institutionen im Norden Washingtons im Gegensatz zum Sprießen und Gedeihen arabischen Kapitals und islamischer Institutionen im Westen der Hauptstadt ist, gelinde gesagt, eindrucksvoll.

So beherbergt das grüne Virginia nicht nur ein IIIT („International Institute of Islamic Thought"), sondern auch eine *Dār al-Hiğra*, ein „Haus der Auswanderung", also eine Zentrale der muslimischen Diaspora. Ferner hat das saudische Fernsehen eine wohlbemannte Vertretung, die sich u.a. um die Versorgung der Glaubensbrüder mit audiovisueller Islamdarstellung verdient macht. Überhaupt ist die Botschaft Saudi-Arabiens, bezieht man das Büro der Nationalgarde mit ein, sicher eine der personalstärksten diplomatischen Vertretungen in der US-Hauptstadt.

Nun ist aber Washington zweigeteilt, und auf der Schattenseite, dem Ostteil, der „schwarzen Hälfte", grassieren Gewalttätigkeiten, hat man eine der höchsten Raten an Morden im ganzen Land, bersten die Gefängnisse wegen Überbelegung. Möglicherweise ist die Drogensucht unter der *jeunesse dorée* in manchen der weißen Stadtviertel sogar höher, doch geht in Ostwashington alles unverhohlener zu, spielt sich viel mehr auf der Straße ab. Hier agieren die Anhänger des mit Qaḏḏāfi befreundeten Ex-Pfarrers Louis Farrakhan, der das Erbe des Sektengründers Elijah Muhammad hochhält, d.h. die „Black Muslims" auf dem Kurs von damals weiterleitet, als die Schwarzafrikaner sich einen zurechtgemachten Islam als Vehikel für ihren Gegenrassismus erkoren. Farrakhan schlägt zwar neuerdings mildere Töne an, aber er bleibt der demagogische Volkstribun, der auf rein schwarzen Veranstaltungen die Massen in Wallung bringt wie kein zweiter.

Angeführt wird seine „im Westen verlorengegangene und wiedergefundene Nation des Islam" in Washington von dem jungen Mediziner ʿAbd al-ʿAlīm Muḥammad, der dem Meister Farrakhan an Redegewalt nicht nachsteht und außerdem eine der fotogensten Persönlichkeiten des schwarzen Amerikas ist. Seine adrett gekleideten Mannen tun sich hier bei der Drogenbekämpfung besonders hervor, was wiederholt zu Zusammenstößen mit der Polizei Anlaß gegeben hat. Die Straßenpatrouillen der Muslime gehen mit Rauschgifthändlern nicht immer zimperlich um, was sie jedoch bei vielen der bedrängten Bürger populär macht. In Häuserkomplexen, in denen sich die Drogenkleinhändler tummeln, fragen sich die Bewohner natürlich, wo denn die Polizei bleibe. Den Anhängern Farrakhans und seines schmucken Washingtoner Leutnants Dr. ʿAlīm Muḥammad ist man dank ihrer wirksamen Bürgerwehr verständlicherweise zugetan.

Auf jeden Fall tritt in Washington der Gegensatz zwischen einheimischen Slum-Konvertiten mit ihren amerikanischen Nöten im Osten und den wohlhabenden orientalischen Zuwanderern im gepflegt grünen Westen der Stadt besonders krass hervor.

In der texanischen Stadt Houston konzentrieren sich zwar ebenfalls viele Araber, doch besteht die hier sehr starke islamische Gemeinde überwiegend aus Pakistanern, die überhaupt unter den orientalischen Muslimen in den USA fast die Mehrheit bilden dürften und so ziemlich überall anzutreffen sind. Dabei handelt es sich nicht immer um Pakistaner im engeren Sinne. Viele sind muslimische Inder oder stammen aus Bangladesh. Manche kommen auch aus Ostafrika. Die Spannungen zwischen Asiaten und Afrikanern in Kenia, Tanzania und Uganda haben viele der dortigen Inder, darunter zahlreiche Muslime, in die Emigration nach Kanada und in die USA abgedrängt. Aus den Reihen der Indo-Pakistaner in den Vereinigten Staaten kommen besonders viele Wissenschaftler, die sich als Universitätsprofessoren und an Forschungsinstituten hervortun. In dieser Hinsicht übertreffen sie fast noch die Palästinenser, die in den USA eine Elitestellung unter den Muslimen einnehmen. Die ebenfalls über das gesamte Land verstreuten Palästinenser teilen heute in gewisser Hinsicht das jüdische Schicksal, insofern als sie einen unverhältnismäßig hohen Anteil an den freien Berufen der gehobenen Klasse haben und sich auch in den Medien und als Politiker Positionen von Ansehen erwerben.

Ein beachtlicher Prozentsatz unter den Palästinensern in den USA ist christlichen Glaubens; meist identifizieren sie sich jedoch auf der Grundlage des arabischen Nationalismus mit den Belangen der muslimischen Mehrheit. Von den zahlreichen Kopten aus Ägypten kann das nicht gesagt werden. Vielmehr schüren ägyptische Christen von Amerika aus den Fundamentalismus unter den Kopten daheim in Ägypten, vor allem durch aufwühlende Publikationen, die den Islam als größte Gefahr für die Menschheit hinstellen[23].

Die Industriestadt Detroit im Norden der USA ist Hauptzentrum der Libanesen, die hier in der Mehrzahl Schiʿiten sind. Der libanesische Justizminister und Schiʿitenführer Nabih Berri war hier Tankstellenbesitzer, bevor er in der Heimat die Leitung der Erneuerungsbewegung *amal*, „Hoffnung", übernahm. Seine Familie lebt noch immer in der Gegend von Detroit[24]. Im Stadtteil Dearborn, in dem sich die arabischen Einwanderer konzentrieren, gibt es auch eine starke jemenitische Gemeinde.

Insgesamt gesehen soll es in den USA vier bis fünf Millionen Muslime geben, fast die Hälfte davon schwarzamerikanische Konvertiten. Die Konversionen sind längst nicht mehr auf Schwarze beschränkt. Durch den Sufismus, die islamische Mystik, sind nicht wenige weiße Amerikaner dazugestoßen, darunter sogar Konvertiten aus dem Judentum. Die Radikalfundamentalistin Maryam Jameelah (Margaret Marcus) ist sicher weniger typisch für dieses Phänomen als ʿAbdullah Schleiffer, der im marokkanischen Islam eine Orthodoxie entdeckte, die ihn als urjüdisch beeindruckte. Er lehrt heute Informatik an der Amerikanischen Universität in Kairo. Ist er muslimischer Hasside oder jüdischer Sufi? Auf jeden Fall stärken zahlreiche Mystiker in den USA den Islam durch ihre positive Einstellung zu muslimischen Brüdern und Schwestern.

Fast jede größere Umwälzung in der Welt des Islams sorgt für einen neuen Zustrom von Muslimen, meist aus den Eliten ihrer Länder. So haben sich mehr als zehntausend Afghanen aus der Oberschicht hier niedergelassen, überwiegend im „islamischen Virginia" und in Kalifornien. In ihre Herkunftsländer werden wohl die wenigsten von ihnen zurückkehren, schon gar nicht, so lange der wirtschaftliche Aufschwung in den USA anhält. Sie sind nicht die einzigen Konservativen, die für die Republikaner stimmen – vergleichbar den Kubanern in Miami.

Gut eine Million Iraner in den USA sind überwiegend durch die Revolutionswirren in ihrer Heimat dorthin verschlagen worden. Fast ein Fünftel von ihnen dürften Armenier, Juden und Zoroastrier sein. Unter den iranischen Muslimen in den USA ist eine teilweise Abkehr vom Islam feststellbar, offensichtlich eine Reaktion auf die Schrecken des klerikal-faschistischen Regimes unter Khomeini. Manche Vertreter des *ancien régime* haben auf die eine oder andere Weise zum zoroastrischen Glauben der Ahnen zurückgefunden. So gibt es z. B. in Kalifornien eine Zoroastrische Akademie, die von dem als Muslim geborenen Gelehrten Dr. ʿAli Akbar Jaʿfari (Ǧaʿfarī) geleitet wird.

Nicht wenige iranische Schiʿiten sind in den USA zu christlichen Konfessionen übergetreten oder geben sich zumindest als Christen aus. Andere haben sich Sekten wie der Unification Church des Koreaners Moon angeschlossen. Größer noch ist die Zahl derjenigen, die sich vollends assimilieren und sich aus jeder islamischen Bindung lösen, ohne aber ihrer angestammten Religion formell abzuschwören.

Dennoch erfuhr der US-Islam durch den Zuzug von so vielen iranischen Muslimen eine Verstärkung. Manche Iraner identifizieren sich gerade wegen des Khomeini-Schocks stärker mit dem Islam, da sie sich nun erst recht verpflichtet fühlen, dessen reine Lehre, so wie sie sie verstehen, gegen die Entstellung durch den Klerikal-Faschismus zu behaupten. Dadurch wurden besonders Sufi-Strömungen gestärkt, wie sie u. a. von Sayyid Hossein Nasr verkörpert werden, der früher Rektor der Universität von Teheran war und schließlich Professor der Islamwissenschaft an der George-Washington-Universität in Washington wurde[25].

Ein Merkmal des Islams in den USA ist ohnehin, daß eine wachsende Zahl von führenden Islamgelehrten sich dort ansiedelt. Der 1988 in Chicago verstorbene Dr. Fazlur Rahman, ehemals Direktor des Islamforschungsinstituts in Islamabad, hatte weltweit Anerkennung als der vielleicht bedeutendste Denker des Islams seiner Zeit gefunden[26]. Er wurde darin allenfalls noch von dem aus Algerien gebürtigen Mohammed Arkoun übertroffen, der 1988 ebenfalls eine (zeitweilige) Lehrtätigkeit in den USA übernahm. Über den Anthropologen und Politologen ʿAli Mazrūʿi aus Kenia[27] und den indisch-tanzanischen Schiʿiten Sachadina zur pakistanischen Religionswissenschaftlerin Rifʿat Hasan und den ägyptischen Islamisten Fathi ʿUṯmān oder den Soziologen Sulaymān Nyang aus Gambia setzt sich die lange Reihe prominenter Islam-Denker fort, die an US-Universitäten Betätigungsfelder fanden, die ihnen daheim verwehrt blieben. Durch diese Abwanderung der zeitgenössischen Denker des Islams in die USA gewann der „amerikanische Islam" ein intellektuelles Gewicht sondergleichen[28].

9. Die schwarzamerikanischen Konvertiten

Der aus Detroit stammende Elijah Muhammad nannte seine Anhänger die „im Westen verloren gegangene und wiedergefundene schwarze Nation des Islam". In dieser amerikanischen Version des Islams war Gott erst einmal schwarz und der Teufel weiß. Bei späterer intensiver Auseinandersetzung mit dem orthodoxen Islam wurden diese Vorstellungen dann revidiert. Elijah Muhammad wurde anfangs als Prophet bezeichnet, eine Ungeheuerlichkeit für den orthodoxen Muslim; denn laut dem Koran ist der Araber Mohammed das „Siegel der Propheten". Die Gotteshäuser der Sekte hießen damals noch nicht Moscheen, sondern Tempel. Statt auf den Koran bezogen sie sich meist auf die Bibel. Sie verschanzten sich nicht nur gegen Weiße, sondern waren auch orientalischen Muslimen gegenüber abweisend. Der Begründer wollte die Regierung in Washington dazu veranlassen, den Afro-Amerikanern als Entschädigung für die Sklaverei ein unabhängiges Territorium in den USA abzutreten. Von jenem „Schwarzen Separatismus" hört man heute wenig. Die „afrikanisch-amerikanischen" Muslime fühlen sich mittlerweile doch wieder mehr als Amerikaner denn als Afrikaner oder Orientalen. Aber sie wollen ein islamisches Amerika und streben in vieler Hinsicht eine Loslösung von der herrschenden Gesellschaft an. Daraus ergibt sich ein Gegensatz zu den eingewanderten Muslimen überwiegend indo-pakistanischer, iranischer oder ost-arabischer Herkunft, denen es in der Regel darum geht, sich in der amerikanischen Gesellschaft zu etablieren – in der weißen Gesellschaft nach Möglichkeit. Nur wenige Einzelpersonen aus dem islamischen Orient identifizieren sich wirklich mit den Nöten der Schwarzamerikaner auf dauerhafte Weise – in der Form von Sozialarbeit, als Arabischlehrer oder auch nur durch islamische Seelsorge. Manch einem orientalischen Einwanderer, der anfangs glaubte, unter den Konvertiten die Rolle eines verheißenen Messias (bzw. des erwarteten Mahdi) spielen zu können, ist bald der Atem ausgegangen. Viele machen sich stattdessen, früher oder später, die Vorurteile der weißen Gesellschaft zu eigen.

Ein Beispiel dafür mag der aus Palästina stammende Ismāʿīl Al-Fārūqī gewesen sein, der an der Temple University in Philadelphia Professor der Islamwissenschaft war. Er wurde im Mai 1986 zusammen mit seiner weißamerikanischen

Frau ermordet. Ein einheimischer „afrikanisch-amerikanischer" Konvertit nahm Rache dafür, daß der einst hochverehrte Fārūqī gänzlich zum Bestandteil der herrschenden Gesellschaft geworden war und außerdem seine Studenten aus Malaysia gegenüber den „Black Muslims" bevorzugte.

Die Bewegung der schwarzamerikanischen Islam-Konvertiten ist ein einzigartiges Unternehmen der sozialen Rehabilitierung, insofern als ein Großteil ihrer Anhänger in den Gefängnissen der USA für den Islam gewonnen wurde. Die „afrikanisch-amerikanischen" Muslime rekrutieren sich zu einem erheblichen Teil aus ehemals Drogensüchtigen. Eine ihrer inzwischen legendären Führerfiguren, Malcolm X, einstmals selbst ein „Kleinhändler", rühmte sich gern damit, daß niemand die Rauschgiftsucht so erfolgreich bekämpft habe wie seine Bewegung. Die Ermordung des Malcolm X (Alhağğ Malik Shabbāz) wird denn auch der Rauschgiftmafia angelastet, obwohl es nach außen so schien, als sei er das Opfer einer Rivalität mit Elijah Muhammad geworden.

Auf jeden Fall lastet auf einer solchen Bewegung stets das Damoklesschwert einer Rückfälligkeit des einen oder anderen Mitglieds. Dem Mörder Al-Fārūqīs, Yūsuf ʿAlī, kam zunächst deshalb keiner auf die Spur, weil er wegen einer anderen Gewalttätigkeit bereits im Gefängnis saß.

Wie von Kennern der islamischen Geschichte erwartet, hat die ursprünglich höchst eklektische Bewegung eine „Läuterung" erfahren und sich dem orthodoxen Islam angenähert. Elija Muhammads Islam war orientalischen Muslimen als solcher kaum erkennbar, doch ließ er einen seiner Söhne orthodox erziehen. Unter dessen Leitung hat seit 1972 eine geschwinde Angleichung an den Islam der arabischen Ursprünge stattgefunden. Wāriṯ ad-dīn Muḥammad (meist W. Deen Muhammad genannt) ist ein komplexloser, gemäßigter „Kirchenführer", ein gebildeter Vertreter der amerikanischen Mittelklasse. Seine soziale Ausgangsposition ist grundlegend anders als die seines weniger privilegierten Vaters. Elijah Muhammad hatte die Fabrikarbeiter Detroits und später Chicagos (der „Hauptstadt der Bewegung") zum „Schwarzen Kapitalismus" aufgerufen, lange bevor Präsident Nixon seinerzeit mit diesem Schlagwort vor die Öffentlichkeit trat. Als Folge des wirtschaftlichen Aufschwungs ihrer Anhänger scheint die afro-amerikanische Islam-Bewegung in den späten achtziger Jahren in mancher Hinsicht konservativ. Die „afrikanisch-amerikanischen" Muslime sind heute exemplarisch für schwarzes Unternehmertum. In ihrer Presse liegt der Nachdruck auf a) Familie, b) Bildung, c) Business[29].

Für den 1972 verstorbenen Elijah Muhammad war der Islam ein ideologisches Mittel zu ganz konkreten gesellschaftlichen Zwecken. Ihm ging es um die Bekämpfung der Nöte, unter denen die schwarze Bevölkerung der USA besonders litt, nämlich Alkoholismus, den sich daraus ergebenden Familienzerfall und die Kriminalität sowie die Vermarktung der Schwarzen im weißen Schaugeschäft.

Soziologen behaupten gern, die mangelnde Bereitschaft des schwarzen Mannes in den USA, Verantwortung für eine Familie zu übernehmen, sei auf das

Trauma der Sklavenzeit zurückzuführen. Elijah Muhammad wollte seine Volksgenossen davon befreien, und der Islam mit seiner generell patriarchalischen Familienordnung konnte ihm dafür nur recht sein. Die Frauen der „afrikanisch-amerikanischen" Muslime tragen verhüllende Gewänder nach orientalischem Schnitt. Dazu gehört auch eine Hochachtung seitens des Mannes für seine Frau, an der es in den Slums sonst mangelt. Elijah Muhammads verstorbene Frau wird wie eine „Mutter der Gläubigen" verehrt, und die zahlreichen Schulen der Konvertitenbewegung heißen überall „Sister Clara Muhammad School".

Elijah Muhammad wollte eigentlich einen ganz anderen Typ von Jünger als den Boxer Muḥammad ʿAli, durch den die Bewegung so bekannt wurde. Der Sektengründer wollte einen „Neuen Schwarzen" schaffen, der ein gediegener und feiner Mann sein und sich nicht länger als Belustiger der Weißen verdingen sollte. Mit Nachdruck auf bürgerlicher Kleidung, kurzem Haarschnitt und zurückhaltendem Benehmen, propagierte Elijah Muhammad einen neuen Menschen in den schwarzen Ghettos. Sein Idealtyp war der eines gesitteten und eher schweigsamen Schwarzen, also das Gegenteil von dem, was das Plappermaul Muhammad ʿAli verkörperte. Verständlicherweise fiel es den „afrikanisch-amerikanischen" Muslimen schwer, auf den Ruhm und das Geld eines so populären Boxweltmeisters zu verzichten; ansonsten war der große Clown atypisch für ihre Bewegung. Das gilt auch für seine Heirats- und Scheidungsgeschichten.

Wārit̠ ad-dīn Muḥammad hat die ein wenig obskure Vergangenheit der Bewegung unter seinem sektiererischen Vater weitgehend bewältigt. Er erklärt die Manipulation des Islams durch Elijah Muhammad dahingehend, daß er seinen Vater als einen „großen Psychologen" ehrt, der es verstand, sein Volk zu mobilisieren. W. D. Muhammad will nun den neuen Glauben sozusagen reprivatisieren. Er schickte sich deshalb an, die riesige Gemeindeorganisation teilweise aufzulösen, mit dem Argument, das Heil liege nicht im Apparat, sondern im Herzen und im moralischen Handeln jedes einzelnen. Auf solche Weise werde auch die Politik allmählich islamisch, und schließlich der Staat. Zweifellos ist W. D. Muhammad mehr Ethiker als Politiker. Er stellt die Morallehre des Koran in den Vordergrund und läßt sich nicht zu Gegenrassismus verleiten.

Darin unterscheidet er sich von dem kontroversen Louis Farrakhan, der sich ebenfalls als rechtmäßiger Nachfolger Elijah Muhammads versteht. Dieser populäre Prediger ist ein Rednertalent vom Schlage des ermordeten Malcolm X. Doch obwohl er ein stärkeres Charisma auszustrahlen scheint als W. D. Muhammad, ist dessen Anhängerschaft weitaus größer. W. D. Muhammad vermeidet Provokationen und sucht der weißen herrschenden Schicht mit konstruktiver Kritik zu begegnen, während Farrakhan gern auf Kollisionskurs zu gehen pflegte. In den späten achtziger Jahren vollzogen aber auch Farrakhan und seine Anhänger eine allmähliche Annährung an den orthodoxen Islam. Auf Veranstaltungen anläßlich des Todestages von Elijah Muhammad umarmen sich die beiden Chefs der zweiten Generation von „Black Muslims", an eine Wiedervereinigung ist jedoch vorerst nicht zu denken. Ob die gemäßigte oder die militante Tendenz die Oberhand behält, hängt weitgehend von der generellen Bewältigung des Rassismus in den USA ab. Seit Mitte der achziger Jahre ist viel die Rede von einer erneuten Abwärtsentwicklung, und Rassenkrawalle nahmen wieder zu. Besonders negativ wirkt sich die zunehmende Spannung zwischen Schwarzen und Juden als zwei miteinander rivalisierenden Minderheiten aus. Der Wahlkampf von 1988 mit der skandalösen Kampagne des New Yorker Oberbürgermeisters Koch gegen den schwarzen Präsidentschaftskandidaten Jesse Jackson riß alte Wunden auf und hatte eine nachhaltige Wirkung gefährlicher Art. Farrakhan verdankte einen Teil seiner Popularität der Tatsache, daß er sich zum Sprecher des Aufbegehrens der Schwarzen gegen die überproportionale Macht der Juden in den USA machte. Das kam nicht nur in den schwarzen Ghettos gut an, sondern auch bei arabischen Geldgebern[30].

Im Gegensatz dazu zeigt W. D. Muhammads Wochenzeitschrift *The Muslim Journal* Verantwortungsbewußtsein z. B. dadurch, daß es gegen den schwarzen Rassismus zu Felde zieht, der sich in zunehmendem Maße auf asiatischen Zuwanderern entlädt. Koreaner und Vietnamesen werden nicht selten am hellichten Tage auf offener Straße von schwarzen Jugendlichen zusammengeschlagen. Die „afrikanisch-amerikanischen" Muslime unter W. D. Muhammad führen nicht nur eine Kampagne gegen derlei Ausschreitungen, sondern packen das Übel bei der Wurzel, indem sie die Schwarzamerikaner zu Wettbewerbsfähigkeit erziehen. In den der Moschee angegliederten Schulzentren und anderen wirtschaftichen Einrichtungen ihrer Bewegung bieten sie Kurse an, in denen gezielt Selbsthilfe und schwarzes, islamisches Selbstbewußtsein trainiert werden.

Beide Hauptgruppen von schwarzamerikanischen Muslimen (es gibt auch eine Reihe kleinerer Splittergruppen) haben Gelder aus Libyen erhalten, erst W. D. Muhammad für einen Moscheebau, dann Louis Farrakhan die berühmt-berüchtigt gewordenen 50 Millionen US-Dollar für seine Organisation. In beiden Fällen sind die Gelder spärlicher geflossen als von den Libyern versprochen, doch war es genug, um sie zu Fürsprechern Qaḏḏāfīs werden zu lassen. Farrakhan soll sich während des amerikanischen Bombardements in Tripolis befunden haben.

Auf der Jahresversammlung der Farrakhan-Gesellschaft 1985 in Chicago hielt Qaḏḏāfī eine Ansprache live über Bildschirm. Er forderte dabei schwarze Soldaten der US-Streitkräfte dazu auf, sich der radikalen „Nation of Islam" anzuschließen, eine eigene schwarze Armee zu gründen und sich gegen die weiße Herrscherschicht zu erheben.

Farrakhan erwies sich jedoch als besonnener. Qaḏḏāfīs Angebot, Waffen für eine 400000 Mann starke schwarze US-Armee zu spenden, wies er zurück. Die erhaltenen 50 Millionen US-Dollar dienten ihm zur Gründung einer eigenen „islamischen" Bank.

Der Traum der „Gründerväter" Elijah Muhammad und Malcolm X war es, den US-Islam zu einer Macht erstarken zu lassen, die den Brüdern in Afrika wahre Hilfestellung leisten kann. In gewisser Weise sind die Vorstellungen der „afrikanisch-amerikanischen" Muslime gar nicht so viel anders als die des Weißen Hauses, nur betrachten die Islam-Konvertiten die Prätentionen des weißen Amerika hinsichtlich humanitärer Entwicklungsdienste als unaufrichtig. Doch bis zu einer wirksamen Hilfestellung des muslimischen Amerika für die Dritte Welt ist es noch ein weiter Weg. Vorläufig geht es noch andersherum: W. D. Muhammad ist mit den Saudis enger befreundet als mit Qaḏḏāfī, und Teheran finanziert das Studium mancher Konvertiten, um diese für das Schiʿitentum zu gewinnen und in seine Einflußsphäre zu bringen[31].

10. Im Spannungsfeld zwischen Nationalismus und Pluralismus

Die Haltung muslimischer Minderheiten gegenüber mehrheitlich nicht-muslimischen Mitbürgern ist somit äußerst komplex und unterschiedlich. In jenen Staaten, in denen die Muslime eine ausgeprägte Selbständigkeit innerhalb der islamischen Geisteswelt entwickelt haben, also eine deutlich national-bedingte Ausdrucksform islamischer Kultur pflegen, sind sie Einflußnahmen durch Staaten mit muslimischer Mehrheit gegenüber resistent und vertragen sich dementsprechend gut mit andersgläubigen Nachbarn. Dafür gibt es Beispiele aus einigen Teilen Indiens – bei dessen „kontinentaler" Größe es schwer ist, ein einheitliches Bild der muslimischen Einstellung zu zeichnen. Auch Jugoslawien ist nicht ohne Beispiele dafür[32]. Entscheidend ist hierbei, daß die jeweilige muslimische Minderheit nicht wirtschaftlicher, politischer, völkischer oder sprachlicher Benachteiligung ausgesetzt ist wie etwa die türkischsprachige Minderheit in Bulgarien, um nur ein besonders krasses Beispiel ausgesprochener Verfolgung von Muslimen in den achtziger Jahren zu nennen[33]. Dort, wo eine oder mehrere solcher Diskriminierungen gegeben sind, suchen Muslime Zuflucht in abgegrenzten Verhaltensformen und greifen auf geschichtlich bedingte Vorstellungen von Herrschaftsdenken zurück. Dadurch werden dann die Schwierigkeiten aber nicht gelindert, sondern meist nur noch gravierender. Häufig kommen dann panislamische Strömungen ins Spiel, die weiteren Unfrieden säen und muslimische Minderheiten als fünfte Kolonnen des einen oder anderen fremden Staates erscheinen lassen.

Das Verhalten von Muslimen in der Mehrheit ist zumeist noch stark von den negativen Erlebnissen mit dem Kolonialismus geprägt und deshalb Nicht-Muslimen gegenüber häufig wenig zuvorkommend. Es besteht ein starkes Bedürfnis nach Wiedergutmachung. Die früher nicht ungewöhnliche Verbindung zwischen christlicher Mission und kolonialer Unterdrückung hat tiefe Spuren hinterlassen (Nigeria). Von den Kolonialherren bevorzugte Minderheiten sollen die Mehrheitsverhältnisse endlich anerkennen und sich in ihre Rolle als Minderheit bescheiden, so fordern es die Muslime (Malaysia). Häufig fühlen sie sich in ihrer

Entfaltung noch immer gehemmt und werfen der oder den Minderheiten vor, die muslimische Mehrheit von ihrem vorgezeichneten Weg abbringen zu wollen (Sudan). Viele Muslime fühlen sich, nach wie vor, einer von den Minderheiten gesteuerten kulturellen Entfremdung ausgesetzt, tatsächlich oder vermeintlich (Ägypten). Entsprechende Korrekturmaßnahmen erscheinen objektiv manchmal gerechtfertigt, wirken dennoch aber auf die Minderheit beängstigend – als eine Beeinträchtigung ihrer religiösen oder kulturellen Entfaltungsmöglichkeiten.

Beispielhaft dafür ist die Verstaatlichung der Missionsschulen in Pakistan sowie die Ersetzung des Englischen durch das Urdu. Diese Maßnahmen veranlaßten viele pakistanische Christen dazu, ihr Land zu verlassen. Ironischerweise handelte es sich dabei hauptsächlich um Katholiken aus dem ehemals portugiesischen Goa, die sich nach der Einverleibung jener Enklave in den indischen Staat großenteils im seinerzeit toleranteren Pakistan niedergelassen hatten und nun ein zweites Mal emigrierten, überwiegend nach Kanada.

Die Umschaltung vom Sonntag auf den Freitag als öffentlichen Ruhetag sowie die Umbenennung des Roten Kreuzes in Roter Halbmond gehören ebenfalls zu diesen Maßnahmen, bei denen man sich im Grunde wundern muß, daß sie nicht unmittelbar bei Ausrufung der staatlichen Unabhängigkeit vorgenommen wurden. Was aus einer neutralen Sicht gesehen als ganz natürlich erscheinen mag, wirkt in der Praxis unweigerlich belastend. Von einer überwiegenden muslimischen Mehrheit darf kaum erwartet werden, daß sie an einer Symbolik festhält, die von Kolonialherren auferlegt wurde. Für vom Kolonialismus verwöhnte Minderheiten dagegen sind das jedoch Menetekel.

Die meisten der jungen Nationalstaaten in der Dritten Welt stellen die nationale Einheit an die erste Stelle und zeigen wenig Verständnis für Pluralismus. Da viele von ihnen recht künstliche Gebilde sind und sie dementsprechend mit einer Vielzahl von zentrifugalen Kräften fertig werden müssen, haben Minderheiten allgemein einen schweren Stand, seien es nun muslimische Minderheiten wie die Schiʿiten in Saudi-Arabien oder Kuwait, die Aleviten in der Türkei, oder seien es nicht-muslimische Minderheiten wie die Buddhisten in Bangladesh oder die Christen vielerorts in mehrheitlich muslimischen Staaten.

Wie zuvor angedeutet, ist es ja nicht nur eine Frage der religiösen Minderheit, sondern ebenso, oder fast noch mehr, der völkischen. Die knapp 40 Prozent Berber in Algerien sind sunnitische Muslime der mālikitischen Rechtsschule wie die arabischen Algerier auch. Dennoch besteht ein Antagonismus: Die Berber verlangen kulturelle (speziell sprachliche) Autonomie, die ihnen jedoch von der arabischen Mehrheit verweigert wird, und zwar im Namen der „nationalen Einheit“. Im Hintergrund steht die noch frische Erinnerung an die französischen Versuche der „Teilung der Nation“.

Andererseits aber leben mehr und mehr Muslime in pluralistischen Gesellschaften, d. h. muslimischen Minderheiten werden vielerorts alle Rechte gewährt, die einem jeden Staatsbürger zustehen. Wo noch einiges fehlt, werden von den Muslimen entsprechende Forderungen erhoben, z. B. nach Anerkennung der islamischen Feiertage sowie nach Religionsunterricht an staatlichen Schulen. Bei den Mehrheitsgemeinden – etwa in Frankreich oder Deutschland – kommt es dann zum Ruf nach Reziprozität. In den westeuropäischen Staaten, die zum Teil den Islam mit Christentum und Judentum gleichberechtigt anerkannt haben oder davor stehen, dies zu tun, fragt man auch danach, wie es denn um vergleichbare Rechte für christliche Minderheiten in mehrheitlich muslimischen Staaten stehe. Die dabei angestellten Vergleiche fallen häufig negativ für die Muslime aus. (Anders als bei historischen Vergleichen, wo die Muslime generell besser abschneiden als die europäischen Christen.)

Anmerkungen

1 Al-Qur'ān III:112.
2 Al-Qur'ān II:143.
3 S. *Wilfred Cantwell Smith,* Islam in Modern History, Princeton 1957, 23.
4 Vgl. *Daniel Pipes,* In the Path of God – Islam and Political Power, New York 1983. Pipes behandelt unter anderem das mir gestellte Thema, wenngleich von einer anderen Warte aus. Seine Beobachtungen ragen wegen ihrer kenntnisreichen Einsichten aus der Fülle der z. Z. auf den Markt geworfenen Islam-Literatur heraus.
5 Vgl. *Khalid Durán,* „The 'Golden Age' Syndrome – Islamist Medina and other historical models of contemporary Muslim thought", in Revue suisse de sociologie, Montreux 1983. Republished in: Islam and the Modern Age. Vol. 15; No. 2. New Delhi, Islam and the Modern Age Society – Jamia Millia Islamia, May 1984, 75–88.
6 Vgl. *Khalid Durán,* „Zur inneren Lage des Sudan", in Vierteljahresberichte, Nr. 108, Bonn, Friedrich-Ebert-Stiftung, Juni 1987, 151–160.
7 Vgl. *Sayyid Qudratullah Fatimi,* Khándáni mansúbabandí ka Qur'ání tasawwur, in Fikr-o Nazar, Islamabad, Islamic Research Institute, Dez. 1968.
8 S. *Ahmad Amīn,* Faiḍ al-khāṭir, Vol. VIII, Kairo 1944.
9 S. *Shaikh Muhammad Iqbal,* The Reconstruction of Religious Thought in Islam, Lahore, Sh. Muhammad Ashraf, 1930.
10 Vgl. *Bernard Lewis,* The Political Language of Islam, Chicago 1988.
11 S. *'Aziz Ahmad und G. E. von Grunebaum* (Hrsg.), Muslim Self-statement in India and Pakistan, Wiesbaden 1974.
12 S. die Publikationen der *Islam and the Modern Age Society* an Indiens „Nationaler Islamischer Universität" (Jamia Millia Islamia) in Neu Delhi, speziell die Vierteljahreshefte Islam and the Modern Age, sowie die Urdu-Monatszeitschrift Islam aor 'aṣr-e ğadīd.
13 S. *Kwame Nkrumah,* Ghana – an Autobiography, London 1957.
14 S. Jeune Afrique, Jhg. 20, Nr. 1014, Paris, 11. 6. 80: „Enfin Ben Bella parle".
15 Eine zu diesem Thema verfaßte Seminararbeit von *Jahanara Choudhury* an der American University Washington, Dept. of Anthropology, WS 87/88, wird auszugsweise veröffentlicht in meiner vergleichenden Studie der Andalusi-, Hindustani- und Swahili-Kulturen. S. *Khalid Durán,* Three Muslim Cultures – A Comparative Study of Diversity in Unity, Syracuse University Press (in Vorb.).
16 S. *'Allāl Al-Fāsī,* An-Naqd aḏ-ḏātī, Tetuan 1953.

17 Cf. *Thomas Koszinowski,* „VI. Iraq, XXIII Syrien", in *Udo Steinbach* und *Rüdiger Robert* (Hrsg.), Handbuch Naher und Mittlerer Osten. Band 2, Länderanalysen, Opladen 1988.

18 Die *Muslim World League* mit Hauptquartier in Mekka ist hier als wichtigste Institution zu nennen. Sie unterhält mehrere Unterorganisationen, die speziell der Islam-Mission dienen. Auch Ägyptens altehrwürdige theologische Hochschule Al-Azhar hat ihre missionarischen Aktivitäten reorganisiert. Libysche Missionstätigkeit ist zwar, insgesamt gesehen, recht stümperhaft, dennoch aber nicht ohne Erfolg. Verschiedene pakistanische Gruppen sind ebenfalls missionarisch tätig, darunter die exzentrische „Missionsgemeinschaft" (*tablīghī jamāʿat*). Von 1980–88 betrieb das Khomeini-Regime eine besonders intensive Missionstätigkeit mit dem vornehmlichen Ziel, sunnitische Muslime für das Schiʿitentum zu gewinnen.

19 Vgl. *George Evers* bei MISSIO (Aachen) intern herausgegebene Studie.

20 Sein Film *Cheddo* wurde in der Originalfassung (Wolof) 1975 im ZDF gezeigt. Er verherrlicht den Widerstand animistischer Senegalesen gegen die Islamisierung durch einen gewissenlosen Geschäftemacher aus Fes (Marokko).

21 Vgl. dazu SUFI – Zeitschrift für Islam und Sufitum, von der 1985 zwei Nummern von einer Sufi-Gemeinschaft in Bahlburg herausgegeben wurden. Winsen/Luhe 1985.

22 S. *Khalid Durán,* „Der Islam in der Diaspora: Europa und Amerika", in *Werner Ende* und *Udo Steinbach* (Hrsg.), Der Islam in der Gegenwart, München 1985.

23 S. The Copts – Christians of Egypt, Jersey City, N.J., The American and Canadian Coptic Assoc., Vol. 13; No. 1 and 2, June 1986.

24 S. *Khalid Durán,* „Kurzbiographie: Nabīh Birrī", in Orient. 26. Jhg., Nr. 2, Opladen Juni 1985.

25 Vgl. *Seyyed Hossein Nasr,* Ideals and Realities in Islam, London 1966.

26 S. dazu sein in Pakistan verbotenes Werk Islam, London 1964.

27 ʿAlī Mazrūʿī erlangte 1986 Berühmtheit durch einen neunteiligen Fernsehfilm mit dem Titel „The Africans", der in den USA großen Nachhall fand, vergleichbar dem Epos „Roots" von Alex Haley. „The Africans" behandelt die dreifache Erbschaft Afrikas: a) die afrikanisch-animistische, b) die arabisch-islamische, c) die europäisch-christliche. Mazrūʿī, ein „Araber" aus Mombassa, lehrt sowohl in den Vereinigten Staaten (Michigan) als auch in Nigeria. Er machte sein Debüt als Afrikas berühmtester Politologe an der Makerere Universität in Kampala, seinerzeit intellektuelles Zentrum Ostafrikas.

28 S. dazu die von dem pakistanischen Gelehrten *Mumtāz Ahmad* zusammen mit Sulaymān Nyang in Washington herausgegebene Zeitschrift American Journal of Islamic Studies.

29 Vgl. dazu die in Chicago herausgegebene Wochenzeitschrift *The Muslim Journal* als wichtigstes Organ der Bewegung.

30 S. *Jonathan Kaufman,* Broken Alliance. The Turbulent Times Between Blacks and Jews in America, New York 1988. Vgl. *Daniel Pipes,* The Long Shadow: Culture and Politics in the Middle East, New Brunswick 1988.

31 Dazu meine demnächst erscheinende Studie – *Khalid Durán,* African-American Muslims since Elijah Muhammad. Cambridge (in Vorb.).

32 Vgl. dazu die von *Smail Balić* in Wien herausgegebene Zeitschrift „Islam und der Westen" mit ihren starken Bezügen auf den jugoslawischen Islam.

33 Dazu der ICO-(„Islamic Conference Organisation")Bericht einer nach Bulgarien entsandten Delegation, der dem Treffen der Außenminister Islamischer Staaten in Amman am 19. 3. 1988 vorgelegt wurde, veröffentlicht unter dem Titel „Tragedy of Muslims in Bulgaria" in Islam und der Westen. Unabhängige Zeitschrift Europäischer Muslime, Jhg. 8, Heft 2, Angern/Österreich, Juni 1988.